KB235456

문명
패러독스

문명
패러독스

송상호 지음

~

왜 세상은 생각처럼 되지 않을까?

오늘도 우리는 열심히 살고 있다. 물론 성공하고 행복한 삶을 누리기 위해서이다. 이러한 개인적인 노력들이 모이고 모여서 우리의 문명 역시 어제보다 더 발전한 내일을 향해 내달리고 있다. 거리에서, 텔레비전 광고에서, 학교에서 우리는 늘 이러한 주문들을 만나곤 한다. 기업가들은 회사의 발전을 위해 밤잠을 설치고, 정치가들은 입만 열면 국가의 성장과 발전을 이야기한다.

그런데 한 가지 이상한 점이 있다. 거의 모든 사람들이 어제보다 나은 내일을 위해 열심히 살고 있지만 세상일이 생각처럼 되고 있지 않다는 생각이 든다는 것이다. 아직도 우리는 덜 행복하고, 건강을 위협하는 박테리아^{세균}들은 곳곳에서 언제 고개를 쳐들지 모르는 상황이다. 쓰레기라는 가장 기본적인 문제조차 해결하지 못한 채 지구촌 곳곳이 몸살을 앓고 있다. 우리의 삶도 편리함을 노래하며 홍수처럼 쏟아지는 첨단 제품 광고들과 달리 갈수록 더 바빠지면서 여유를 잃고 있다. 세상은 여전히, 아니 갈수록 위선적인 행위들로 넘치는 것 같고, 고정관념을 타파하자는 목소리가 곳곳에 가득해도 고정관념의 완고한 벽은 좀처럼 우리 주변에서 물러갈 생각을 안 하고 있다. 무엇이 문제일까? 혹시 우리가 잘못 생각하고 있는 것이 있을까?

이 책은 이러한 의문들에 대한 그 나름의 고민이자 모색의 결과로 탄생했다. 평소에는 우리가 공기처럼 아무 생각 없이 받아들이며 호흡하고 있는 현대 문명에 대한 성찰을 이 책은 담고 있다. 현대 문명을 마치 영원한 것처럼, 전부인 것처럼, 그래서 너무나 당연한 것처럼 여기며 지나가던 발걸음을 잠시 멈추고 주위를 돌아보자는 것이다.

실제 우리 주위는 기존의 생각을 뒤집는 자료와 사건들로 가득하다. 때로는 충격적인 사실들을 접할 수도 있다. 평소에는 아무렇지도 않게 당연하다고 여겼던 문명의 갖가지 가치와 논리들, 기존의 과학적 사실을 뒤집는 일들이 종종 일어나곤 한다. 예를 들자면 초식동물로 여겼던 하마와 낙타가 육식을 하는 장면을 볼 수도 있고, 임신한 남자의 소식을 접할 수도 있다.

왜 그런 것일까? 과연 이대로 좋은가? 이러한 질문과 함께 떠나는 여행에서 우리는 지금 누리고 있는 문명을 뒤집어 보고, 흔들어 보고, 멀리 놓고 바라볼 것이다. 이 여행의 목적은 너무나 당연하게 여기며 마치 자연적인 현상처럼 지나치던 우리와 주변의 삶의 모습을 굉장히 의아스럽게 보면서 성찰의 계기를 마련하는 것에 있다. 그동안 당연한 것처럼 여겼던 현대 문명에 의문부호를 달아보자는 것이다.

이 책은 심오한 학술서가 아니다. 수많은 논리와 개념의 숲은 생각을 더 명쾌하게 정리해 주기도 하지만 반대로 길을 잃게 만들기도 한다. 그래서 가능하면 주위에서 흔히 접할 수 있는 사례와 예화, 영화, 책들 속에서 이야기 소재들을 찾아 기술하였다. 문명에 대한 고민은 학자들만의 몫이 아니다. 현대를 살아가는 모든 사람들에게 해당되는 것이다. 그래서 가능하면 현학적이고 학문적인 표현을 삼가려고 노력했다. 인류가 문명을 창조해낸 진정한 원천인 우리들의 거침없고 무한한 상상력에 우리의 경험이 조금이라도 결합한다면 이 책은 성공한 것이다. 너무나 당연하다고 생각했던 습관과 생각에 자그마한 틈이라도 생기고 독자들의 주체적인 생각이 개입할 수 있다면 그것으로 족하다 할 것이다. 마지막으로 이 말을 내놓으며 여행을 시작하기로 하자.

이 세상에 지극히 당연한 것은 하나도 없다. 만일 당연한 것이 있다면 그것은 사람이 만든 것이다.

2008년 12월 안성 '더아모의집' 에서

송상호

차례

왜 문명의 가치는 의심되지 않는가

집단의 중력은 강하다

소위 성공했다는 사람들의 미담 사례에서 빠지지 않는 이야기가 있다. 강한 신념과 믿음을 가지고 긍정적으로 살았기 때문에 성공했다는 말이 그것이다. 확실히 우리 사회에서 뭔가를 의심한다는 것은 정서상 옳지 않은 것으로 간주되는 경향이 있다. 대표적인 예로 의처증과 의부증은 가정을 헤치는 심각한 병적 증세로 경계하고 있다.

사회현상을 다루는 대중매체도 공공연하게 믿음의 사회로 되돌아갈 것을 주문하고 있다. 교육도 그렇다. 집에서도 학교에서도 기존 질서에 대한 믿음과 복종을 가르치기 위해 많은 시간들을 할애하고 있다. 초등학교에 가면 교사와 부모를 믿고 따르는 법부터 집중적으로 가르친다.

그런데 여기서 잠깐 드는 의문이 있다. 왜 우리 사회가 믿음은 강조하면서 의심을 배격하는 것일까? 의심하는 사람은 성공하는 사람이 될 수 없고, 부정적인 것은 나쁘기만 하다는 것처럼 말이다. 과연 세간의 생각처럼 의심하는 태도에는 과연 좋은 점은 없는 것일까?

미국 예일대의 심리학자 스탠리 밀그램은 그의 책^(Obedience to Authority)에서 권위에 대해 복종하는 사람들의 심리를 알아보는 다양한 실험을 소개하고 있다. 그중에서 흥미로운 부분을 하나 소개한다.

무작위로 뽑은 몇 사람을 실험실로 데려갔다. 실험실에는 고문용 전기의자에 몇 사람이 앉아 있다. 실험실로 불려간 사람들은 전기 충격을 점차 더 강하게 하라는 인도자의 지시에 따라 의자에 앉은 사람들에게 더 강한 충격을 가한다. 의자에 앉은 사람들은 계속 괴로워하며 비명을 질러댄다. 그러나 인도자의 지시에 따라 그들은 전기 충격의 강도를 계속 올린다. 물론 전기의자에 전기가 실제 공급되는 것은 아니고, 의자에 앉은 사람들도 괴롭다는 연기를 하는 것에 불과하지만 실험에 참가한 사람들은 그 사실을 모른다. 다만 인도자의 지시를 어느 누구도 의심하지 않고 충실하게 따를 뿐이다.

권위주의적 윤리

실험에 참가한 그들은 왜 상대방이 괴로워하고 몸서리를 치는데도 누구 하나 고문 행위에 대해 옳지 않다고 하지 않았을까? 실험에 문제가 있다며 이의를 제기하지 않고 순한 양처럼 복종

수많은 유대인들의 시신이 연기가 되어 사라졌던 아우슈비츠 수용소의 시체 소각로. 수용소를 관리하며 유대인을 학살했던 많은 독일군은 베토벤의 음악을 들으며 가정에서는 더없이 자상한 아버지였고 개인적으로는 도덕성에 문제가 없는 인간들이었다. 그들은 권위주의적 체제의 명령을 의심하지 않고 주어진 일을 성실히 수행했지만 그들이 수행한 일은 인류사의 끔찍한 범죄행위였다. 이를 연구한 한나 아렌트는 〈예루살렘의 아이히만〉이란 책에서 "누구나 아이히만이 될 수 있다"고 선언했다. 아이히만은 유럽 각지의 유대인들을 체포하고 압송하는 일을 지휘했던 책임자였다.

만 했을까? 그리고 이런 경향은 우리들에게는 없는 것일까?

서울대 철학과 박찬국 교수는 사람들이 권위에 대해 의심하지 않고 복종하게 되는 사회적 구조를 다음과 같이 설명한다.

권위주의적 윤리는 무엇이 선하고 악한가를 인식하는 인간의 능력을 부정한다. 규범을 부여하는 것은 개인을 초월하는 권위다. 이러한 권위는 복종하는 자가 권위에 대해서 갖는 경외와 그의 나약하고 의존적인 감정에 기반을 둔다. 권위주의적 윤리에서는 '순종이 최대의 미덕이며 불복종이 최대의 죄악'이라고 규정된다.

박찬국, 〈에리히 프롬과의 대화〉, 철학과현실사

권위주의적 윤리는 구성원으로 하여금 선악의 판단을 요구하지 않는다. 다만 규범에 복종할 것만을 요구한다. 개인적으로 의심하고 판단하는 것은 권위적인 사회에서는 용납되기 어렵다. 믿고 따르는 것만이 최고의 미덕으로 간주된다.

이런 현상이 두드러지는 곳이 종교계인데 그중에서도 유일신을 믿는 이슬람교, 유대교, 기독교 등에서 심하게 나타난다. 이들 종교는 사막에서 발생한, 소위 사막의 종교로 불린다. 그리고 이 세 종교는 모두 아브라함을 믿음의 조상으로 받들고 있다. 우상의 도시 하란을 떠나 약속의 땅 가나안으로 가라는 신의 음성을 듣고 무작정 고향을 떠났던 믿음과 복종, 자신의 아들을 제물로 바치라는 신의 테스트에도 끄덕하지 않고 신의 말씀을 그대로 따르려 했던 믿음과 복종 등을 신앙의 모델로 삼고 있다.

그렇다면 우리나라는 어떨까? 어딜 가나 상하 관계가 철저하다. 선후배를 엄격히 따지고, 존댓말도 정교하게 발달해 있다. 직장 상사나 선배는 서열에서만 어른이 아니라 후배나 부하 직원의 사생활까지 지도하려는 경향을 보인다. 여전히 장유유서^{유교의 근본 도리인 삼강오륜 중 하나로 어른과 아랫사람이 지켜야 할 질서가 있다는 뜻}는 우리 사회에서 금단의 교리로 지켜지고 있다. 지성을 말하는 대학교에서도, 신앙을 말하는 교회나 절에서도, 자유를 외치는 시민사회 단체에서도 말이다. 권위를 강조하는 권위적인 사회일수록 믿음과 복종은 미덕이 되고, 의심과 불복종은 악덕이 된다.

권위와 인간 내면

권위에 대한 복종은 외적인 강압에 의해서만 이루어지지 않는다. 에리히 프롬은 이러한 복종이 가능한 인간 내면의 메커니즘을 분석한다.

그는 될 수 있는 한 그의 동료와 유사해짐으로써 안전을 느낀다. 그의 최고의 목표는 타인에 의해 인정받는 것이며, 그의 주된 두려움은 그가 인정받지 못할지도 모른다는 두려움이다. 남과 달라지려고 하고 소수 속에서 자기를 찾으려고 하는 것은 그의 안전감을 위협하는 위험이 된다.

에리히 프롬, 〈건전한 사회〉, 범우사

프롬은 이어서 왜 그토록 많은 사람들이 의심도 하지 않고 집단주의라는 열광의 도가니에 빠졌는지를 분석한다. 파시즘, 나치즘, 스탈린주의는 강압적인 집단주의 체제였지만 한편에선 많은 동조자들에 의해 탄생해 유지되었던 체제이기도 하다. 프롬은 이러한 체제의 공통적인 성격은 원자처럼 세분된 개개의 인간에게 새로운 피난처와 안전을 제공해주었다고 강조한다. 개인들은 이러한 피난처와 안전을 받아들이는 대신 복종을 선택했다는 것이다.

물론 어느 시대에나 예외자는 있고 히틀러 시대에도 그런 사람은 있었다. 1937년경 평범한 시계수리공에 불과했던 '뮤니히' 라는 사람은 혼자 힘으로 히틀러를 암살할 계획을 세우고는 정치집회가 열리는 음식점 시계에 시한폭탄을 장치했다. 그러나 운명의 그날 현장에 자신의 애인이 있는 바람에 애인을 살리려다가 히틀러 암살 계획은 수포로 돌아간다. 독일 신학자 본회퍼는 히틀러 암살단을 조직해 조직적으로 암살을 시도하다가 감옥에 투옥되어 죽기도 했다. 그러나 이런 경우는 소수에 그치고 다수는 '안전감' 이라는 피난처로 숨는다.

프롬의 말대로 개인적, 사회적 요인이 맞물리는 가운데 믿음과 복종은 사회적 미덕이 되고 나아가서 불문율이 된다. 사회적인 요인이 앞에서 끌어주고, 개인적인 요인이 뒤에서 밀어주는 가운데 그 사회는 이탈자를 허락하지 않고 강한 결속력을 갖게 된다는 것이다. 물론 이런 현상을 나쁘다고만 할 수는 없다. 이는 하나의 사회가 유지되기 위한 전제이기도 하기 때문이다. 하나의 사회나 문명은 이러한 믿음과 복종을 전제로 존재하기 때문이다. 파스칼은 그의 책 〈팡세〉에서 이런 이야기를 하고 있다.

어찌하여 사람들은 다수에 복종하는가? 도리에 더 합당하기 때문일까? 아니

정치 집회에서 히틀러에게 광적인 지지를 보내는 독일 국민들. 많은 독일인들이 히틀러와 히틀러의 꿈과 그가 벌이는 이벤트 속에서 존재 의미와 소속감을 발견하며 그에게 자발적으로 복종했다.

다. 다수는 보다 강한 힘을 소유하기 때문이다. 왜 사람들은 옛 법률이나 옛 사람들의 의견에 따르는가? 그것이 보다 건전하기 때문일까? 아니다. 그것은 단일하며, 다양한 뿌리를 없애 주기 때문이다.

파스칼, 〈팡세〉, 하서

파스칼은 사람들이 다수에 복종하고 전통과 법에 복종하는 것은 그것이 정의롭거나 선하기 때문이 아니라, 단지 단일화시키는 강력한 힘 때문이라고 말한다. 대다수의 사람들이 믿고 따르기 때문에 바른 것이라거나 예로부터 내려오는 것이기에 옳은 것이라는 착각을 한다는 것이다.

의심의 역사

이제 '의심' 을 직접 대면해 보기로 하자. 사전에서는 이 말을 "확실히 알 수 없어서 믿지 못하는 마음" 이라고 풀이하고 있다. 그런데 여기서 '확실히 알 수 없는' 것에 주목할 필요가 있다. 정말 우리가 확실히 알고 있는 것이 있을까? 앞의 이야기에서처럼 많은 경우 남들이 그렇게 생각하고, 지금까지 그렇게 생각해 왔으니까 그렇다고 한 것은 아닐까? 지식에는 끝이 없다고 할 때 우리가 알고 있는 지식이란 바닷가 모래 한 줌에 불과할 수 있다. 그런 점에서 의심은 인간에게 필연적인 행위이기도 하다. 오히려 의심하지 않는 것이 인간의 한계를 속이는 행위라고도 할 수 있다.

사실 이런 '의심과 불복종' 의 역사는 최초의 인간으로부터 이어져 왔다. 기독교를 보면 최초의 인류라고 하는 아담과 이브가 신이 먹지 말라

고 명령한 나무의 열매를 먹은 것을 두고 인류의 타락과 원죄로 여기고
있다. 하지만 에리히 프롬은 견해를 달리한다. 프롬은 "바로 이와 같은
불복종이라는 최초의 행위로부터 인간의 역사는 시작된 것이며, 그리고
이러한 불복종이라는 최초의 행위야말로 자유의 최초의 행위"^{에리히 프롬, 〈불}
^{복종에 관하여〉, 범우사}였다고 본다. 즉 신의 권위에 대한 의심으로부터 인간의
역사는 시작되었다는 것이다.

물론 의심의 역사가 여기에서 그치는 것은 아니다. 인류 역사에 등장
하는 굵직굵직한 영웅들은 이러한 의심의 계보를 이어갔다. 인간이 나
고 늙고 병들고 죽는, 어쩌면 너무나도 당연한 과정을 당연하게 받아들
이지 않고 의심했던 인도의 청년 싯다르타는 깨달음을 얻어 부처가 되
었다. 사람들이 유대교의 전통과 율법에 안주하고 있을 때 이를 의심했
던 청년 예수는 그리스도^{구세주}가 되었다. 사과가 땅으로 떨어지는 너무나
당연한 현상마저 의심했던 뉴턴은 만유인력을 발견했고, 갈릴레이 역시
태양이 지구를 돈다는 오래된 신념을 뒤엎었다. 바로 의심의 역사는 한
편에서 인간의 영역을 끊임없이 확대시키며 삶을 고양시켰다.

우리는 보통 이런 사람들을 선각자라고 한다. 먼저 깨달은 사람이라
는 뜻이다. 그런 점에서 깨닫는다는 것과 의심한다는 것에는 밀접한 관
계가 있다. 의심은 새로운 창조와 깨달음의 전제 조건인 셈이다. 이런 사
람들을 일컬어 '먼저 의심할 수 있는 능력을 가진 사람' 이라고 해도 될
듯하다.

콜린 윌슨은 그의 유명한 책 제목처럼 이런 부류의 사람들을 아웃사
이더라고 칭하고 있다. 왜냐하면 '의심의 역사' 를 써나간 사람들은 당
시에는 대부분 배척을 당하기 일쑤였기 때문이다. 콜린 윌슨은 인류 문

명과 아웃사이더와의 상관관계를 이렇게 설명하고 있다. "아웃사이더는 쇠퇴한 문명의 한 징후이기는 하지만, 적어도 건강한 징후라는 이야기가 된다." 콜린 윌슨, 《종교와 반항인》, 하서 처음 시작할 때는 나름대로 올바른 방향으로 나아가던 문명이 시간이 지남에 따라 굴절과 왜곡을 거쳐 쇠퇴하는데, 그 문명이 자기 역할을 제대로 하지 못하고 어떤 식으로든 변화가 요청될 때 아웃사이더가 필요하다고 보는 것이다. 문명의 권위가 의심을 받아야 하는 시기에 아웃사이더가 필연적으로 출연했다는 이야기이다. 콜린 윌슨은 이러한 징후를 오히려 건강하다고 말한다.

19세기 말의 격동기를 살았던, 역시 아웃사이더라 할 수 있는 바쿠닌은 말한다. "누구든 내게 자신의 권위를 강요하는 것을 허용하지 않는다. 나는 어떤 사람도 믿지 않는다. 그런 믿음은 나의 이성, 나의 자유, 그리고 내 과업의 성공에 치명적일 것이다. 그런 믿음은 나를 즉각 어리석은 노예, 다시 말해 다른 사람의 의지와 이익을 위한 도구로 전락시킬 것이다." 그는 권위 자체를 무너뜨리려 했다기보다는 그 권위가 자신에게 복종을 강요하는 것을 허용하지 않으려 했다. 그 권위가 종교든 국가든 운명이든 자연이든 신이든 그는 개의치 않았던 것이다. 자신이 '어리석은 노예'로 전락하는 것을 내버려 두지 않았던 사람인 게다. 그리고 키르케고르는 "어떤 체제 속에 나를 밀어 넣는다고 하면 나는 부정될 것이다. 그러나 나는 단순한 수학 기호가 아니다. 나는 존재하는 것" 이라고 말하고 있다. 사회와 문명이 주는 달콤함에 힘입어 단순한 수학 기호가 된 채 안전감이라는 둥지에 안주하지 않겠다는 것이다.

그런 점에서 이들 선각자들은 기존 체제와 권위를 의심하는 자들에게 내려지는 불안이라는 벌을 기꺼이 받아들인 사람들이다. 에리히 프롬은

“자유로운 인간은 필연적으로 불안하고 사고하는 인간은 필연적으로 불확실하다”라고 했는데 바로 이러한 불안은 이들이 안고 살아야 하는 숙명과도 같은 존재이다. 역사적으로 보면 세상은 의심하는 자들을 그냥 내버려 두지 않고 물리적으로 벌을 내렸는데, 각 개인은 그 외에도 이처럼 불안과 불확실이라는 심리적인 벌도 함께 껴안을 수밖에 없는 것이다.

하지만 우리는 의심하는 자들에 의해 역사가 진보해 왔다는 것을 잊고 있는 것은 아니다. 오스카 와일드도 “역사를 읽어온 사람들의 눈에 불복종은 원초적 덕목이다. 진보가 이뤄져 온 것은 바로 불복종을 통해서”라고 이야기하고 있다.

앞서 보여준 의심하는 자들의 행적을 본다면 의심은 결코 파괴의 영역에 머무르지 않는다. 짧은 안목에서는 그럴 수도 있겠지만 그것은 오히려 창조의 씨앗이 되곤 하였다. 그리고 이러한 의심에는 많은 에너지가 필요하다. 믿음으로 뭉친 수많은 사람들이 발휘하는 중력을 이기고 탈출하기 위해서는 큰 에너지가 있어야 한다. 이러한 힘은 어떤 면에선 기존의 믿음을 딛고 일어서서 새로운 세계에 대한 더 큰 믿음을 보여주는 힘이라고 할 수도 있다. 믿음의 반대 개념이 의심이 아니라 불신이라는 것을 안다면 우리는 얼마든지 이 진실을 받아들일 수 있을 것이다. 불교 경전 중 하나인 〈법화경〉에서 이를 극명하게 이야기하고 있다.

“큰 의심이 있고서야 큰 깨달음이 있다” 大疑之下 必有大悟

왜 문명의 이기利器는 여유를 빼앗는가

빠를수록 느려지는 딜레마

~

이곳저곳에서 경주에 열광하는 사람들이 많다. 짧은 시간 동안 폭발하는 인간의 에너지는 사람들을 흥분시키기에 모자람이 없다. 거기에 예상하지 못했던 반전이라도 일어나면 사람들 사이에 두고두고 이야깃거리가 된다. 토끼와 거북이의 경주가 끊임없이 각색되어 이야기되는 것도 다윗과 골리앗의 경우처럼 고정관념의 해체를 통한 통쾌함을 맛보게 하기 때문일 것이다.

그런 취지에서 이런 경주를 해보면 어떨까? 현대자동차에서 만든 승용차와 튼튼한 두 다리가 경부고속도로 위에서 경주를 벌이는데, 출발점은 서울이고 결승점은 부산이다. 한 사람은 승용차를 몰고, 한 사람은 걸어서 경주를 하는 것이다. 두 사람은 경주에 동의했다. 푸른 하늘이 펼쳐진 날, 많은 사람의 이목이 집중되는 가운데 경주는 시작되고 두 사람은 출발했다. 결과는 어떻게 되었을까?

승용차 운전자는 대여섯 시간 뒤에 부산에 도착했다. 시간은 물론 힘도, 돈도 절약할 수 있었다. 반면 걸어간 사람은 15일 동안 많은 고생을 해야 했고, 식비와 숙박비를 포함해 60만 원이 들었다. 승용차 운전자는 부산에 도착해 승리를 확인한 뒤 해운대 해수욕장에서 수영을 즐기며 승자의 기쁨을 만끽할 수 있을 것이다. 경주는 싱겁게 끝난 것처럼 보인다. 모든 사람이 승자가 누구인지 추호의 의심도 하지 않는다.

그런데 갑자기 이 경기의 심판관은 걸어서 도착한 사람의 승리를 선언했다. 심판관의 판정에는 아무런 속임수나 거짓이 작용하지 않았고, 상상력이나 과장을 동원하지도 않았다. 그럼에도 불구하고 심판관은 분명히 그렇게 했다. 도대체 심판관은 무슨 이유 때문에 그랬을까? 왜 그런 결정을 내린 것일까?

인류의 진보

인류 문명의 발전은 대단하다. 수많은 사람의 노력이 어우러져, 생각하고 상상했던 많은 것들이 우리 눈앞에 현실로 나타나고 있다. 그리고 이러한 인류의 진보 속도는 점점 더 빨라지고 있다.

김형자 과학 칼럼니스트는 "2050년엔 달나라 위성도시로 휴가 떠난다"라는 글에서 미국 정부의 거대한 계획을 밝히고 있다. '우주를 장악하는 나라가 세계를 지배한다'는 슬로건을 내걸고 미항공우주국^{NASA}이 단계별로 달나라 위성도시를 추진하고 있다는 것이다. 2008년에 달나라 지형을 탐사할 로봇을 보내는 것을 시작으로 2015년~2020년에는 우주 비행사들을 보내 장기 체류하게 하는 3단계 계획을 가동할 예정이라고 한다. 너무 멀어서 갈 수 없었던 곳을 이제는 외국에 가듯이 갈 수 있게 된 것이다. 우리나라의 한 코미디언이 사람에게 핀잔을 주기 위해 말했던 유행어 "지구를 떠나거라"가 이제는 농담이 아닌 시대가 열리고 있다고 할 수 있다.

그런데 여기에서 궁금한 것이 있다. 문명의 속도가 빨라지는 만큼 우리의 삶은 더 여유로워진 것일까? 이와 관련해 히말라야의 '작은 티베트'라 불리는 라다크 지방 주민이 들려주는 이야기는 의미심장하다.

라다크는 인도 북서부 잠무카슈미르주의 동부 지방에 있다. 파키스탄과 중국에 걸친 히말라야산맥의 북서단과 라다크산맥 사이의 험한 산악과 깊은 골짜기, 높은 고원으로 이루어진 지역이다. 춥고 건조하여 주로 유목민들이 사는 이 지역은 인구가 매우 적어 예로부터 국경이 명확하지 않았다. 그 때문에 중국과 인도, 파키스탄 사이에는 국경 분쟁이 일어나기도 했는데 지금도 국경선 문제가 해결된 것은 아니다.

히말라야의 다른 지역들처럼 라다크에도 현대 문명의 손길이 오랫동안 닿지 않는 가운데 자연과 조화로운 공동체를 최근까지 이어왔다. 20

인도 서북부의 히말라야 산록에 있는 라다크. 1975년 라다크의 토속 언어를 연구하기 위해 라다크를 찾은 헬레나 노르베리 호지는 16년을 현지에서 머물며 이들 공동체가 간직한 생태적 지혜와 세계관에 빠져든다. 서구인들이 행복의 조건으로 생각했던 수많은 문명의 이기들이 없었지만 이들은 1년에 4개월은 일하고 8개월은 이야기꽃을 피우며 재미있고 행복하게 살았다. 그러나 서구 자본주의 물결이 들어오며 이들의 삶은 파괴되고 가난과 불행을 느끼기 시작했다.

세기에 들어와 그 지역이 세상에 알려지면서 라다크를 찾는 사람들의 발길이 늘었다. 그런데 미국의 환경운동가 헬레나 노르베리 호지는 라다크의 삶에 착안해 1980년 '라다크 프로젝트'를 주창하며 인류의 대안사회를 고민하기도 했는데 다음은 그가 라다크의 어느 원주민으로부터 들은 이야기이다.

나는 이해할 수가 없어요. 수도에서 살고 있는 나의 언니는 일을 더 빨리 해주는 온갖 것을 가지고 있어요. 옷은 상점에서 사기만 하면 되고, 지프차, 전화, '가스 쿠커'를 가지고 있어요. 이 모든 것이 그토록 시간을 절약해주는데도 언니를 만나러 가면 나하고 이야기할 시간도 없대요.

헬레나 노르베리 호지, 〈오래된 미래〉, 녹색평론사

이 이야기는 라다크의 시골에서 현대 문명과 상관없이 살고 있는 여동생이 도시로 시집간 언니가 살고 있는 현대식 집을 방문할 때마다 보고 느낀 것을 토로한 내용이다. 호지는 이 이야기에 대한 소감을 다음과 같이 말하고 있다.

변하고 있는 라다크가 내게 가르쳐 준 가장 충격적인 교훈의 하나는 현대 세계의 도구와 기계들이 그 자체는 시간을 절약하는 것들이지만, 새로운 삶의 방식이 전체적으로 시간을 빼앗아 간다는 것이다. 개발의 결과로 현대화된 부문의 라다크 사람들은 기술의 속도로 경쟁해야 하는 경제체제의 일부가 되었다.

헬레나 노르베리 호지, 〈오래된 미래〉, 녹색평론사

앞의 일화는 고스란히 현대인들의 모습을 대변한다. 빨래는 세탁기가 하고, 밥은 전기밥통이 하는 세상이지만 사람들이 늘 입에 달고 사는 말이 "가족과 대화할 시간이 없을 정도로 바쁘다"는 것이다.

호지는 라다크 주민들의 전통적인 삶의 방식을 보면서 장차 우리가 가야만 하는 대안적인 미래 세상을 발견하고는 〈오래된 미래〉라는 책을 저술하기에 이르렀다. 그녀는 이 책을 통해 아주 의미심장한 말을 던졌다. "한 사회의 복지의 진정한 지표는 '국민총생산'이 아니라 '국민총행복'이다."

실제 일어났던 경주

라다크의 일화를 말하고 나니 승용차를 탄 사람이 아니라 걸어간 사람의 손을 들어 주었던 심판관의 결정에 대해서 말하기가 훨씬 수월해진 것 같다. 사실 승용차보다 걸어가는 게 훨씬 빠르다는 발상은 나의 창작품이 아니라 미국의 유명한 자연주의자 헨리 데이비드 소로의 것이다.

여행을 좋아하는 소로에게 어떤 사람이 "왜 저축을 하지 않죠. 오늘이라도 기차를 잡아타면 피치버그로 가서 그 지방을 구경할 수 있을 텐데"라며 말을 건넸다고 한다. 그러자 소로는 그의 친구와 함께 내기 시합을 제안한다. 소로는 걸어서, 친구는 기차를 타는 방법으로 피치버그까지 가는 시합을 벌인 것이다. 그의 친구는 차비 90센트를 벌기 위해 일자리를 찾으러 다녔고, 요행히 일용직을 찾아서 하루 종일 일을 했다. 그런데 소로는 열심히 걸어서 하루 만에 피치버그에 도착할 수 있었다. 소로가 내기에서 이긴 것이다.

소로에 의하면 기차를 타기 위해서는 사람들이 숲과 나무 등 자연을 파괴하며 엄청난 공력을 들여 기차선로를 놓아야 한다. 수많은 자원과 비용, 그리고 수많은 사람들의 길고 긴 시간을 투자해야 비로소 기차가 다닐 수 있는 것이다. 그나마 그렇게 시설된 기차는 아무나 탈 수 있는 것이 아니다. 돈을 벌어서 차비를 가진 사람만이 이용할 수 있다. 소로는 이 점을 이야기하면서 돈으로 모든 것이 빨리 해결될 수 있다는 생각에 일침을 가하고 있다. 그는 이어서 고국에 돌아와 시인 생활을 하기 위하여 먼저 인도로 건너가 돈을 벌려고 했던 영국 사람에게 당장 다락방에 올라가 시를 써야 했다고 말하고 있다.

이러한 맥락에서 앞서 경부고속도로 위에서 벌어진 경주를 보자. 이역시 고속도로 위에서 벌어진 경주만을 놓고 보면 우리는 많은 것을 놓치게 된다. 현대자동차에서 승용차를 만들고, 한 사람의 운전자가 탄생해 경부고속도로 위를 달리기 위해서는 너무나 많은 시간과 돈과 노력이 필요한데 이를 간과할 수 있기 때문이다.

승용차 운전자의 착각

승용차는 어느 날 갑자기 세상에 등장한 것이 아니다. 자동차의 탄생은 수십만 년에 걸친 인간의 진화와 노력의 산물이다. 최초로 도구와 불을 사용한 인간 선조가 탄생한 후 바퀴와 수레가 발명되고, 히타이트족이 세계 최초로 철기문명을 일으키는가 하면 자본주의가 탄생하고 산업혁명이 일어난 후 비로소 지금의 승용차가

1894년 독일의 칼 벤츠(Karl Benz)가 제작한 자동차. 자동차의 역사는 당대 기술의 집합체이자 오랜 인간 진화의 산물이기도 하다.

등장할 수 있었다. 증기기관에서 가솔린기관의 발명에 이르는 시간도 필요했고, 다른 부품들 역시 진화에 진화를 거듭하기 위해 수많은 사람들의 노력이 필요했다. 그리고 현대자동차가 탄생해 우리 이야기의 주인공 중의 한 명이 승용차를 몰기까지에는 역시 많은 사람들의 피와 땀을 필요로 했다.

자, 이제 차분하게 생각해보자. 우리나라가 철을 수입하는 대표적인 나라 중의 하나인 오스트레일리아의 철광에서 지금 광부가 철광석을 캐내고 있다. 그 철이 어떻게 하여 한국으로 수입되고, 철이 되고, 승용차로 변신하게 될까? 그 과정에서 대체 얼마나 많은 사람들이 관련되고, 또 그 기반 시설 건설을 위해선 얼마나 많은 기술과 자본의 축적이 필요했을까? 대양을 가로지르며 철광석을 싣고 다닐 배만 생각하더라도 이 문제가 그렇게 단순하게 생각할 문제가 아니라는 점을 발견할 수 있을 것이다.

승용차가 움직이기 위해서는 그 외에도 필요한 것들이 많다. 우선 기름이 필요하다. 중동에서 원유가 개발되어 채유되고 거대한 유조선에 실려 온 뒤 정유공장에서 정유되고 동네 주유소에 공급되기까지에는 헤아리기 힘든 많은 사람들이 관여했고 그들의 수고가 필요했다. 경부고속도로 그 자체도 건설에서 시작해 관리와 유지 및 보수를 위해선 많은 사람들의 노력이 필요했다. 이 역시 수많은 시행착오 속에 기술과 자본이 축적되며 이루어진 결실이고, 지금도 고속도로가 제대로 기능할 수 있도록 많은 사람들이 수고하고 있다.

그 외에도 승용차가 운행할 수 있기 위해선 여러 사회 간접시설과 지원 제도가 필요하다. 얼른 생각할 수 있는 것들을 나열해 보면 자동차 수

리센터, 교통법규와 교통경찰관, 한국도로공사, 감시카메라, 교통사고 응급 대책이 필요하고 각종 교통사고를 다룰 보험제도와 재판관들도 필요하다. 고속도로 휴게소나 요금정산소를 세우고 운영하는 데 드는 노고는 생략하더라도 말이다.

문제는 여기에서 그치지 않는다. 승용차 운전자가 면허를 취득하고, 자동차를 구입해, 운전에 익숙해지는 것도 그냥 이루어지는 일이 아니다. 운전자는 승용차를 구입하기 위해 그만큼 더 바쁘게 더 많은 일을 해야 하고, 운전에 익숙해지기까지 면허증을 취득한 후, 길도 익히고 경험도 쌓아야 한다. 주기적으로 자동차 정비와 안전검사도 받아야 하고, 보험료도 벌어야 하며, 초행길은 미리 길도 살펴야 한다.

정리하면 이렇다. 승용차 운전자가 서울에서 부산까지 가기 위해선 현대자동차 회사의 등장과 성장을 기다려야 했고, 경부고속도로를 건설해야 했고, 중동산 석유가 도착하기를 기다려야 했으며, 운전자가 되기 위한 많은 관문을 거쳐야 했다. 자, 서울에서 부산까지 운전자와 걷는 사람 중 누가 더 빨리 갈 수 있을까?

물론 수많은 분업과 자본과 기술 축적 위에 이루어진 결과물을 놓고 승용차 운전자 한 사람의 노동 시간만을 분리해 측정하기란 쉬운 일이 아니다. 그렇지만 이런 식으로 표현하는 것도 가능할 수 있다고 본다. 즉 서울의 승용차 운전자가 초보적 수준의 수레를 조립하며 중동산 원유를 캐올 생각은 꿈도 못 꾸고 있을 때 많은 사람들은 이미 서울에서 부산까지의 길보다 더 먼 길을 걸어서 오가고 있었다는 것이다.

고속철도 이야기

앞의 이야기들은 사실 승용차에만 해당하는 이야기가 아니다. 고속철도에 대해서도 잠시 살펴보자. 1980년대에 고속철도 이야기가 나오기 시작했는데 여러 차례의 밀고 당기기 끝에 정부는 1989년 5월에야 경부고속철도 건설 방침을 결정하였다. 그리고 1990년 6월에는 전 노선이 결정되어 1992년 6월 30일 천안 아산역 예정지에서 기공식이 거행되었다. 시험 운행은 물론 훨씬 그 뒤에야 가능했다. 2004년 12월 16일, 한국철도기술연구원과 한국기계연구원 등 국책 연구소 18개와 서울대 및 한국과학기술원^{KAIST} 등 29개 대학의 연구원 1000여 명이 연구하고 로템에서 조립에 성공한 후에 비로소 시험 운행이 가능했다.

물론 이것은 그나마 고속철도 사업과 직접적으로 관련된 주요 사항만을 간추린 것이다. 고속철도를 만들기 위해 현장에서 땀 흘렸던 수많은 노동자들의 노력, 토지 보상 문제를 놓고 길고 긴 협상을 해야 했던 토지 소유자와 공무원들의 협상 노력 등은 제외한 것이다. 뿐만 아니다. 고속철도가 정상적으로 운행할 수 있도록 애를 쓰는 승무원, 안내원, 철도역 종사자, 선로 보수자 등의 노동 시간은 넣지도 않은 것이다. 여기에서 더 나아가 고속철도라는 현대 문명의 산물을 발명하고, 계발하고, 준비하기까지 들어가야 했던 사람들의 시간과 비용까지 측정한다는 것은 불가능에 가까운 일이 될 것이다. 당장 한국 사회로만 그 문제를 좁혀도 수십조에 이르는 소요 경비와 기초 기술을 축적하기 위해 이전부터 한국인들은 열심히 일해야 했던 것이다.

승용차와 마찬가지로 고속철도를 운영하기까지에는 인류의 길고 긴 역사가 필요했다고 할 수 있다. 거창한 이야기로 들릴 수 있겠지만 호모 사피엔스사피엔스의 역사를 4만 년쯤으로 잡는다면 인간은 4만 년 동안 노력한 끝에 최근 갓 고속철도를 탈 수 있게 되었다고 할 수 있다. 그리고 이는 현대 인간들이 발명한 기술 집약적 상품들에 모두 해당할 수 있는 논리이기도 하다.

빠름과 느림의 역설

앞뒤 맥락을 자르고 생각한다면 문명이 발전하고 갖가지 신기술이 발명되면서 인간들은 같은 일을 훨씬 더 빠르고 편리하게 수행할 수 있게 된 것은 사실이다. 그런데 우리가 지금 던져야 할 질문은 그 다음에 있다. 과연 우리의 삶도 그만큼 여유롭게 된 것일까? 노벨문학상 수상자인 독일의 작가 하인리히 뵐의 글은 많은 것을 시사해 준다. 〈상상 플러스 경제학 블로그〉란 책에 실린 이 글을 재인용해 보자. 조금 길지만 말이다.

어느 조용하고 아늑한 어촌 마을의 아침이었다. 햇볕이 따사롭게 내리쬐는 바닷가의 모래밭에서 한 고기잡이 노인이 평화롭게 단잠을 자고 있었다. 이 아름다운 마을에 휴양을 온 한 관광객이 바닷가를 거닐다가 이 노인이 잠자는 모습을 보게 되었다. 그 모습이 너무 인상적이어서 이 젊은이는 사진을 찰칵, 찰칵 찍었다. 그런데 그 소리에 그만 이 고기잡이 노인이 잠을 깨고 말았다.

"그 뉘시오?"

"어이쿠, 죄송합니다. 지나가는 나그네이온데 할아버지 모습이 너무나 보기

좋아서 그만 … 죄송합니다.”

“…….”

“그런데 할아버지는 왜 고기를 잡으러 나가지 않으세요? 벌써 해가 저만치 …….”

“이미 새벽에 다녀왔구먼.”

“아, 그러세요? …… 그러면 또 한 번 더 다녀오셔도 되겠네요.”

“그렇게 고기를 많이 잡아서 뭐하게?”

“…… 참, 할아버지도, 그러면 저 낡은 거룻배를 새 걸로 바꾸실 수 있잖아요?”

“그래, 가지고선?”

“그 다음에는 새 거룻배로 고기를 잡으시면 훨씬 빨리, 한결 많이 …….”

“음 …… 그 다음에는?”

“그야 당연히 크고 좋은 배를 몇 척 더 사시고, 사람도 많이 부리고 …… 그러면 뭉칫돈 버는 것은 시간문제 아니겠어요?”

“옳거니, 그래서는?”

“그 다음에야 …… 이 마을에 생선 가공공장도 세워, 싱싱한 통조림도 …….”

“흠, 그리고 나서는?”

“그때는 별일도 않고 가만히 누워 그저 편안히 지내실 수 있지요.”

이 말에 고기잡이 노인은 대답했다.

“지금 내가 바로 그렇게 지내고 있네.”

“…….”

이 이야기에서 관광객은 ‘문명의 진보에 대한 가치’를, 노인은 ‘인간의 행복에 대한 가치’를 대변하고 있다고도 할 수 있다. 서로는 자신이

미국의 문학가이자 사상가인 헨리 데이비드 소로(1817~1862)가 살았던 오두막. 그는 자연을 사랑하며 물질 만능주의에 대항해 자연과 관련된 책을 많이 썼지만 사회 문제에 적극 나서기도 했다. 멕시코전쟁에 반대하며 인두세 납부를 거절하는 바람에 투옥되었는데 이때의 경험을 바탕으로 쓴 〈시민의 반항〉은 간디에게 큰 영향을 주기도 했다.

선택한 바를 말했다. 그러나 각종 문명의 이기들이 우리의 삶을 더 여유롭게 만들어줄 것이라는 생각은 환상일 수도 있다는 것을 노인은 말해주고 있다. 더 빠른 것, 더 편리한 것이 더 여유로운 삶을 가져다줄 거라는 '진보의 환상' 말이다. 그런 점에서 더 빠르고 편리한 것을 추구하는 문명이 우리에게서 오히려 더 여유를 빼앗아 간다는 것은 문명의 패러독스라고 할 만하다.

물론 현대 문명이 공헌한 것은 있다. 서울에서 부산까지 걸어가기 위해선 기껏해야 주막집 주모만 필요할지 모른다. 하지만 앞에서 살핀 것처럼 현대 문명은 분업 등을 통해 더 많은 일거리를 만들며 더 많은 사람들에게 일자리를 제공하고 있다. 지구의 수많은 자원을 마구 캐내면서 말이다. 무엇이 옳은 길일까? 결론은 각자의 몫일 것이다.

위선자를 위한 변명
인간은 가면을 필요로 한다

위선^{僞善}은 겉으로만 착한 체하는 행위를 말한다. 영어로는 'hypocrisy'라고 하는데 역시 보여주기 싫은 것은 숨기고 보여주고 싶은 것만 골라서 보여주는 행위를 일컫는다. 그러니까 우리가 흔히 말하는 '착한 척, 잘난 척, 예쁜 척하는 행위'를 가리킨다고 보면 된다. 이런 위선은 좋지 않은 모습, 그래서 버려야 할 태도로만 인식되고 있는 것이 보통이다. 예를 들자면 박완서의 소설 〈도시의 흉년〉에 나오는 구절인 "내가 야학 일에서 제일 참을 수 없는 건 이런 녀석까지 사랑하는 체하는 동료 선생들의 위선이었다"는 말처럼 이해된다.

우리 사회에서 위선자라고 낙인이 찍히면 살아가기가 쉽지 않다. 그것은 위선자를 거짓말쟁이나 사기꾼과 동일시하기 때문이다. 하지만 정말 그렇기만 한 것일까? 위선을 선악의 개념으로 판단하여 악이나 거짓에 속한다고 치부하여 우리가 멀리해야 될 무엇이라고만 할 수 있을까? 이런 의문은 우리가 위선에 대해 좀 다른 생각을 할 수도 있는 계기를 부여할 것 같다.

보여주기 싫은 것과
보여주고 싶은 것

투명인간을 소재로 다룬 외국 드라마가 우리나라 안방극장에서 방영된 적이 있었다. 많은 사람들이 그 드라마를 보며 묘한 대리만족을 느꼈는지 꽤 인기를 끌었다. 이러한 드라마나 영화의 원조는 영국의 소설가 웰스가 지은 공상과학 소설, 〈투명인간〉이었다. 몸이 다른 사람의 눈에 보이지 않도록 하는 약을 발명한 사나이가 그것을 악용하여 온갖 나쁜 짓을 하다가 궁지에 몰려 죽게 된다는 내용으로 1897년에 발표된 작품이다. 하지만 이 소설과 달리 드라마에선 투명인간으로 변한 주인공은 항상 정의에 편에 서서 좋은 일을 하는 사람으로 나온다. 어떤 때는 몸의 일부만 보이지 않게 해 주위 사람을 놀라게 하는 경우도 있지만 말이다.

이러한 투명인간은 아직까지는 공상에서만 존재할 수 있을 듯하다. 현대 과학으로는 인간을 투명하게 한다는 것이 불가능하기 때문이다. 그리고 과학자들은 설령 투명인간이 가능하다 하더라도 그가 앞을 본다는 것은 힘들다고 말한다. 사람이 무엇을 본다고 하는 것은 일단 사물의 상이 사람의 눈에 있는 망막에 맺힌다는 것을 의미한다. 그런데 투명인간이 되면 그런 기능이 원천적으로 불가능해진다는 것이다. 하지만 누가 알겠는가. 사람이 과학을 발전시키면 가능할지도.

그런데 이러한 투명인간이 주는 묘한 매력은 '훔쳐보기'에 있다. 그 때문인지 훔쳐보기를 소재로 한 영화나 소설도 꽤 많이 등장했다. 스릴러 영화의 거장 히치콕이 만든 영화 〈이창〉도 인간의 근원적 욕망으로서 훔쳐보기를 그리고 있다. 호주 출신의 감독 필립 노이스의 〈슬리버〉라는 영화 역시 남의 아파트 생활을 망원경으로 훔쳐보는, 그래서 은밀하고 사적인 부분을 속속들이 보게 된다는 이야기를 다루고 있다. 이탈리아의 틴토 브라스 감독이 1994년에 발표한 〈훔쳐보기〉^{원제는 〈L' Uomo Che Guarda〉} 역시 이를 소재로 하고 있다. 주인공이 어렸을 때부터 침실과 욕실, 부엌과 서재 등에서 사회적으로 저명하고 돈 많은 높은 신분의 아버지가 벌이는 문란한 성 행각을 훔쳐보며 자랐다는 내용이다.

과학이 발전할수록 덩달아 훔쳐보는 기술도 발전해 왔다. 휴대폰으로 화장실 훔쳐보기, 고성능 망원경으로 아파트 훔쳐보기, 멀리서 고성능 망원렌즈가 달린 카메라로 촬영하기, 조그만 몰래카메라로 훔쳐보기 등은 옛날 사람들로서는 감히 상상도 못했던 방법이다. 어쩌면 한사코 보겠다는 사람들과 한사코 보여주지 않으려는 사람들의 전쟁은 은밀한 세계에서 끊임없이 이어져 왔다고 할 수 있다. 우리 마음속에는 그 두 부분이 늘 교차하고 있다. 하여튼 그토록 은밀한 부분을 보고 싶어 하는 것은 역으로 뭔가를 보여주고 싶지 않다는, 말하자면 인간은 있는 그대로를 드러내려 하지 않는 특성도 있음을 반증하는 건 아닐까 싶다.

그런데 사람에게는 보여주고 싶어 하지 않는 경향이 있는 것처럼 또 보여주고 싶어 하는 경우도 있다. 아침에 사람들이 집을 나설 때는 거울을 보곤 한다. 이는 자신이 보라고 하는 것인가, 아니면 남이 보라고 하는 것인가? 아마도 자신에게 잘 보이려고 거울을 보는 사람은 거의 없을 것이다. 이는 대부분 남에게 자신의 아름다운 부분을 보여주고 싶은 욕구의 표현일 것이다. 그런 점에서 거울을 보는 것은 남에게 보여줄 부분과 보여주고 싶지 않은 부분을 선택하는 시간이라고도 할 수 있다.

우리 사회에 유행했던 말 하나가 있는데 '쇼' 라는 단어다. 대중매체가 발달한 지금 우리는 온통 쇼에 파묻혀 산다고 해도 과언이 아니다. 각종 드라마나 영화는 물론 일반인의 일상을 담은 장면도 연출자의 부탁이나 의도에 따라 연출되는 쇼가 많다. 생방송으로 진행되는 토크 프로그램에도 연출자의 의도는 깊숙이 개입되어 있다.

그런데 만약 우리가 이런 프로그램을 '쇼' 라고 해서 부정한다면 텔레비전 프로그램 중 살아남을 프로그램이 과연 몇 개나 될까? 또 막상 인위적인 연출이 싫다고 하여 가공하지 않은 투박한 모습을 보여준다면 아마도 많은 사람들은 하품을 하며 텔레비전의 채널을 돌려버릴 것이다. 보여주고 싶은 것을 제한된 시간에 최대한 보여주는 기술이 방송의 생명이다. 시청자 또한 그것을 보려고 텔레비전을 켜는 것이다. 여기서 굳이 '텔레비전, 쇼, 연출' 등을 말하는 이유는 조금 있으면 우리가 만나게 될 페르소나 이론과 맥락을 같이하기 때문이다.

이렇듯 사람에게는 남에게 보여주기 싫은 마음과 보여주고 싶은 마음이 공존하고 있다. 따라서 어떤 것은 드러내고 어떤 것은 숨겨야 하는지를 잘 구분하고, 이를 적절하게 조화시키는 것은 인간관계의 중요한 요소가 된다.

페르소나

앞에서 언급한 많은 사례들을 분석할 수 있는 좋은 틀이 있다. 그것은 세계적으로 유명한 카를 구스타프 융의 페르소나 이론이다. 페르소나^{persona}는 원래 고대 그리스에서 연극을 할 때 쓰던 가면^{또는} ^탈을 일컫던 말이다. 다시 말해 연극에서 배우가 연극 공연 때마다 주어진 역할에 맞게 썼던 가면에서 유래된 말이 페르소나이다. 요즘 말로 하면 '쇼'를 하기 위해 극 중 역할에 어울리는 페르소나를 썼다는 것이다.

이러한 페르소나는 그 뜻이 점점 바뀌어 철학에서 이성을 가진 개별적 존재를 가리키게 된다. 예를 든다면 인간, 천사, 신 등을 페르소나로 부를 수 있다. 즉 이성과 의지를 가지고 스스로에게 책임을 지며 자유롭게 행동하는 주체를 말하게 된 것이다. 이런 정의들은 페르소나에 대한 다음의 설명에 잘 녹아 있다.

원래 페르소나는 연극에서 특정한 구실을 하기 위해 배우가 쓰던 가면을 가리킨다. 인물이라는 'person과 'personality'도 같은 어원에서 나왔다. 융 심리학에서도, 페르소나의 태고유형은 동일한 목적을 위해 사용된다. 개인은 페르소나에 의해 반드시 자기 자신의 것이 아닌 성격을 연출할 수가 있다. 페르소나는 개인이 공적으로 보이는 '탈' 내지는 겉보기이며, 사회에 받아들여지기 위해 좋은 인상을 주는 것을 목적으로 삼고 있다.

카를 융, 설영환 옮김, 〈융 심리학 해설〉, 선영사

흔히 '사람과 인격' 등으로 번역되는 'person과 personality'가 페르소나와 어원이 같다는 것은 우리에게 시사해주는 바가 크다. 사람의 인격

이 가면과 깊은 연관이 있음을 말해주기 때문이다. 또한 앞에서 계속 말했던 것처럼 융은 페르소나가 사회에 받아들여지기 위해 보여주기 싫은 면은 감추고, 보여주고 싶은 면은 나타내는 데 그 목적이 있다고 말하고 있다. 말하자면 "페르소나는 '한 인간이 표면적으로 어떻게 보이는가' 하는 것에 관한 개체와 사회 사이의 타협의 한 소산"카를 융, 설영환 옮김, 〈무의식 분석〉, 선영사이라는 것이다. 페르소나란 어떤 이름을 말하거나 칭호나 지위를 나타내기도 하는데 이것은 개인과 사회가 타협한 결과물이라는 것이 융의 생각이다. 그러므로 페르소나는 당사자 자체보다는 타인과의 관계에서 더 많이 드러난다고 할 수 있다.

이번에는 융의 분석심리학을 연구하여 페르소나 이론을 토대로 책을 낸 이부영 교수의 말을 들어보자.

분석심리학에서는 집단사회의 행동규범 혹은 역할을 페르소나라고 부른다. 집단정신에서 빌려온 판단과 행동의 틀, 즉 집단이 개체에 요구하는 도리, 본분, 역할, 사회적 의무에 해당하는 것, 그 집단에서는 누구나 그렇게 생각하고 느끼고 행동해야 할 여러 유형을 의미한다.

이부영, 〈그림자〉, 한길사

연극 등을 상연하던 그리스의 에피다우로스 극장. 기원전 4세기 말에 처음 세워진 이 극장은 뛰어난 음향 효과 때문에 무대에서 동전을 떨어뜨려도 객석 맨 뒤에서 들을 수 있다고 한다. 사회적 인격을 뜻하는 '페르소나'는 이들 무대에서 연극을 하던 고대 그리스의 배우들이 역할에 맞춰 쓰던 가면에서 유래했다.

그는 우리가 흔히 '도리, 본분, 역할, 사회적 의무'라고 하는 것들을 페르소나로 규정하고 있다. 그러니까 '여성답다, 사람답다, 교사답다'라고 하는 표현 중에서 '답다'라는 표현이 페르소나라고 지적하고 있는 셈이다. 이는 물론 한 사회에서 그 사회 구성원에게 요구하는 사회적 인격^{가면}을 말한다. 좀 어려운 말로 이야기하면 한 개인에게 부여된 사회적 자아 또는 사회적 인격이라고 할 수 있다. 한 사회에서 부여받은 개인의 역할 그러니까 '교수로서, 사장으로서, 아버지로서, 어머니로서' 등에 어울리는 '나'를 의미한다고 하겠다.

다양한 페르소나

그런데 현대사회일수록 사회가 다양하게 분화되면서 한 개인에게 요구되는 페르소나 역시 다양해질 수밖에 없다. 사회 전반의 모든 활동은 한편에서 페르소나의 상호작용이라고 보면 된다. 실제 우리는 가정에서는 자녀와 부모로서 페르소나를 발휘하고, 직장에서는 직장의 상사나 동료로서 페르소나를 발휘하며, 학교에서는 스승과 제자로서 페르소나를 주고받으며 살고 있다. 인간이 혼자 살 수 없는 사회적 동물이라고 하는 것도 바로 이러한 측면을 이르는 말이라고 하겠다.

융에 의하면 인간은 1000개의 페르소나^{가면}를 지니고 있어서 상황에 따라 적절한 페르소나를 쓰고 관계를 이루어 간다고 한다. 페르소나를 통해 개인은 생활 속에 자신의 역할을 반영하고, 주변 세계와 상호관계를 이룰 수 있다. 그리고 페르소나 안에서 자신의 고유한 심리구조와 사

회적 요구 사이의 타협점에 도달할 수 있기 때문에 개인이 사회적 요구
에 적응할 수 있게 해주는 인터페이스의 역할도 하게 된다고 할 수 있다.
말하자면 자아와 외부세계 사이를 중재하고 사회문화가 요구하는 것과
자아의 필요 사이에서 절충하는 역할을 한다는 것이다.

　이러한 페르소나가 구체적으로 작용하는 예를 학교 교사의 경우를 통
해 살펴보기로 하자. 초등학교의 한 교사가 있다. 그가 학생들을 지도하
는 것은 쉽지 않다. 아이들이 말을 듣지 않는 일이 있고, 같은 반 친구를
이유 없이 따돌리는가 하면 친구들과 싸움을 하는 경우도 있을 것이다.
그런 상황이 되면 교사 역할을 포기하고도 싶겠지만 여전히 그를 교단
에 서게 하는 것은 교사로서의 페르소나 때문이다. 말하자면 인내심이
라는 페르소나를 쓰고 아이들을 끌어가게 된다는 것이다. 이 인내심은
교사가 기본적으로 갖추어야 할 페르소나라고 할 수 있다. 물론 이러한
페르소나는 책임감이라는 페르소나와도 연관이 된다. 이렇듯 교사의 역
할을 수행하기 위해서는 적어도 두 가지 이상의 페르소나가 작용한다는
것을 알 수 있다.

　또 다른 예를 통해 페르소나의 역할을 생각해 보자. 페르소나는 한편
에선 한 개인이 사회에서 생존하기 위해 꼭 필요한 것과 관련된다.

그것^{페르소나}에 의해 우리는 못마땅한 사람도 포함해서 남들과 우호적으로 잘
지낼 수가 있다. 그것은 개인적 이익과 업적을 가져올 수 있으며, 사회생활과 공
동생활의 기본이 된다. 이를테면 큰 회사에 취직한 젊은이를 생각해 보자. 남보
다 앞서기 위해서는 그에게 어떤 역할이 기대되고 있는가를 알아야 한다. 아마
그것은 몸가짐, 옷차림, 예절 등의 개인적 특징을 포함하고 있을 것이다. 상관들

카를 구스타프 융(1875~1961). 스위스의 정신 의학자, 심리학자로 프로이트의 정신분석학에 영향을 받아 연상 실험을 창시하였으며 프로이트가 말하는 억압된 것을 입증해 콤플렉스라는 이름을 붙이는 등 프로이트의 수제자로 인정을 받기도 하였다. 그러나 '리비도' 라고 하는 개념을 성적(性的)이 아닌 일반적인 에너지라고 하면서 프로이트와 의견이 대립되어 이후 분석심리학을 창안했다. 그는 개인의 무의식과 집단의 무의식적인 기원을 신화나 민화에서 찾았고 성격을 '내향형' 과 '외향형' 으로 구분하는 공헌을 세웠다.

과의 관계도 포함되어 있음은 확실하다. 아마도 그가 정치적 의견을 가지고 있는가, 어떤 이웃집을 가지고 있는가, 어떤 자동차를 가지고 있는가, 아내는 어떤 사람인가, 기타 회사의 이미지를 위해 중요하다고 생각되는 여러 가지가 포함될 것이다. 속담에도 이르듯이 카드 뽑기가 틀리지 않는다면 그는 게임에서 이긴다. 물론 일을 잘 완수해야 하며 부지런히 일을 잘하며 책임감이 있고, 의지가 있는 사람이어야 한다. 그런데 이 성질들도 페르소나의 일부이다. 회사의 이미지화된 탈을 쓰지 못하는 사람은 반드시 승진에서 빠지거나 실직할 것이 틀림없다.

카를 융, 설영환 옮김, 〈융 심리학 해설〉, 선영사

페르소나의 팽창

하지만 뭐든지 과유불급이라 했던가. 페르소나가 지나치면 그 후유증도 만만찮다. 융은 자아와 페르소나를 동일시하는 현상을 '팽창'이라고 명명했다. 개인이 자기가 하고 있는 구실이나 사회적 역할에 지나치게 말려들거나 지나치게 사로잡혀, 자아가 이 페르소나와 동일화하기 시작하면 그의 퍼스낼러티의 다른 측면은 당연히 한쪽으로 밀려나게 된다. 이처럼 페르소나에 압도된 사람은 자기의 본성에서 소외당하게 된다. 그리고 지나치게 발달한 페르소나와 제대로 발달하지 못한 퍼스낼러티 사이의 갈등 때문에 긴장 속에서 살게 된다. 때로는 이 페르소나를 남들에게 강요하여 마땅히 그래야 한다며 갖가지 행동과 의무를 요구하기도 한다. 이런 사람이 권위와 권력이 있는 자리에 있으면 아랫사람을 괴롭히기가 십상이다. 어떤 부모는 자신의 페르소나를 자녀에게 투사하고 강요하여 자녀를 괴롭히기도 한다. 페르소나가 지나치게 팽창한 사람은 사회가 자신에게 기대하는 수준에 합치하지 못할 경우 심한 열등감과 자책감에 몰리기도 한다. 그 결과 사회에서 소외되었다고 느끼며 고독에 빠지게 된다.

페르소나의 팽창, 말하자면 지나치게 페르소나를 강요하는 사회도 문제가 된다. 이러한 사회에서는 개인의 욕구와 인간성이 무시되고 획일적인 행동 기준이 집단 전체에 강요된다. 예를 들자면 '뭉치면 살고 흩어지면 죽는다' 는 구호 아래 새마을운동 등이 강력하게 펼쳐졌던 1970년대를 보자. 당시에는 국민 개개인의 권리와 표현의 자유보다는 새로운 시대의 국민은 이래야 한다며 정부는 각종 정책이나 대회에 국민들을 동원하곤 했다. 그리고 거리 여기저기에는 각종 구호와 포스터들이 흔했고, 궐기대회도 종종 벌어지며 국민으로서의 페르소나를 강하게 요구받았다. 그 때문에 국민 각자의 인권과 개성이 유린당하는 경우도 적지 않았다.

융은 자신에게 상담을 받으러 온 내담자들이 사회적으로 어느 정도 이름 있는 페르소나를 확보한 사람들이었기에 페르소나가 팽창한 사람들을 많이 경험할 수 있었다고 한다. 그들은 종종 매우 큰 업적을 쌓은 사람들이었는데, 갑자기 인생이 허무해지고 무의미해졌다고 고백하곤 했다. 융의 보고에 따르면, 이에 대한 분석을 받은 그들은 여태까지 수년 동안 자기를 속여 왔으며 실은 아무 흥미도 없는 일에 제법 흥미 있는 체하며 살아왔다는 점을 이해하기 시작했다고 한다. 자신의 페르소나가 팽창해 있다고 느끼는 독자가 있다면 정신 건강을 위해서 다음의 충고를 귀담아 들어볼 필요가 있다.

"무의식적 위선자이기보다는 의식적 위선자인 편이 나으며, 자기를 속이는 편보다는 남을 속이는 편이 낫다. 이상적인 것은 어떤 종류의 위선도, 속임도 있어서는 안 된다."카를 융, 설영환 옮김, 〈융 심리학 해설〉, 선영사

융에 따르면 "정신적으로 건강한 사람은 자기가 가면을 쓴 채 연기를 하고 있다는 사실을 잘 알고 있지만, 정신적으로 건강하지 못한 사람은 자기가 연기하고 있는 사람이 곧 자기 자신이라고 생각한다"고 한다. 말하자면 자신에게는 내적 자아와 외적 페르소나가 엄연히 공존하고 있으며, 그것을 의식하고 인정하며 사는 것이 훨씬 정신 건강에 좋다는 이야기다. 페르소나가 마치 자신의 참 자아인 양, 자신의 모든 것인 양 살게 되면 정신적으로 심각한 타격을 입게 된다는 이야기다.

페르소나의 팽창으로 인해 겪는 또 다른 상처들을 만나보자.

자아와 페르소나가 극단적으로 동일시되면 될수록 자아의식과 무의식의 교류는 단절된다. 그리되면 의식의 해리 현상이 일어나기 쉽다. 그러한 분리 또는 해리의 시초에 나타나는 것이 불안, 공포, 강박 등의 노이로제 증상이다. 평생을 어머니로서, 아내로서, 며느리로서, 딸로서의 도리와 책임을 다하며 살아온 여성이 갱년기에 이르러 사소한 계기로 우울증 또는 화병에 걸린 경우를 우리나라에서 흔히 볼 수 있다. 사회집단이 요구하는 규격화된 태도와 역할에 충실하다 보면 자기의 내면세계를 전혀 돌보지 못하고 내버려두게 된다. 그런데 인간은 외부 사회에 대해 적응하는 것 못지않게 내면세계에 대한 적응을 필요로 한다. 대부분의 사람들은 사회의 요구뿐 아니라 자기 내면정신의 요구를 받아들이고 내면의 소리를 듣고 실천함으로써 의식과 무의식 사이의 균형을 유지한다. 그러나 여러 가지 이유로 해서 사회적 요구만을 일방적으로 충족시키다 보

면 자신의 마음속에 살지 못한 채 억압된 무의식의 부분이 점차 힘을 더하여 자
동적으로 의식을 압박하기 시작하며, 의식의 일방적인 외적 적응이 극에 다다
르면 무의식의 보상기능도 상대적으로 격화되어 불어난 강물이 둑을 무너뜨리
며 마을을 덮치듯 무의식의 콤플렉스들이 의식을 휩쓸어버린다.

이부영, 〈그림자〉, 한길사

위에서 설명한 것처럼 중년기 주부들이 겪는 갱년기 우울증 또한 페
르소나와 자아의 부조화에서 오는 상처라고 말할 수 있다. 페르소나를
강하게 요구받고 그것을 돌보는 것에 전념할 수밖에 없었던 사람은 자
연히 내면의 세계가 황폐화될 수밖에 없지 않겠는가! 공부하는 학생으
로서의 페르소나를 강요받던 청소년이 성적을 비관하여 자살한 경우는
페르소나가 팽창하여 사고를 친 아주 극단적인 예라 할 것이다.

페르소나의 이모저모

물론 지금까지의 이야기에서처럼 페르
소나가 팽창해 있는 사람들도 있지만 반대로 페르소나를 무시하는 사람
들도 있다. 물건을 최대한 소유하지 않고 자유롭게 사는 것이 신에게 가
까이 가는 것이라고 믿었던 고대 그리스의 견유학파犬儒學派 사람들이 바
로 그들이다. 이들은 개처럼 자유롭게 산다는 의미에서 견유학파라고
불렸다. 무엇을 주려고 찾아온 알렉산더대왕에게 "필요한 것은 없다. 지
금 그대가 가리고 있는 햇빛이나 가리지 말아 달라"고 한 일화로 유명한
철학자 디오게네스가 속했던 학파다.

이들 견유학파 사람들은 소크라테스의 극기적인 철학을 일부 계승했는데 정신적·육체적 단련을 중시하며, 쾌락을 멀리하고 단순하고 간소한 생활을 추구하였다. 그들은 또 권력이나 세속적인 일에 속박되지 않는 자유를 원하였고, 세계시민으로 자칭하여 헬레니즘 세계로 설교 여행을 다니기도 하였다. 이 학파는 일체의 사회적 형식을 벗어난 자유를 추구하였기에 집도 가정도 필요하지 않다며 길거리의 큰 깡통에 들어가 살기도 했다. 알렉산더대왕이 디오게네스를 찾아갔을 때에도 디오게네스는 그 깡통에서 쉬고 있을 때였다고 역사는 증언한다. 이런 견유학파는 극소수이긴 하지만 사람들이 많이 다니는 길거리에서 자위행위를 하는 등의 극단적으로 자유스러운 행동을 하기도 했다.

이런 견유학파의 태도는 지금의 우리들에게는 좀 무책임하게 보이기도 한다. 사회적 형식과 틀^{말하자면 페르소나} 때문에 인생의 본질에서 벗어나는 것을 염려하여 자유를 외쳤던 그들이지만 한쪽을 바로잡기 위해 다른 한쪽으로 치우쳤다고 생각하는 사람들이 많을 것이다. 위선과 형식을 무엇보다도 경멸했던 그들의 주장을 여과 없이 쉽게 받아들일 수는 없다는 것이다.

여기서 잠깐만 위선과 이중인격의 차이를 짚고 넘어가야 할 것 같다. 위선에는 한 개인이 자기의 뚜렷한 하나의 자아와 인격을 유지하고 있다. 그러면서도 이를 숨기려 하고 우월한 것만을 드러내 보이려 하는 것은 자신을 보호하고 타인으로부터 살아남으려는 방어기제의 한 행동이라는 것이 심리학자들의 설명이다. 이에 반해서 이중인격은 자아와 페르소나 자체가 통일성을 잃어버리고 단일하지 않은 경우를 말한다. 자아의 정체성이 두 가지 이상으로 나누어져서 나타나는 사람을 일컬어

고대 그리스의 철학자 디오게네스(기원전 412~기원전 323으로 추정). 견유학파의 한 사람으로, 시노페의 디오게네스라고도 한다. 행복이란 인간의 자연스런 욕구를 가장 쉬운 방법으로 만족시키는 것으로, 자연스러운 것은 부끄러울 것이 없다며, 가난하지만 자유로운 자족 생활을 하였다. 일광욕을 하고 있을 때 알렉산더대왕이 찾아와 소원을 물었을 때, 아무것도 필요 없으니 햇빛을 가리지 말고 비켜 달라고 하였다는 말은 유명하다. 이에 알렉산더대왕은 "내가 알렉산더대왕이 아니었더라면 디오게네스가 되기를 바랐을 것이다"라는 말을 남겼다고 한다.

'이중인격자' 라고 한다. 앞서 융이 말한 '자신이 가면을 쓰고 산다는 것을 의식하는 의식적 위선자'(정신적으로 건강한 사람)는 어떤 페르소나가 주어져도 자신의 자아 정체성을 통일성 있게 유지하지만, '자신이 가면을 쓰고 산다는 것을 의식하지 못한 채 페르소나를 자아와 동일시하는 무의식적 위선자'(정신적으로 건강하지 못한 사람)는 페르소나에 따라 자신의 자아의 정체성도 여러 개로 분열될 것이다. 그리고 이들 자아 정체성 사이에는 통일성도 없는 경우가 될 것이다. 말하자면 이중인격이란 페르소나에 따라 두 가지 이상의 자아 정체성을 갖게 되는 것을 의미한다. 그러니까 우리가 경계하는 것은 사실은 위선이 아니라 이중인격일 것이다.

영원한 숨바꼭질

지금까지 페르소나 등에 대해 좀 복잡하게 이야기해 왔다. 그렇지만 이를 연극과 연관시켜 이야기하면 논의가 아주 명쾌하게 정리될 듯하다. 실제 위선은 무대 위에서의 연기를 의미하기도 한다. 페르소나와 위선은 너무나 닮았다. 다만 고대 그리스의 페르소나는 연극 무대에서 연기를 하는 데 사용했지만 위선은 우리 자신이 주인공이 되어 인생이란 무대에서 연기를 하는 데 사용하는 것이라고 보면 될 것이다.

사람들은 외모를 보지만 신은 중심을 본다는 말이 있다. 사람의 내면(자아)을 보고 판단할 것을 사람들에게 권하는 말이라고 할 수 있다. 이런 말이 나온 것은 물론 사람들이 외모(인격, 페르소나, 위선, 가면)를 보고 쉽게 판단을 내리는 경향 때문일 것이다. 그리고 동시에 이 말은 중심을 꿰뚫어 본다는 전지한 신에 비하면 한계가 존재할 수밖에 없는 인간의 상황에 대한 솔직한 고백이 아닐까 싶다.

사람은 누구에게나 보여주고 싶은 부분과 보여주기 싫은 부분, 그래서 위선을 부려야 되는 부분이 있다. 어차피 인간은 사회적 존재일 수밖에 없고, 이러한 사회와 문명은 알게 모르게 인간들에게 요구하는 것들이 있게 마련이다. 만약 과학이 발전해서 사람의 속마음까지도 바로 알아볼 수 있는 장치가 나온다면 아마도 우리는 살아가기가 더 힘들어지지 않을까.

박테리아가 허락한 인간 세계

문명과 박테리아의 영원한 숨바꼭질

사람들은 박테리아^{세균} 하면 무슨 생각부터 떠올릴까? 아마도 좋은 생각을 떠올리는 사람은 별로 없을 것이다. 박테리아는 전염병을 일으키는 인간의 적이라고 생각하는 것이 보통이다. 사실 지금도 수많은 사람들이 많은 돈을 쓰며 박테리아를 없애기 위한 각종 항생제와 약을 찾고 있다. 하지만 박테리아도 생명체이다. 인간의 도전을 받아주면서 끊임없이 진화하고 있다. 심지어는 박테리아에게는 독약이라고 할 수 있는 항생제를 먹고 자라나는 박테리아가 생겨났다는 보고도 있다.

얼마 전 항생제가 소용없는 슈퍼박테리아보다 더 지독한 괴물이 발견됐다. 미국 하버드대 의대 고탐 단타스 박사와 몰턴 소머 연구원은 항생제를 아예 먹고사는 박테리아를 발견해 미국 과학저널 〈사이언스〉에 발표했다. 연구팀은 항생제를 먹인 소의 배설물을 뿌린 옥수수 밭을 조사했다. 그 결과 수백 종의 박테리아들이 항생제를 유일한 탄소 공급원으로 삼아 먹고살고 있었다. 이들은 병원에서 쓰는 각종 항생제에도 내성을 가졌다. 연구팀은 "이번에 발견된 박테리아 중 일부는 사람이나 가축에 해로운 박테리아의 친척"이라며 "해로운 박테리아에게 항생제를 이기는 유전자가 전해질 가능성이 있다"고 우려를 표했다.

〈동아사이언스〉, 2008년 4월 7일

인간은 박테리아에 맞서 승리할 것인가? 그러나 우리는 박테리아에 대해 너무 무지하다. '적을 알고 나를 알면 백전백승'이라는 말도 있지만 박테리아와 인간이 벌이는 싸움의 승패는 이미 결정되어 있는지도 모른다. 왜냐하면 박테리아의 세계는 우리가 생각하는 것보다 훨씬 더 무궁무진할 뿐만 아니라 훨씬 힘도 세고, 거기에 유익하기까지 하기 때문이다. 그래서 "박테리아 없이는 우리는 하루도 살 수 없다"는 말이 나올 정도이다. 그런 점에서 우리가 싸워야 할 적은 박테리아가 아니라 박테리아에 대한 우리의 생각인지도 모른다. 말하자면 박테리아에 대한 편견이 문제라는 것이다. 앞으로 우리는 그런 생각들을 하나둘 짚어갈 것이다. 그리고 우리가 박테리아에 대해 소홀히 했거나 놓치고 있던 흥미로운 이야기도 살필 것이다.

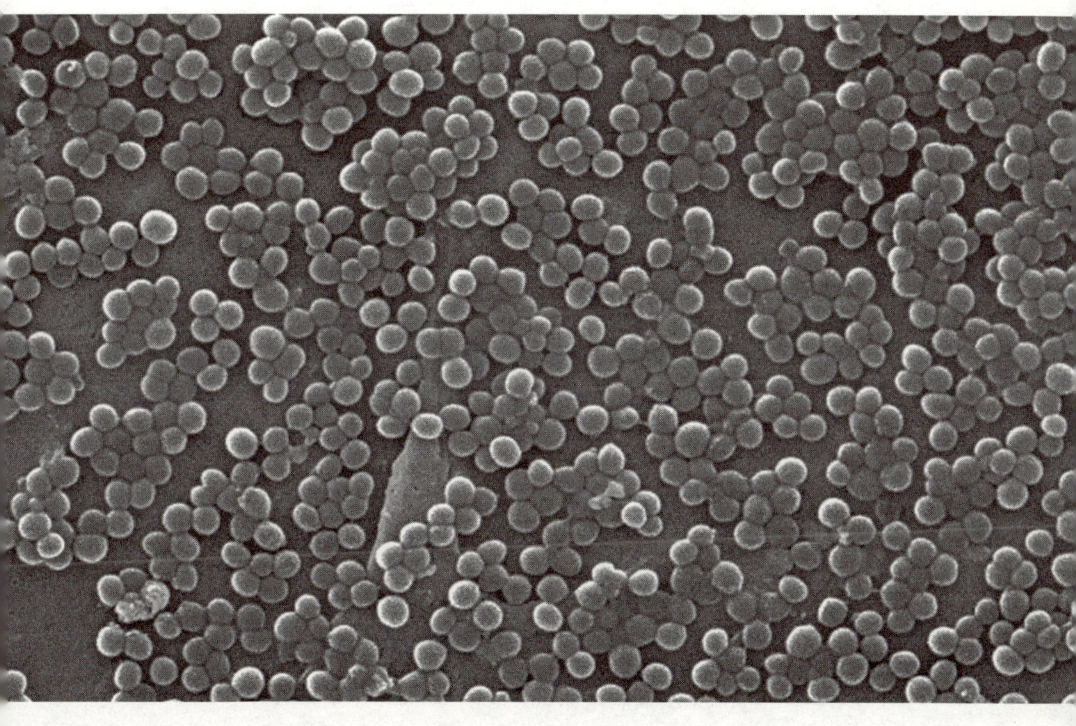

박테리아를 죽이는 강력한 항생제에도 저항하는 슈퍼박테리아. 1961년 영국에서 MRSA라는 이름으로 처음 보고되었고, 1996년 일본에서는 VRSA로 보고되었다. 항생제가 남용되며 박테리아가 항생제에 저항할 수 있는 힘을 키우게 되었는데 VRSA는 지금까지 개발된 항생제 가운데 가장 강력한 항생제인 반코마이신에도 저항한다.

박테리아는 죽지 않는다

인간에게 유해한 박테리아가 비록 전체 박테리아의 1퍼센트에 불과하다고 해도 사람들에게 미치는 충격파는 실로 대단하다. 그래서 인간은 박테리아의 활약 앞에서 마냥 뒷짐을 지고 있을 수는 없다. 슈퍼박테리아 억제 물질을 개발하기 위해 애를 쓰고 있는 것도 그 때문이다.

문제는 그 억제 물질을 이기는 슈퍼박테리아의 출현도 두렵지만 앞에서 이야기한 대로 바로 그 항생제를 양분 삼아 먹고 자라나는 박테리아가 출현한다는 것이다. 대체 박테리아는 어떤 존재이기에 그런 신출귀몰한 능력을 발휘하는 것일까?

사실 박테리아는 좀처럼 죽지 않는다. 박테리아에겐 수명이 없기 때문이다. 그 이유는 일단 그들의 DNA 구조에서 찾을 수 있다. 사람은 DNA 등으로 구성된 염색체가 세포 분열을 할 때마다 텔로미어^{telomere}가 짧아졌다가 나이가 들면 세포가 더 이상 분열하지 않고 늙어 죽는다. 하지만 박테리아는 DNA가 원형이라 여러 번 분열해도 DNA가 짧아지지 않기에 수명이란 게 존재하지 않는다. 말하자면 생존에 필요한 모든 조건이 최적화되어 있으면 박테리아는 절대 죽지 않는다. 그래서 박테리아 한 마리가 분열을 해, 두 마리가 되고 네 마리가 되어 지금까지 이어져 왔다면 지금 있는 박테리아는 최초의 박테리아라고도 할 수 있다. 그것을 박테리아의 '자기복제'라고 부른다. 식물이나 동물에서 말하는 수명은 박테리아에겐 아무런 의미가 없는 셈이다.

현실적으로 도저히 죽일 수 없는 것처럼 보이는 박테리아도 있다. 지금까지 알려진 박테리아의 부활 중에서 가장 놀라웠던 것은 달 표면에 2

년 동안 놓아두었던 카메라의 밀폐된 렌즈 속에서 회복되었던 '연쇄상구군' 이라는 박테리아일 것이다. 간단히 말해서 박테리아가 살 수 없는 환경은 거의 없다는 이야기가 된다. 빅토리아 베넷의 말에 따르면 탐침이 녹을 정도로 뜨거운 해저 분출구에서 살고 있는 박테리아도 발견되었다고 한다.

박테리아는 젖은 수건으로 닦은 뒤의 책상 위 표면처럼 약간의 수분만 있다면 마치 아무것도 없는 곳에서 창조된 것처럼 번성한다. 박테리아는 나무, 벽에 붙어 있는 풀, 굳어진 페인트 밑에 있는 금속도 먹어치운다. 오스트레일리아의 과학자들이 발견했던 '티오바실루스 콘크레티보란스' 라는 미생물은 금속을 녹일 정도로 진한 황산 속에서 사는데 만약 그런 황산이 없으면 죽기도 한다. '미크로콕쿠스 라디오필루스' 라는 미생물은 원자로의 폐기물 탱크 속에서 플루토늄을 비롯한 방사성 물질을 먹고산다.

박테리아는 생존 능력은 물론 번식력도 놀랍다. 조직을 곪게 만드는 '클로스트리디움 페르프린겐스' 라는 이 불쾌한 미생물은 불과 9분 이내에 한 번씩 번식할 수 있다. 만약 이 속도로 일주일가량을 계속 번식한다면 어떻게 될까? 지금 이 우주의 물질보다 더 많은 박테리아가 생겨날 것이다. 노벨상을 받았던 벨기에의 생화학자 크리스티앙 드 뷔브는 "충분한 영양분을 공급해 주기만 하면 하나의 박테리아가 단 하루 만에 290조 마리로 번식할 수 있다"고 보고하고 있다. 그렇다면 인간의 세포는 어떨까? 하루에 겨우 한 번의 분열을 할 수 있을 뿐이다. 인간 세포의 번식력은 박테리아와 경쟁이 되지 않는다. 인간은 덩치가 크고, 항생제와 소독약을 만들어 쓸 만큼 똑똑하기 때문에 박테리아를 절멸시킬 수도 있다

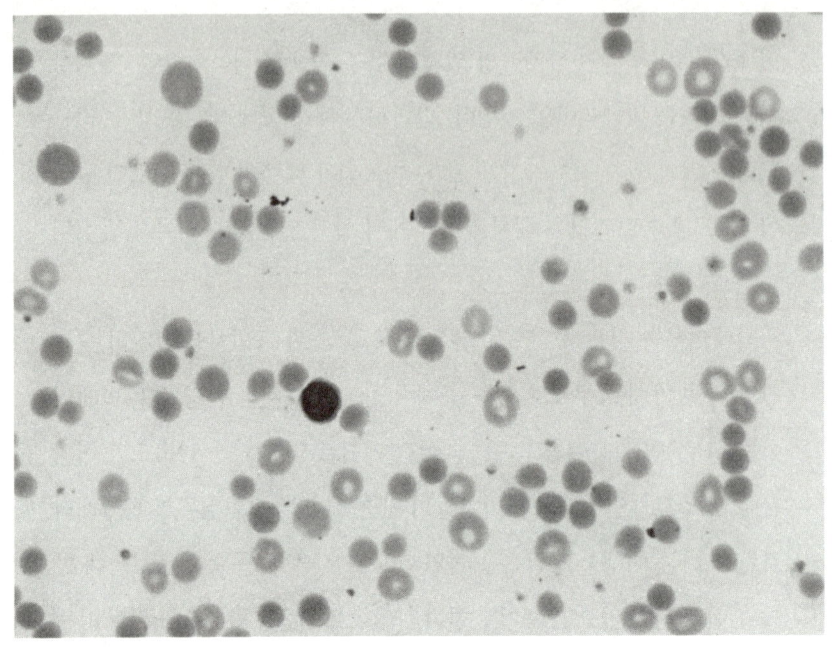

클로스트리디움 페르프린겐스 박테리아. 9분마다 두 배로 번식하는 이 박테리아는 이상적인
조건이라면 일주일도 안 되어 우주의 물질보다 많은 박테리아로 번식할 수 있다.

고 생각할 수 있겠지만 그것은 그야말로 단순한 생각이다.

　박테리아는 도시를 건설하지 않는다. 흥미로운 사회생활을 하거나 문자를 사용하지도 않는다. 그러나 박테리아는 인간이 등장하기 훨씬 이전, 지구에 최초의 생명체로 등장해 지금까지 존재해 왔다. 박테리아는 인간이 존재하기 이전에도 수십억 년을 지구에서 산 인간의 시조인 셈이다. 지구는 곧 그들의 행성이다. 우리가 이곳에 살고 있는 것도 그들의 허락이 있었기에 가능했다. 박테리아는 인간이 싸워 이길 수 없는, 아니 싸울 수 있는 상대가 애당초 아니었다고 할 수 있다.

박테리아가 사는 곳

　박테리아를 우리와는 별개의 곳에 사는 존재로, 그러다 가끔 인간의 몸속으로 침투하는 병균이라고 생각한다면 이는 박테리아에 대한 큰 실례이다. 박테리아는 생존력만큼이나 살아가는 곳도 다양하다. 이 지구상에 박테리아가 없는 곳은 없다고 해도 과언이 아니다. 그리고 그 전에 알아야 할 것은 우리 몸에 살고 있는 박테리아다.

　우리 몸의 100조 개의 세포 중 인간의 세포 수는 단 10조 개뿐, 나머지 90조 개의 세포는 우리 몸 안팎에서 살고 있는 박테리아, 진균류, 바이러스, 기생충의 것이다. 이 중 일부는 소화 과정을 돕는 등 유익한 역할을 하기도 하지만, 대부분은 우리에게 이로울 것도 해로울 것도 없이 그저 우리와 공존하는 상태다.

　　　　로버트 버크만, 이은주 옮김, 〈우리 몸 기생생물에 대한 관찰노트〉, 휘슬러 우리 몸의 세포 중 90퍼센트가 박테리아와 다른 기생생물로 이루어져 있다는 사실은 가히 충격적이다. 로버트 버크만의 표현대로 인간은 박테리아와 공존할 뿐만 아니라 점유율로만 본다면 우리가 박테리아에게 기생한다고 표현해도 무리가 아닐 정도다. 우리 몸에 있는 박테리아에 대한 자료는 여기에서 그치지 않는다.

해외 언론들이 6일 보도한 바에 따르면, 미국의 뉴욕대학교 연구팀이 건강한 남녀 6명의 팔뚝 부위를 분석한 결과 총 182종의 박테리아가 서식하고 있는 것으로 확인되었다. 전체 박테리아 중 8퍼센트 즉 15종은 과학자들이 알지 못하는 정체불명의 박테리아이다. 흥미로운 사실은 사람마다 다른 종류의 박테리아를 가지고 있다는 점. 열대지방과 극지방에 사는 동물들이 다르듯이 사람의 피부 상태에 따라 다른 종류의 박테리아가 서식하는 것인데, 실험 대상자 모두가 공유한 박테리아는 4종에 불과했다. 한편 일부 박테리아는 남녀를 구분해 피부에 살기도 한다. 3종의 박테리아 'Propionibacterium granulosum' 등는 여자는 피하고 남성의 피부에만 서식한다. 피부가 박테리아가 살고 있다는 사실은 오래전부터 알려져 왔으나 정교한 유전학적 분석을 통해 확인된 것은 처음이다. 연구 대상자의 규모는 작지만 뉴욕 의과대학의 마틴 블레이저 교수는 이번 연구가 인간 피부에 엄격한 법의학적 기술이 적용된 첫 번째 연구라고 강조했다. 박테리아는 단세포 미생물로 지구상에 첫 번째로 존재했던 생명체로 추정되고 있다. 일부 박테리아는 질병을 일으키지만 반드시 필요한 박테리아도 있다. 좋은 박테리아가 없다면 인간의 생존도 불가능하다.

김정 기자, 〈팝뉴스〉, 2007년 2월 7일

이 내용에 따르면 팔뚝 부위에만 무려 182종의 박테리아가 사는 우리의 피부는 '박테리아 정글'이라고 해도 과언이 아니다. 또 다른 보고도 있다. "상당히 건강하고 보건에 신경을 쓰는 사람이라고 하더라도 평야와 같은 피부 전체 면적에는 대략 1조 마리의 박테리아 군단이 살고 있다. 적어도 피부 1제곱센티미터에 10만 마리를 상회하는 숫자이다. 피부에 붙어서 사는 박테리아는 매일 떨어져 나오는 100억 개 정도의 피부 조각과 땀구멍과 갈라진 틈으로 새어 나오는 맛있는 기름과 힘을 북돋워 주는 미네랄 성분을 먹고산다. 그들에게 사람은 가장 이상적인 음식 창고인 셈이다. 뿐만 아니라 온기도 제공하고, 편리하게 움직일 수도 있게 한다.

그러나 지금까지의 이야기도 피부에 사는 박테리아의 세계에 불과할 뿐이다. 내장과 콧구멍에 숨어 있는 것과 머리카락과 눈썹에 붙어 있는 것, 눈의 표면에서 수영을 하고 있는 것, 그리고 이빨의 에나멜에 구멍을 뚫고 있는 박테리아들도 엄청나게 많다. 소화기관에 살고 있는 것만 해도 적어도 400종에 90조 마리가 넘는다. 당을 먹는 것도 있고, 녹말을 먹는 것도 있으며, 다른 박테리아를 공격하는 것도 있다. 어디에나 내장 스피로헤타처럼 아무런 이유도 없이 그곳에 살고 있는 것도 놀라울 정도로 많다. 그저 사람과 함께 사는 것을 좋아하는 모양일 뿐이다"^{빌 브라이슨, 《거의 모든 것의 역사》, 까치글방}라고 보고하고 있다.

눈을 만드는 박테리아

우리가 보기에는 아무런 이득도 얻을

수 없는 화학물질을 분해하는 박테리아가 있는가 하면 도저히 생물이 살 수 없는 곳이라 여겨지는 곳에 살고 있는 박테리아도 있다. 펄펄 끓는 진흙 연못이나 바위 속 깊은 곳에 살고 있는 박테리아가 있고, 바다 밑이나 남극대륙의 계곡에 숨어 있는 차가운 연못, 수면보다 압력이 1000배나 더 높아서 점보 여객기 50대 밑에 깔려 있는 것과 같은 수심 11킬로미터나 되는 태평양 바다 속에 살고 있는 박테리아도 있다. 뿐만 아니라 겨울에 볼 수 있는 눈조차도 박테리아가 없으면 생성이 불가능하다는 보고가 있다.

AP통신이 보도한 바에 따르면 하늘에서 내리는 순백의 눈송이의 중심에는 뜻밖에도 박테리아가 있다는 사실이 밝혀졌다. 미국 루이지애나 주립대 연구팀이 남극대륙, 프랑스, 미국 몬태나주, 캐나다 유콘주 등지에서 채집한 눈송이들을 분석한 결과 눈 결정의 핵 중 85퍼센트 이상이 박테리아라는 사실을 알아냈다고 보고하고 있다. …… 그간에도 눈이 생기려면 차가운 공기 속 수분이 들러붙을 빙핵^{氷核}이 필요하다는 건 알려져 있었다. 그러나 빙핵의 성분이 뭔지 몰랐다가 이번에 유기물질인 박테리아라는 게 확인된 것이다. 먼지 같은 무기물질도 빙핵 노릇을 할 수는 있지만, 영하 10도 이하가 돼야 물기가 달라붙는다. 반면 박테리아는 영상 5도 수준에서도 눈을 만들어 내는 것으로 조사됐다. 박테리아가 빙핵 역할을 훨씬 쉽게 수행하는 것이다. 눈 속에서 박테리아가 발견되는 빈도는 프랑스, 몬태나, 유콘, 남극대륙 순으로 높았다. 생명체 활동이 활발한 지역일수록 박테리아가 많다는 얘기다. 또 가장 흔하게 발견되는 건 토마토·콩 등의 작물에 병을 일으키는 '슈도모나스 시링게'$^{Pseudomonas\ syringae}$라는 박테리아였다. 이 박테리아는 빗물 속에서도 발견됐다. 학자들은 비 역시 수분들이 엉거 붙을 핵이 필요하며 이 역할을 박테리아가 한다는 걸 알게 됐다. 과거 학자들은 박테리아가 작물 피해를 낳는 병원체라는 점 때문에 가급적 없애려고 노력했다. 그러나 이 박테리아가 비와 눈을 내리게 하는 데 결정적인 역할을 한다는 게 새롭게 밝혀지면서 어떻게 다뤄야 할지 고심하고 있다.

남정호 특파원, 〈중앙일보〉, 2008년 3월 1일

이렇듯 박테리아는 지구상에 없는 곳이 없을 정도로 다양하게 분포한다. 또한 박테리아가 사는 장소만큼이나 그 종류도 다양하다. 우리나라는 2005년부터 2007년까지 3년 연속 박테리아 최대 발견국이다. 2006년 기록을 보면, 영국 학술지 〈국제미생물계통분류학회지〉에 등록된 박테리아 신종 547건 중 한국 연구자들이 발견한 것이 107종에 이른다. 신종 박테리아 5개 중 하나는 한국인이 발견한 셈이다. 〈경향신문〉 유병선 논설위원은 이와 관련된 기사에서 지구상 박테리아 가운데 사람이 찾아낸 것은 아직 1퍼센트도 안 된다고 못을 박고 있다. 박테리아들이야말로 무궁무진한 비밀을 간직하고 있는 세계이다.

인간의 창조자

우리가 가장 보편적으로 지니고 있는 생각 중의 하나는 박테리아가 인간에게 해로운 존재라는 것이다. 하지만 단박에 그 생각을 뒤집을 수 있는 정보만 해도 너무 많다. 우리에게 유익한 박테리아의 예를 찾자면 태산을 이루겠지만 여기에선 중요한 몇 가지 사례들만 언급해 보기로 하자.

광고에 등장하는 미생물은 혐오스런 박멸 대상이다. 하지만 실제로 인간에게 질병을 일으킬 수 있는 미생물은 1퍼센트에 지나지 않으며 미생물과의 공생과 균형은 생명체를 유지하는 중요한 메커니즘이다. 미생물은 우리 몸에서 살고 있는 엄연한 몸의 일부이며 전체 생물량의 절반 이상을 차지하는 물질순환의 단초이다.

이재열, 〈우리 몸 미생물 이야기〉, 우물이있는집

이재열이 말하고 있듯이 우리 몸에 해로운 박테리아는 전체 박테리아의 1퍼센트에 지나지 않는다. 물론 그 1퍼센트가 우리 인간에게 치명적인 경우도 있다. 2007년 7월 4일 〈한겨레〉 신문에는 "미국에서 항생제에 내성을 발휘하는 '슈퍼박테리아'로 인한 사망자가 에이즈보다 많다는 연구 결과가 나와 불안감을 키우고 있다. 〈미국의학협회지〉에 실린 질병통제예방센터의 실태 조사 논문에서, 슈퍼박테리아로 불리는 '메티실린 내성 황색 포도구균' 감염 사망자가 2005년 1만8650명에 이르는 것으로 추산됐다고 미국 언론들이 17일 보도했다. 연구진은 또 이 해에 10만 명당 31.8명꼴인 9만4360명이 심각한 감염을 겪었다고 밝혔다. 같은 해 미국의 에이즈 관련 사망자는 1만2500명"이라는 보도가 있었다.

그러나 그보다 더 중요한 것은 박테리아로 인해 비로소 지구는 인간이 살 수 있는 곳이 되었다는 점이다. 인간은 산소가 없이는 존재할 수 없는데 이는 바로 지구상에 박테리아가 출현하며 가능해졌다는 학회의 보고가 있다.

지구에 처음으로 생긴 생명체는 산소 없이 살아가는 혐기성 세균이었다. 그

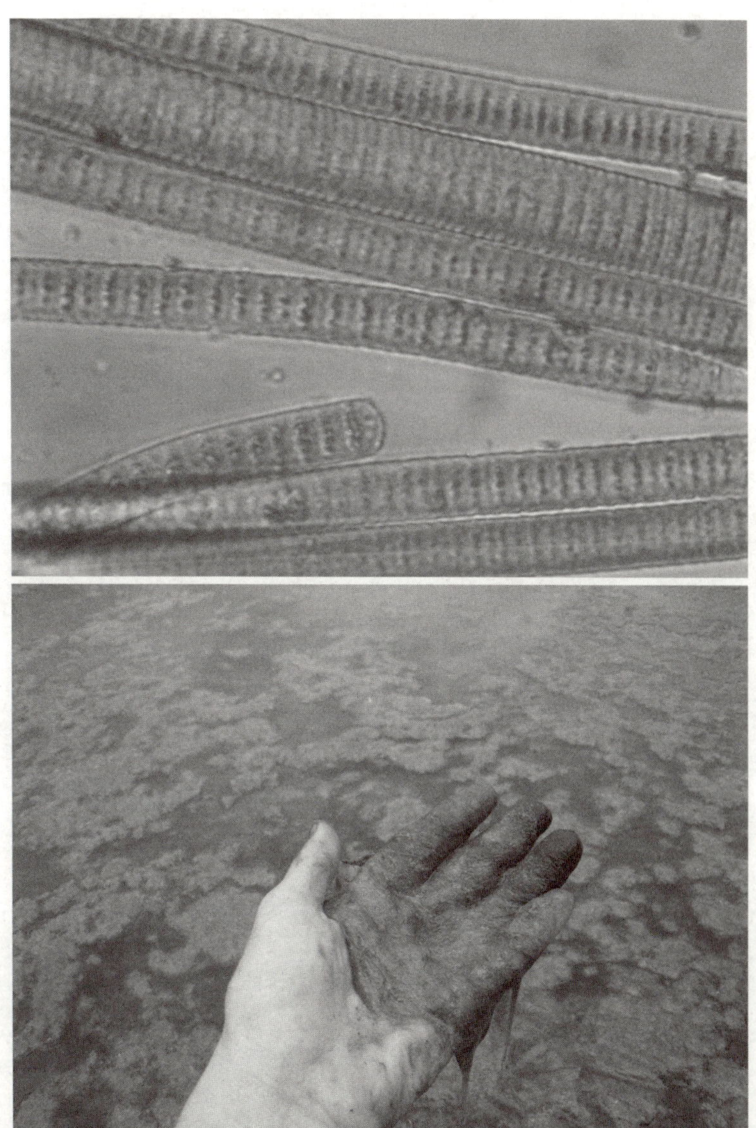

시아노박테리아. 위의 사진은 현미경으로 본 시아노박테리아 모습이다. 태양으로부터 나오는 빛에너지 등을 이용해 산소를 만드는 시아노박테리아가 등장하면서 지구의 대기는 많은 생물들이 이용하는 산소를 지니기 시작했다.

런데 이들이 진화하며 빛에너지를 이용해 산소를 만드는 최초의 호기성 광합성 생물이 태어났다. 36억 년 전 지구상에 등장한 시아노박테리아다. 시아노박테리아는 빛에너지와 물, 공기 중의 탄산가스를 이용해 광합성을 하고 산소를 만들어 낸다. 전분을 합성하는 일반 식물과 달리 글리코겐을 합성하는 동물성 특성도 갖고 있다. 이들의 활약으로 대기 중의 산소량이 늘어나 현재의 약 100분의 1이 되자 태양에서 오는 자외선이 차단돼 해수면이 안전해졌다. 이때 태어난 생물들은 산소를 이용한 호흡을 통해 당류를 분해하며 에너지를 얻었다. 발효에서 호흡으로 바뀌며 생물이 단위 시간에 이용할 수 있는 에너지는 무려 30배가 됐다. 고생대가 시작되는 5억7000만 년 전부터 지구 대기는 산소가 더 풍부한 제3세대의 대기로 변했다.

이렇게 고생대 전기가 끝날 무렵 바다에 살던 식물이 해안에 상륙하고 동물들이 뒤따라 육상에 올라와 육상 생태계를 구성했다. 약 2억4500만 년 전 파충류의 중생대가 시작되며 식물은 양치식물보다 속씨식물이 번성하게 되었다. 그리고 공룡이 6500만 년 전에 전멸하자 인간과 같은 포유류가 새로운 지배자로 등극했다.

〈동아 사이언스〉, 2007년 7월 10일

학자들이 시아노박테리아를 지구의 구원자라고 부르는 것은 이 때문인데 다른 보고에 의하면 과거는 물론 지금도 박테리아와 그 아류들은 우리에게 산소를 공급하고 있다고 한다. 현대판 남조균을 포함한 미생물들은 지구상에서 호흡할 수 있는 산소의 대부분을 공급한다. 바다 밑에서 기포를 올려 보내주는 조류를 비롯한 작은 생물체들이 매년 1500억 킬로그램의 산소를 생산하고 있다는 사실이 이를 잘 말해주고 있다.

박테리아는 고맙게도 우리의 암까지 치료해 준다. 〈뉴질랜드헤럴드〉
가 학술잡지 〈뉴 사이언티스트〉에 실린 논문을 인용 보도한 것을 보면
소똥 냄새 맡으면 폐암 위험이 현저히 감소한다면서 목축업에 종사하는
농부들의 경우 일반인들보다 폐암에 걸릴 위험이 5배 정도 낮은 것으로
나타났다고 한다. ^{고한성 통신원, 〈연합통신〉, 2008년 1월 29일} 우리가 하찮게 여기는 소
똥에서 우리 인체에 유익한 박테리아가 나온다는 것이다.

캘리포니아대의 크리스토퍼 보이그트 교수는 맞춤 세균 분야의 선두
주자로 꼽히는 인물인데, 맞춤 세균이란 유기체의 DNA에 입력된 명령
을 바꾸어서 지시에 따라 다양한 임무를 수행하게 하도록 '거듭난' 박테
리아들을 말한다. 그의 '작품' 목록에는 초강력 비단을 만드는 박테리
아, 암세포를 박멸하는 박테리아 등이 있다. 최근에는 옥수수로 바이오
연료를 좀 더 효율적으로 생산하는 박테리아 디자인에 착수했다고 한
다. 뿐만 아니라 맞춤 설계에 의해 탄생한 박테리아가 암을 잡는다는 희
소식을 전하고 있다. ^{전병근 기자, 〈조선일보〉, 2007년 5월 29일} 암이 우리 몸에 해로운 세
포라고 볼 때 그 세포를 이기는 것이 바로 박테리아라는 것이다.

우리가 몸에 좋다고 알고 있는 유산균도 사실은 박테리아다. 그 박테
리아에 대해서 이런 칭찬이 뒤따르고 있다.

김치에 존재하는 유용한 유산균은 다른 방식으로도 활용이 가능합니다. 김
치에는 많은 미생물이 있고, 이들은 치열한 생존 경쟁을 하기 마련입니다. 전쟁
터에서 이들이 흔히 사용하는 무기가 바로 항생물질입니다. 유산균도 예외가
아니어서 '항생 펩타이드'라고 하는 항생물질을 생산해냅니다. 최근에 국내의
한 벤처회사에서 항생 펩타이드를 만드는 유산균을 김치로부터 발견했습니다.

다양한 식중독균을 죽이는 이 유산균의 산업적인 활용 가치는 상당히 큽니다. 항생 펩타이드를 대량 생산해서 항생제로 사용할 수 있으며, 유산균 자체를 식중독균을 죽이는 데 쓸 수도 있습니다. 이런 유산균을 샐러드 등에 뿌려두면 식중독균이 있더라도 자라지 못해 식중독을 예방할 수 있는 겁니다. 그리고 김치 유산균을 유전공학적으로 응용하는 방법도 있습니다. 예를 들면 김치유산균이 간염바이러스의 항원 단백질을 만들도록 하면, 김치만 먹어도 간염백신 주사를 맞은 것 같은 효과를 내는 겁니다.

천종식, 〈고마운 미생물, 얄미운 미생물〉, 솔

박테리아는 때로는 여러 가지 신선한 과일 맛의 주스를 만드는 데 쓰이기도 한다. "뉴질랜드의 과일 품종 개발업체인 '호트리서치사'는 사과와 키위, 딸기에서 특유의 과일 맛을 내는 유전자를 밝혀내고 이를 미생물의 DNA에 주입하는 데 성공했다" 면서 지금까지의 과일주스는 즙을 짜내는 과정에서 많은 양의 맛 유전자들이 소실돼 진정한 과일 맛을 낼 수 없었지만 이번 성과를 통해 주스에 과일 맛 박테리아를 첨가함으로써 한층 완벽한 맛의 과일주스 생산이 가능해졌다고 한다.^{양철승 기자, 〈한국일보〉, 2007년 6월 25일}

뿐만 아니다. 전남대의 노열 교수 연구팀은 핵폐기물 확산을 막는 토종 박테리아 수십 종을 발견했다고 한다.^{이형주 기자, 〈뉴시스〉, 2008년 1월 22일}

그 외에도 박테리아를 활용한 영역은 끝이 없을 정도이다. '전기를 재배하는 박테리아', '사람의 아픈 기억을 지우는 데 활용하는 박테리아'까지, 박테리아가 나서는 영역은 넓기만 하다. 물론 이 중에서는 더 검증을 요하는 정보들도 있겠지만 박테리아가 우리 생활에서 요긴하게 활용

될 수 있다는 점은 부정할 수 없는 사실이다.

천사와 악마의 두 얼굴

앞에서 살핀 것처럼 인간은 박테리아가 없이는 하루도 살 수 없다. 그 온갖 시체와 쓰레기들이 썩는 것은 대부분 박테리아 덕분이다. 물을 깨끗하게 하고, 토양을 비옥하게 만드는 존재도 박테리아다. 내장 속의 박테리아는 비타민을 합성하고, 우리가 섭취한 것을 쓸모 있는 당과 다당류로 바꾸는가 하면 우리 영토로 몰래 숨어 들어온 외래 미생물과 싸워서 물리치기도 한다. 공기 중에서 질소를 빼앗아서 우리가 사용할 수 있는 유용한 뉴클레오티드와 아미노산으로 변환시켜 주는 일도 전적으로 박테리아가 맡아서 하고 있다. 마굴리스와 세이건이 지적했듯이 우리가 비료를 만들 때처럼 공장에서 그런 일을 하려면 원료를 섭씨 500도로 가열하고 보통의 300배 이상의 압력으로 짜내야만 한다. 박테리아는 그런 일을 아무 어려움 없이 늘 해오고 있다.

이런 모든 것으로 미루어 볼 때 린 마굴리스 매사추세츠대학 생물학 교수가 "박테리아는 우리들이다"라고 말한 이유를 어느 정도는 이해할 수 있을 듯하다. 지금까지 만난 정보만으로도 박테리아를 우습게 봤다간 큰코다치겠다는 생각이 들 것이다. 유익하기도 하고 무익하기도 한 박테리아이지만 인간의 문명은 결코 이 박테리아를 떼어 놓고 이야기할 수는 없을 것이다. 인간이 살 수 있는 곳에서는 박테리아가 살 수 있지만 박테리아가 살 수 없는 곳에서는 인간도 살 수 없다는 점에서 박테리아

가 우리에게 주는 정보와 활용도는 너무나 크다. 그런 점에서 인간의 문
명은 천사와 악마라는 두 얼굴을 가진 박테리아와 영원히 이길 수도 없
고 그렇다고 져서도 안 되는 게임을 하고 있는 셈이다. 중요한 것은 박테
리아와의 싸움은 승산 없는 싸움이라는 것이고, 유해 여부를 가려 박테
리아와 잘 공존하는 법을 익히는 것이 우리 인류의 생존을 위해서도 유
리하다는 것이다.

너무 단단한 1등의 신화

인간에게 서열을 매기는 것이 가능한가?

자녀나 조카의 학교 생활통지표를 본다면 어디에 가장 먼저 눈이 갈까? 생활통지표에는 창의력, 자기주도력, 문제 해결 능력 등 다양한 항목에 대한 담임교사의 평가가 실려 있다. 물론 각 과목의 점수도 있고, 석차도 기록되어 있다. 그런데 내 생각에는 한국인이라면 아마도 석차에 가장 먼저 눈이 가지 않을까 싶다.

그렇다. 거기에는 분명 한국 사회의 특성이 있다. 예컨대 더 노골적으로 표현해 보자면 한국 사회의 부모들은 자녀들이 공부를 잘하는 게 교육의 목적이 아니다. 말하자면 창의력이 좋거나 듣고 읽고 보고 쓰고 말하는 능력이 좋아지는 것이 목적이 아니고, 학교에서 점수를 100점 맞는 것도 최종 목표가 아니다. 자식이 100점을 맞아도 다른 학생들이 대부분 100점을 맞는다면 그것은 크게 기뻐할 상황이 아닌 것이다. 극단적으로 이야기해서 자신의 자녀가 50점을 맞아도 다른 학생들이 50점 밑으로 맞는다면 그게 기쁨이다. 즉 점수가 관심사가 아니라 등수가 관심사라는 것이다. 공부를 잘하느냐의 여부보다 등수가 중요한 게 한국 교육의 현실이다. 아니 어쩌면 이는 한국 사회 전반에 깔려 있는 정서이기도 하다.

한국인의 독특하고 기묘한 믿음

몇 년 전 〈한겨레〉에 이런 글이 게재된 적이 있었다. 지금은 노르웨이의 오슬로대학의 교수로 있는 박노자가 한국에 귀화하기 전 고향인 러시아의 상트페테르부르크의 대학에 다니면서 통역과 관광 안내 아르바이트를 할 때의 일화를 소개한 글이다. 하루는 한국에서 온 대학 총장의 통역을 하게 되었는데 박노자와 알고 지내던 한국에서 온 한 유학생이 그 총장과 동향에 집안끼리도 조금 아는 사이라서 총장이 묵던 호텔로 인사를 하러 왔다고 한다.

호텔로 찾아간 그에게 '높으신 분'이 반갑게 내뱉은 첫인사는 "에스대 나왔다고 했지?'였다. 그 순간 그는 당혹감으로 얼굴이 빨개졌다. "아닙니다. 케이대를 나왔습니다." 그 소리는 마치 범죄인이 자백을 하듯 기어들어 갔다. 갑자기 '이거 아니다'라는 사실이 확인되자 총장은 그에게 보인 호감을 끊고 동행인과 대화에 열중했다. '떳떳한 인간'이 아닌 것이 밝혀진 그는 감히 더는 아무 말도 못하고 조용히 자리를 떠났다.

박노자에 따르면 그 자리를 조용히 떠나야 했던 유학생은 총장의 냉대에 격분하기보다는 한없는 열등의식과 자책감에 사로잡혔다고 했다. 그런데 한 인간을 쉽게 무시한 그 '높으신 분'은 우리가 통상 이야기하는 '꼴보수'가 아니라 오히려 비교적 합리적인 사람이라고 평판이 나 있던 사람이라고 한다. 그럼에도 불구하고 유학생이나 총장이나 대학의 서열이라는 포승줄에 꽁꽁 묶여 있는 것은 같았다. 사회 일부만의 문제도 아니고 가해자만의 문제도 아니라는 것이다.

한국 사회의 이러한 기묘한 특성을 잘 설명한 이가 있는데 〈위장된 학교〉를 쓴 김덕영이 그렇다. 김덕영에 따르면 한국인들은 대학에 확고부동한 서열이 존재한다고 믿어 의심치 않는다고 한다. 예컨대 한국 사회의 1등 대학은 서울대학이고, 그 다음은 연세대나 고려대이며, 나머지 대학은 그 순위에 준하는 서열이 있다는 것을 한국인들은 철저하게 믿는다는 것이다. 그리고 "소위 삼류 대학이 일류 대학이 된다고 주장하거나, 연세대가 서울대를 앞선다고 주장하면, 한국 사람들은 그 대학이 미쳤다고 비웃을 것이다. 아니 지나가던 개도 웃을 것이다. 이런 주장은 어리석음과 무모함을 지나서 신성모독에 해당된다"고 꼬집고 있다.

너무 심한 지적일까? 어느 대학에 오랜 전통과 연구 업적, 그리고 수많은 졸업생을 남긴 학과가 있다고 하자. 그런데 어느 날 서울대학교에 그와 같은 학과가 새로 생겼다. 그렇다면 우리나라에서는 그 어느 대학의 학과와 서울대학교의 학과 중 어느 곳을 더 인정할까?

김덕영은 우리 사회의 대학 서열화의 단초가 일제시대에 마련되었다고 한다. 일제는 식민 지배를 위해서 필요한 소수의 조선인 엘리트 양성을 목적으로 경성제대와 공립 전문대학들을 설립하고 소수의 전문대학들의 설립을 인가했는데 서울대와 연세대 및 고려대는 이렇듯 식민지 시절에 획득한 기득권을 바탕으로 대학 서열의 정점과 그 바로 밑 단계를 차지할 수 있었다는 것이다.

그런데 대학 서열화에 대한 한국인의 믿음은 일종의 세계관이어서 한국 대학에만 적용되지 않는다고 한다. 세계의 모든 대학에도 서열이 있고, 다른 나라 사람들도 응당 그렇게 생각할 것이라고 믿는 것이다. 그러나 우리 사회의 이러한 현상은 외국인을 만나서 진지한 대화를 해 보면 얼마나 독특한 현상인지를 깨달을 수 있다. 김덕영은 이와 관련된 일화 하나를 소개한다. 한국의 모 대학에서 영어를 가르치는 한 영국인 친구가 한국 생활 초창기에 겪은 일이이라고 한다.

한번은 그 영국인 선생에게 한국 대학생이 와서 "우리 대학이 가장 좋은 대학이 아니다. 서울대가 가장 좋은 대학이다. 그리고 연세대가 두 번째로 좋은 대학이다. 우리는 X번째로 좋은 대학이다"라는 말을 했다고 한다. 이에 그 영국인은 그 말이 무슨 말인지 도무지 이해할 수 없었다. 그런데 한국 대학생은 다시 그 영국인에게 옥스퍼드대학이 더 좋은지, 케임브리지대학이 더 좋은지를 물었다고 한다. 이에 그 영국인은 "그런 질문을 가져본 적이 한 번도 없다. 그건 어떤 기준을 가지고 보느냐에 따라 달라질 수 있다. 자신은 개인적으로 중세적이고 귀족적인 모습의 두 대학을 좋아하지 않는다. 그리고 두 대학이 영국의 다른 대학들보다 더

독일의 하이델베르크대학교 도서관. 1386년에 세워진 이 대학은 독일에서 가장 오래된 대학으로 역사와 전통을 자랑한다. 그러나 대학은 모두 대학일 뿐 대학 사이에 우리와 같은 서열이 없어서 독일의 학생들은 필요에 따라 대학을 옮겨 다니며 원하는 공부를 할 수 있다.

좋다고 단정할 수 있는 근거는 없다"라고 대답했다고 한다. 그리고 한국 학생은 그 말에 상당히 당황하며 돌아갔다는 것이다.

어쩌면 그 한국 학생은 확고부동하게 믿고 있던 세계관과 가치관이 뿌리부터 흔들리는 정신적인 고통을 맛보았을지 모른다. 문제는 그 후로도 그 영국인 선생은 한국 대학생이나 동료들로부터 같은 질문을 많이 받았다고 한다. 그 한국 대학생의 생각은 그 학생만의 생각이 아니었던 것이다.

우리 사회에서는 대학을 다니다 다른 대학으로 편입을 하는 것이 쉽지만은 않다. 여러 이유가 있겠지만 대학 서열화 탓도 크다. 특히 하위 서열에 있는 소위 삼류 대학에서 상위 서열에 있는 일류 대학으로 가는 것은 더 힘들다. 다른 사회에서도 그럴까?

근대 독일 사회학의 아버지로 불리며 큰 학문적 업적을 남긴 막스 베버의 대학 경력을 보면 우리로선 이해하기가 쉽지 않다. 하이델베르크대학교, 스트라스부르크대학교, 괴팅겐대학교 등에서 공부하고, 박사학위와 대학교수 자격증을 베를린대학교에서 취득했다. 자신이 공부하고 싶은 분야의 강의가 있고, 또 그런 선생이 있다면 언제든지 일정의 절차를 밟아 대학을 옮길 수 있는 것이다. 물론 이는 독일 대학에는 서열 같은 개념이 없기에 가능하다. 자신의 필요에 따라 보다 자유롭게 대학을 옮기며 배울 수 있는 곳, 어쩌면 그런 대학 풍토였기에 막스 베버 같은 대학자도 나올 수 있었는지 모른다.

1등을 향한 행렬

이렇듯 대학에 서열이 있고, 어떤 대학의 간판을 다느냐가 향후 사회에서의 삶에 큰, 때로는 결정적인 영향을 미치다 보니 고등학교 때까지의 교육은 왜곡될 수밖에 없다. 앞에서 이야기한 대로 학생의 적성이나 수학 능력이 중요한 것이 아니라 석차를 중시하는 풍토가 득세한다. 자녀가 100점 만점에 10점을 받더라도 다른 학생들보다 석차에서 앞서면 만족할 수 있는 것이다. 결국 1등을 향한 피를 말리는 전쟁 아닌 전쟁이 벌어진다. 서열을 중시하는 사회에서는 1등을 향한 무한경쟁이 존재할 뿐이다.

그런데 우리 사회는 이러한 서열 문화가 교육 분야에서만 존재하는 것이 아니다. 순위 매기기 문화는 우리 사회 전반에 깊고 굵은 뿌리를 내리고 있다. 〈학교 없는 사회〉^{심성보 옮김, 미토}의 저자 이반 일리히는 이러한 가치 측정의 신화를 책에서 이렇게 비판한다. "사람의 성장은 측정할 수 있는 것이 아니다. 그것은 단련된 자기주장의 성장이며, 어떠한 척도나 교육과정을 가지고서도 측정할 수 없는 것이며, 타인의 업적과 비교할 수도 없는 것"이라고 말한다. 그러면서 그는 '측정할 수 없는 재창조'를 강조한다. 그에 의하면 사람들은 눈에 보이지 않고, 객관적인 자료로 측정할 수도 없는 가치를 너무나도 쉽게 측정해서 수치화한다는 것이다. 저자는 이를 '가치측정의 신화'라고 일컫는다.

우리 사회에 만연한 '가치측정의 신화'는 사실 서구 자본주의 문명의 소산이라 할 수 있다. 자본주의는 효율성을 강조하며 모든 것을 수치화해서 자료화하고 서열화하고자 한다. 자본주의의 핵심인 '돈'은 바로 그 모든 가치를 숫자로 환산하는 매우 뛰어난 능력을 가졌다. 예컨대 내

앞에 생전 처음 대하는 물건이 하나 있다고 치자. 나는 당연히 그 물건에 대해 사전 정보가 전혀 없다. 그때 어떤 사람이 "이것은 정말 좋고 귀하고 대단한 것이다"라고 설명하더라도 얼른 그 물건의 가치가 와 닿지 않는다. 여전히 마음은 혼란스럽다. 하지만 "이것은 3000만 원짜리 물건이야"라고 하면 이야기가 달라진다. 바로 알아듣게 되는 것이다.

하지만 사물의 가치를 숫자로 환산해 측정하는 것은 형식적인 방법이다. 우리가 돈의 액수로 환산하면 사물의 가치를 쉽게 이해하는 것은 그 액수에 해당하는 다른 많은 사물에 대한 비교 경험을 갖고 있다는 이야기에 다름 아니다. 아버지와 아들이 숲 속에서 밤을 따며 굉장히 행복한 시간을 보냈지만 수집상은 이 밤들을 1000원에 샀다고 하자. 아버지와 아들이 숲에서 밤을 딴 행위는 1000원의 가치에 불과한가? 또 똑같은 500원짜리 생수이지만 목이 엄청 말랐던 사람과 그렇지 않은 사람에게 그 물 값은 동일한 의미를 지니는 것일까?

사람의 가치를 그 사람이 살고 있는 아파트 평수나 자가용 배기량에 따라 평가한다면 반대하는 분이 많을 것이다. 그런 것처럼 우리 사회는 숫자로 환산할 수 없거나 이를 피해야 할 것까지 숫자로 환산해 신봉한다는 것이다.

이런 가치측정의 신화는 우리들로 하여금 늘 최고인 것과 아닌 것, 일류와 이류를 구분하는 습관을 갖게 했다. 〈위장된 학교〉는 이와 관련된 사소하지만 흥미로운 일화를 하나 소개한다. 이 책의 저자 김덕영은 독일 유학 중 그곳에서 열린 국제퇴계학술대회에 갔던 적이 있었다. 그는 대회 홍보 책자를 하나 받았는데 그 책자는 퇴계 이황을 '한국 역사에서 가장 위대한 철학자 퇴계 선생'이라고 소개하고 있었다. '한국에서 저명한’ 이나 ‘한국 역사에서 가장 위대한 철학자 가운데 하나인’ 그런 표현도 아니고 ‘가장 위대한’ 이라는 표현을 하고 있었다. 물론 우리 한국인들에게는 굉장히 익숙한 표현이어서 별 문제의식 없이 넘어갈 수도 있겠지만 말이다. 그러나 이퇴계가 가장 위대한 철학자라고 단정하는 것은 객관적인 절차나 방식으로 검증할 수 없는 명제이다.

그뿐만이 아니다. 우리나라에선 은근히 ‘교수는 일류, 교사는 이류’라고 하는 분위기가 있다. 마치 교수는 일류 인생, 교사는 이류 인생이라고 하는 분위기이다. 그러나 김덕영은 이러한 서열화는 잘못되었다고 지적한다. 교수는 대학의 특정한 분야에서 전문가이고, 교사는 고등학교 교육에서 전문가라는 것이다. 교사와 교수의 영역은 누가 더 우수한 학력의 소지자들을 가르치는가의 기준에 따라 비교할 수 있는 성질의 영역이 아니다. 다시 말해 이 둘은 기능적인 분화라고 하는 현대사회의 특성에 따라 서로 다른 사회적 역할을 수행하는 전문가들이며, 따라서 교사와 교수는 결코 서열 관계나 상하 관계로 비교할 수 없다. 오히려 어떤 면에서는 대학 강의보다 고등학생을 가르치는 것이 무척 힘든 일이고, 중학생을 가르치는 것은 그보다 더 힘들며, 초등학생을 가르치는 것은 그보다 훨씬 힘들 수도 있다. 대학 교수가 유치원 선생보다 유치원생을 더 잘 가르칠 수 있다는 보장은 없다는 것이다. 서로의 역할이 다른데 이를 하나의 획일적인 잣대로 비교해 평가할 수는 없다는 것이 김덕영의 주장이다.

이런 서열화 문화는 우리 사회에 여러 가지 문제를 일으키고 있다. 바로 성적을 비관한 청소년의 자살 사건이다. 〈나쁜 아이는 없다〉^{강지원, 삼진기획}에 의하면 우리나라에서는 입시 스트레스나 학교 성적 비관으로 인한 자살이 청소년 자살에서 가장 큰 비율을 차지한다고 한다. 그 책은 구체적인 사례로 "시험이 없는 평온한 곳으로 가려 한다. 우리나라 교육제도가 바뀌지 않는 한 나 같은 청소년은 계속 증가할 것이다. 공부보다 한 가지만 잘하고 싶다"라고 유서를 남기고 자살한 P양, "전교 1등을 하고 싶은데 공부를 해도 성적이 오르지 않는다. 모의고사에서 모르는 문제가 나올 때마다 정말 무섭고 두려웠다"는 내용의 유서를 남기고 서울 강남의 한 아파트에서 투신자살한 K양 등의 사례를 소개하고 있다.

이 보고들에서 눈에 띄는 것은 자살하는 청소년들은 하나같이 반에서 성적이 상위권에 들던 학생들이었다는 것이다. 사실 꼴찌에서 맴도는 학생이 성적을 비관해 자살했다는 사례는 만나기 힘들다. 어쩌면 그 꼴찌들은 부질없는 약육강식 서열 문화의 링에 오르기를 거부했거나, 일찌감치 포기한 학생들이었기 때문일 수도 있다.

그렇다면 1등을 향한 생존경쟁의 현실을 보완할 수 있는 방법은 없을까? 1등을 향하여 그렇게 가겠다는 사람들은 교육을 그렇게 받도록 하고, 그런 것이 아니라고 생각하는 사람들은 다른 방식으로 갈 수 있도록 제도적으로 선택의 폭을 넓혀주면 어떨까? 지금처럼 학생들마다 취미와 적성과 개성이 다 다른데 단 하나의 기준으로 서열을 매기고 1등이 아닌 학생들에게는 콤플렉스를 갖게 하는 제도와 문화를 보완하자는 것이다. 지금은 그러한 대열에 참가하고 싶지 않다면 선택의 여지가 없이 학교 공교육을 떠나 '홈스쿨링'이나 '대안학교'의 문을 두드려야 한다. 그렇지만 이를 수정해 공교육 안에서도 선택의 폭을 넓혀 1등을 향한 교육을 받고 싶은 사람이나 그렇지 않은 사람도 모두 수용할 수 있도록 하자는 것이다.

정답이 있는 교육

가치측정의 문화가 강한 사회에서는 시험에 있어서도 필연적으로 객관식 문제나 정답이 있는 단답형 문제를 추구하게 되어 있다. 우리 사회에서 그렇게 객관식 문제의 폐단을 이야기해도 여전히 없어지지 않는 것은 한국 사회의 '기묘한 믿음'이 여전히 존재하기 때문일 것이다. 대학 서열화가 기승을 부리는 사회에서 학생들을 서열화하는 것은 필연적이며, 이러한 서열화를 위해선 정답이 존재하기 힘든 주관식 문제 대신 객관적이고 획일적인 측정 기준지를 지녀야 한다. 그래서 한 사회학자는 한국 사회와 서양 사회의 교육의 가장 큰 차이점은 "한국 사회는 정답이 있는 교육을 하며, 서양 사회는 정답이 없는 교육을 하는 것"이라고 지적하기도 했다.

언젠가 초등학교 시험문제 하나가 신문 칼럼에 언급된 적이 있었는데 "이웃집 아주머니가 떡을 가져왔을 때 무슨 말을 해야 하는가?"의 질문에 답을 쓰는 것이었다. 실제로 인터넷에는 그 문제에 대한 답으로 "안 사요"라고 적은 한 초등학생의 시험지를 찍은 사진이 많은 사람의 웃음을 자아낸 적이 있었다. 그 학생에겐 떡을 가져온 아주머니가 장사하는 아주머니로 생각되었던 것이다. 그런데 과연 이 문제에 정답이 있을까? 그런데 정답이 있었다. "감사합니다. 맛있게 먹겠습니다"라고 해야 정답이었다는 것이다. 너무나 복잡한 인간의 삶에서 다양한 대답이 나름 존재할 수 있고, 필요하기도 한데 정답을 하나로 정해 처리할 수 있다는 것이 놀랍다.

〈위장된 학교〉는 중학교 시험문제도 하나 소개하고 있는데 문제는 "다음 중 조국과 민족의 발전을 위해서 헌신한 인물은 누구인가? ① 전

두환 ② 노태우 ③ 안창호 ④ 이승만 ⑤ 원균"이었다고 한다. 물론 한국 교육에 익숙한 사람이라고 한다면 3번을 정답으로 골랐을 것이다. 그렇지만 김덕영은 도대체 조국과 민족의 발전을 무슨 기준으로 논하며, 한 인물의 복잡한 생애를 어떻게 이분법적인 흑백논리로 나눌 수 있느냐고 한탄한다.

그러고 보면 우리 사회에서의 1등을 한다는 학생들은 이런 객관식 문제를 맞히는 귀재들이라고 할 수 있을 듯하다. 그리고 개성이 넘치는 자신의 생각을 설득력이 있게 제시하거나 창의력이 탁월한 것과는 상관없이 주어진 문제에 착실하게 대답하는 능력만큼은 탁월한 학생들이라고 할 수 있을 듯하다.

그런데 궁금한 것이 있다. '역사는 발전하는 것일까, 문명과 야만을 가르는 척도는 무엇인가, 우리 사회의 내일은 어떤 방향으로 가야 하는 것일까, 좋은 직업은 무엇일까, 나는 어떤 사람과 결혼해야 할까, 우리는 이런 문제를 어떻게 풀어가야 할까' 등의 질문에 과연 정해진 정답이 있는 것일까? 하지만 제시된 문제에서 정답을 고르는 일에 익숙했던 학생들에게 이는 굉장히 난해한 문제가 될 듯하다. 세상에는 정답이 있는 문제도 있지만 정답이 없는 문제들도 많고 어쩌면 정답이 없는 문제들이 우리 삶에서는 더 중요한 경우가 많다.

1등이란 있는 것일까

누가 우리나라 역사상 가장 위대한 군주를 묻는 질문을 한다면 세종대왕이라고 대답할 한국 사람들이 많을 것이다. 그러나 가장 위대한 화가는 누구냐고 묻는다면 그 대답은 많이 엇갈릴 것이다. 하지만 앞의 질문과 뒤의 질문은 근본적으로 차이가 없는 질문이다. 그러니까 앞의 질문이나 뒤의 질문이나 각자의 시각에 따라 천차만별의 답을 할 수 있다는 것이다. 옆집 아저씨가 더 훌륭한 사람인가, 뒷집 아저씨가 더 훌륭한가 하는 이 단순한 질문에 프로그래머가 주관적으로 그 나름의 측정 방법을 입력하지 않는 한 슈퍼컴퓨터 100만 대가 있더라도 답을 할 수 없을 것이다. 수많은 개성과 논리와 신념과 기준이 존재하는 대학 사회에 서열을 매기는 것도 그런 문제이다.

여기서 궁금해지는 것이 있다. 1등이란 과연 원래부터 존재하는 것일까? 이 문제를 생각하기 전에 우리가 참고할 동화가 있다. 트리나 포올러스가 지은 〈꽃들에게 희망을〉이란 동화는 아주 탁월한 이야기로 이 문제에 대해 새로운 힌트를 제공한다.

한 나비 애벌레가 있었는데, 애벌레는 꼭대기까지 올라가려는 다른 나비 애벌레들로 이루어진 탑을 발견한다. 그 탑은 수많은 애벌레들의 몸으로 이루어진 굉장히 높은 탑이다. 꼭대기에 무엇이 있는지 궁금해진 애벌레는 자신도 그곳으로 올라가려는 충동을 받는다. 다른 수많은 애벌레들이 한사코 꼭대기로 올라가려는 것을 보면 분명 거기에는 뭔가 있을 듯하다. 그렇게 천신만고 끝에 다른 애벌레를 짓밟고 짓밟아 정상에 올랐지만 거기에는 아무것도 없었다. 그 애벌레는 크게 좌절한다. 하지만 그 애벌레가 새로운 삶에로의 가능성을 발견하는데 그것은 자유롭게 하늘을 나는 나비의 삶이다.

이 책에 따르면 애초부터 1등의 자리에는 아무것도 없다. 꼭대기에는 뭔가가 있을 거라는 환상과 경쟁심리, 그리고 그곳을 향해 오르는 행렬이 존재할 뿐이다. 그런 점에서 1등을 향한 경쟁은 일정한 실험실적인 조건을 만들고 동일한 기준을 적용하여 끊임없이 사람들을 유인하는 인간들의 유희일 수 있다. 즉 서열 매기기는 인위적이고 관념적인 생각이 바탕이 된 인간의 행렬이라는 것이다. 우리 중 누군가가 "1등은 바다, 2등은 강, 3등은 개울, 4등은 샘"이라고 순위를 매긴다면 코웃음 칠 것이다. 그래서 서열은 인간들이 인위적으로 고안한 기준이라는 성격을 갖는다. 많은 사람들이 1등 국가, 1등 기업, 1등 사회를 꿈꾸지만 그건 한편에서 그 사회나 문명이 고안한 장치이다. 그리고 환상이자 관념이고 이데올로기이기도 하다. 우리는 삶과 문명에 서열로 질서를 만들고, 그런 눈으로 세상을 보며, 상위의 순위를 차지하기 위한 경쟁을 벌이지만 그 과정에서 오히려 진정 소중한 가치가 뒤바뀌기도 한다. 더 나은 발전과 행복을 위해서라고 하지만 그 때문에 콤플렉스와 차별과 불행에 몸을 떨기도 해야 한다. 많은 학생들이 지금도 성적을 비관해 자살을 하는 것처럼 말이다.

아랍에미리트연방을 구성하는 7개국 중의 하나인 두바이에 있는 버즈 두바이 빌딩. 마치 하늘에 닿으려는 바벨탑처럼 보인다. 세계 최고층을 향한 집념은 중동이나 말레이시아, 대만, 홍콩, 상하이, 한국 등 신흥 개발국에서 특히 강하다. 서구에서도 제국주의가 절정에 달할 무렵 국가의 자존심을 걸고 높은 건물, 큰 건물 짓기 경쟁이 있었지만 20세기 초반을 지나면서 그런 흐름은 퇴조한다.

신을 창조한 인간의 진실

신은 그 사회의 방향이다

과학이나 예술, 철학이 없는 사회는 얼마든지 있다. 그러나 종교가 없는 사회는 일찍이 존재한 적이 없다.

〈도덕과 종교의 두 원천〉이란 책에서 앙리 베르그송이 한 말이다. 그의 말처럼 인류의 거의 모든 문명에는 신에 대한 관념이 존재했다. 논리적으로 보면 우리가 무신론자이든 유신론자이든 상관없이 모두 신에 대해 이야기하고 있는 셈이 된다. 인류사와 개인사에서 신이란 주제는 삶과 죽음의 문제만큼이나 대단히 중요한 자리를 차지하고 있다. 그만큼 신에 대한 관심은 신의 존재 여부에 대한 논란들과 함께 줄기차게 이어져 왔다. 그리고 그에 대한 대답도 천차만별이다. 재미있는 사실이다.

의심받는 신의 존재

영국의 대표적 무신론자인 도킨스 교수는 "미국의 무신론자들은 전체 인구의 10퍼센트가량을 차지하지만, 이들은 동성애자들이나 무슬림들 못지않게 탄압당하는 소수자 집단"이라고 지적한다. 실제로 미네소타대학이 지난해 조사한 결과를 보면, 미국인들은 소수자 집단 가운데 무신론자들에 가장 큰 불신감을 드러냈다. 그는 "유대교를 믿는 유대인의 수는 무신론자들보다 적지만, 이들은 미국의 외교정책을 거의 독점하는 놀라운 로비력을 발휘한다"며 "무신론자들이 유대인들이 가진 영향력의 몇 분의 1이라도 행사한다면 세계는 훨씬 좋은 곳이 될 것"이라고 주장했다.

악마의 사도라고 불리는 리처드 도킨스의 화제작 〈만들어진 신〉[이한음 옮김, 김영사]은 무신론자라는 이유로 핍박받는 미국의 소수 무신론자들에게 큰 힘을 실어주고 있다. 역사에서 유신론에 대한 도전은 끊임없이 있어 왔지만, 리처드 도킨스만큼 아예 대놓고 도발하는 사람은 드물 것이다. 무신론자에 대해 비교적 관대한 우리나라와는 대조적인 서양 사회에서 유신론에 대한 노골적인 도발이 일어나고 있는 것이다.

리처드 도킨스는 신에 대한 모든 견해를 가설로 규정한다. 그는 앞의 책에서 "무언가를 설계할 정도로 충분한 복잡성을 지닌 창조적 지성은 오직 확장되는 점진적 진화 과정의 최종 산물로 출현한 것"이라면서 "신 가설은 망상"이라고 단정한다. 창조적 지성은 진화 과정의 산물이기 때문에 우주의 역사에서 나중에 출현할 수밖에 없고, 따라서 창조적 지성이 먼저 출현해 우주를 설계하는 일을 할 수 없다는 것이다. 도킨스는 "생명이 지구에 출현할 확률이 고물 야적장을 휩쓰는 태풍이 운 좋게 보잉 747을 조립해낼 확률과 별 다를 바 없다"고 말한 프레드 호일의 말을 인용하면서 신이 세상을 창조했다는 유신론적 견해가 증명하기 힘든 가설에 불과함을 강조한다.

뿐만 아니다. 도킨스는 "기독교, 이슬람교 등에서 주장하는 '전지전능한 신'은 착각이다. 이는 검증된 바 없는 이야기일 뿐이다. 안타깝게도 모든 종교는 틀렸다"고 과감하게 신의 존재에 도전장을 내민다. 그러면서 신이 존재한다는 대전제 아래 성립된 종교에 대해서 "누군가 망상에 시달리면 정신이상이라고 한다. 다수가 망상에 시달리면 종교라고 한다"며 비틀었다. 신이 존재하는가의 문제는 중요하지 않으며, 이제는 사회에서 과연 신이 필요한가 그렇지 않은가의 문제를 되돌아봐야 한다는 것이 도킨스의 주장이다.

미국 사람이자 노벨 물리학상 수상자인 프린스턴대학 물리학과 교수 필립 앤더슨은 "특정 신이 존재할 확률은 상당히 낮다"라는 글에서 "신이 존재한다는 것은 있을 수 있는 일인가? 내가 아는 모든 논리 체계를 동원해도, 신의 존재를 증명할 수도, 부인할 수도 없다. 그러나 나의 확률 계산법으로 볼 때 신은 존재할 가능성이 극히 적다"라고 하고 있다.

해와 달을 창조하는 하나님의 얼굴. 미켈란젤로의 그림으로 로마 바티칸의 시스티나성당 천장에 있다. 도킨스는 하나님과 같은 창조적 지성은 우주 진화의 최종적 산물로 등장하기 때문에 창조적 지성이 먼저 출현해 우주를 창조하는 행위는 있을 수 없다고 단정한다.

도킨스 교수의 무신론이 유신론에 대한 정면 도전이라면 앤더슨 교수의 확률론은 유신론에 대한 우회적인 도전이라고 할 수 있다.

다른 뉴스도 있다. 캐나다에 나간 〈연합뉴스〉 박상철 통신원에 의하면 캐나다인 네 명 중 한 명꼴로 무신론자라고 밝혔다고 한다. 미국에 인접한 기독교 국가 중 하나인 캐나다에서 생긴 일이라 미국에도 적잖은 영향이 있을 것으로 보인다.

캐나다인 네 명 가운데 한 명꼴로 무신론자인 것으로 나타났다. 캐나다 통신[CP]이 조사 전문기관 해리스-데시마에 의뢰, 5월 31일[2008년] 보도한 여론조사 결과에 따르면 응답자의 72퍼센트는 신을 믿는다고 말했으나 23퍼센트는 어떤 신도 인정하지 않았으며 나머지 약 5퍼센트의 응답자는 명확한 견해를 밝히지 않았다. 데시마의 브루스 앤더슨 대표는 "오늘날 캐나다에서 종교는 그다지 심각한 주제가 아니고 다른 종교에 대한 포용성도 크다"며 "캐나다의 세속주의는 미국과 비교해 종교의 문화적, 정치적 영향력 측면에서 명확한 차이를 보였다"고 설명했다. 이 회사가 작년 미국에서 실시한 여론조사 보고서에 따르면 미국인 가운데 무신론자라고 밝힌 응답자는 8퍼센트에 불과했다.

영국 옥스퍼드 발리올대학의 철학박사 다니엘 하버는 〈지성인을 위한 무신론〉이라는 책을 통해 기존의 유신론뿐만 아니라 무신론을 비판하며 합리적이고 체계적인 무신론을 주장하고 나섰다. 하버에 의하면 진리에 관심을 가진 합리적인 지성인이라면 유신론보다는 무신론적인 삶의 태도와 세계관을 지향해야 한다고 주장한다. 전통적인 논의에서는 무신론과 유신론의 차이가 "신은 존재하는가?"라는 공통의 질문에서 출발하여 내놓은, 서로 상이한 답변에 불과하다는 점에서 전통적인 유신론과 무신론은 출발점이 같다고 지적한다. 전통적인 무신론은 유신론을 반대하는 부정적인 논변만을 제시했고, 정작 합리적인 근거를 들어 제대로 무신론을 주장하지 못했다는 것이다. 하버에 따르면 인간이 스스로 무지함을 인식하고 그 무지를 극복하면서 자신을 둘러싼 세계를 이해하려는 근본적인 욕구를 충족시키기 위해서는 유신론보다는 무신론을 택하는 것이 합당하다고 한다. 그의 책은 역사, 윤리, 미학 그리고 개인적인 다양한 영역에서 노예 폐지, 유대민족 해방, 여성의 참정권과 관련된 종교적 정서가 종종 도덕 진보에 장애가 되었다는 점 등을 들어 무신론이 유신론보다 논리적으로 우월하다는 것을 증명하고 있다.

기독교·이슬람교·유대교는 초월적 유일신을 신봉하는 종교이다. 그리고 이들 종교를 믿었던 사회에는 신이 존재한다는 대전제가 오랫동안 확고한 자리를 잡고 있었다. 물론 서양 사회도 예외는 아니었다. 그런데 이런 서양 사회의 오랜 전통에 반기를 드는 사람들의 행렬이 늘고 있는 것이다.

사람이 신이다

이 글은 그러나 신의 존재 유무에 대한 고전적인 논의를 소개하는 것이 목적이 아니다. 한 개인의 내밀한 세계가 아니라 사회적이고 문명적인 지평에서 신과 관련된 논의를 해보자는 것이다.

혹시 이런 의문을 가진 적이 있는지 궁금하다. 신은 전지전능하고 무소부재無所不在한, 그러니까 그 섭리가 모든 피조물에 미친다고 하는 존재이다. 신이 아우르는 세계는 인간 세계에만 한정되지 않고 자연계마저 포괄한다. 그런데 왜 각 사회마다 신의 모습이 다르게 등장하는 것일까?

한국인들의 전통적인 신이라고 할 수 있는 옥황상제나 산신령을 보면 한복을 입고 있다. 유대인이나 중동 민족의 신은 사막 의상을 입고 있다. 물론 힌두교의 신은 인도의 전통 의상을 입고 있다. 사람이 죽어서 만나는 신들이나 신의 사자들도 하나같이 그 사회의 의상을 하고 있다.

그뿐만이 아니다. 신들의 의식과 문화도 그 신을 받드는 사회와 일치한다. 〈구약성서〉에 등장하는 신은 화를 내거나 질투를 하는 것은 물론 잔인한 신으로 묘사되기도 한다. 그리스신화에 나오는 신은 사랑도 하고 결혼도 하는 존재이다. 이것을 단순히 상징이나 의인법 정도로 이해한다면 해당 종교인들은 그리 기뻐하지 않을 것이 분명하다. 신의 말씀은 그 자체로 절대적으로 옳다고 믿기 때문이다. 그런데 개별적이고 특수한 영역을 초월한, 우주의 절대적 존재라고 믿는 신앙이 전 세계적으로 존재하면서도 한편으로는 사회마다 신의 모습이 다른 이유는 무엇일까?

이 질문에 나름의 힌트를 주는 것은 에크하르트 톨레^{〈지금 이 순간을 살아라〉의 저자}가 "〈구약성서〉의 신은 인간의 마음에 투사된 신이다"라고 한 말이다. 심리학자들이 자주 사용하는 투사의 원리를 적용하고 나선 것이다. 사실 심리학적인 측면에서 신을 인간 내면의 투사라고 보는 견해는 그리 새로운 것이 아니다.

그리고 이와는 조금 다르지만 초월적이고 절대적인 신을 말하는 종교 안에서도 "사람이 신이다"라는 명제가 종종 언급되어 왔다. 각 종교마다 이 부분에 대해선 조심스레 언급하고 있긴 하지만 곳곳에서 그런 전

한두교의 세 주신(主神) 가운데 하나인 시바신. 파괴의 신으로 인도에서 가장 널리 사랑을 받고
있다. 각종 상징은 힌두교의 세계관을 표현하면서 얼굴이나 의상은 전통적인 인도의 분위기를
반영하고 있다.

통과 사상이 전해지고 있다는 것은 신기한 일이다. 그리고 여기에서 더 나아가 이를 내세우는 종교도 있어 왔다. 우리 역사에도 존재하는데 바로 최제우가 세운 동학이다. 동학에서 가장 중요한 교리로 내세우는 시천주侍天主, 신을 사람의 몸에 모셨다는 사상와 인내천人乃天, 사람이 곧 신이라는 사상 사상은 이를 대변하고 있다. 다음은 천도교동학의 사상을 잘 분석한 글 중 하나다.

이러한 한울님과 사람과의 관계를 설파한 동학의 신관은 단순한 초월적 신관이나 내재적 범신관이 아닌 '초월과 내재' 를 모두 포함하는, 또는 '인격성과 자연성' 을 모두 포함하는 신관이며, 동시에 '사람이 한울님을 모시고 있으니, 사람이 이에 한울님' 이라는 시천주를 근간으로 하는 신관인 것이다.

윤석산, 〈동학교조 수운 최제우〉, 모시는 사람들

최제우가 생존했던 당시만 해도 신의 개념이 부분적이고 간헐적으로 이야기되어 왔던 것을 감안하면 그가 펼친 신의 개념이 상당히 고등한 것이라고 볼 수 있다. 물론 그가 펼친 신의 개념은 우리 민족이 평소 품어 왔던 한울님, 하늘과 통하는 개념이다. 그는 이 개념을 들어 사람은 누구나 하늘과 같이 존귀한 존재라고 말했다. 말하자면 양반과 양민, 하층민으로 나뉘어져 있던 신분사회의 벽을 넘어 평등사상을 전파하기 위해서 한울님이란 개념을 사용하고 있다. 여기에는 종교적, 개인적 의미 외에도 사회적인 의미가 강조되어 있다고 할 수 있다.

비교종교학자 이찬수 교수는 이러한 동학사상은 "남녀노소 빈부귀천을 막론하고 사람은 누구나 하늘을 모시고 있으니, 그 하늘의 성품을 잘 길러 사람이 곧 하늘과 같다는 놀라운 사실을 구체화시켜야 한다" 는 것이었다며 "이러한 가르침이 구체화되는 세상이 동학에서 말하는 후천개벽의 세상일 것" 〈종교로 세계읽기〉, 이화여자대학교 출판부이라고 이야기하고 있다.

힌두교의 경전 〈바가바드기타〉에도 이러한 생각이 등장한다. "나는 모든 존재를 동등하게 대하느니, 내게는 사랑하지 않는 자도 없고 사랑하는 자도 없도다. 그러나 자기 몸을 바쳐 나를 예배하는 자들은 내 안에 있고 나도 그들 안에 있느니라"는 말에는 내재적인 신 관념이 포함되어 있다. 즉 신은 인간의 바깥에 있는 별개의 존재가 아니라 양자는 하나일 수 있다는 것이다.

기독교에서의 인간과 신

이는 유일신이라는 전혀 다른 신을 섬기는 기독교의 창시자 예수에게서도 종종 찾아 볼 수 있다. 그 예가 "나와 아버지는 하나이다. 내가 아버지신 안에 있고 아버지신가 내 안에 있다. 나도 너희추종자 안에 있고, 너희도 내 안에 있다"는 말이다. 물론 이에 대한 다양한 해석이 있긴 하지만 인간으로서의 예수와 아버지로서의 신이 하나라는 것을 강조한 것이라고 할 수 있다. 그리고 더 나아가 신을 따르는 사람들 또한 신과 하나임을 역설하고 있는 것이다. 이런 예수의 사상은 〈신약성서〉에 나오는 심판대 앞에 선 '염소와 양의 비유'에서도 잘 드러나고 있다. 이 글에서 인자人子와 임금은 예수를 가리킨다.

인자가 모든 천사와 더불어 영광에 둘러싸여서 올 때에, 그는 자기의 영광스러운 보좌에 앉을 것이다. 그는 모든 민족을 자기 앞으로 불러 모아 목자가 양과 염소를 가르듯이 그들을 갈라서, 양은 그의 오른쪽에, 염소는 그의 왼쪽에 세울 것이다. 그때에 임금은 자기 오른쪽에 있는 사람들에게 말하기를 "내 아버지께 복을 받은 사람들아, 와서 창세 때로부터 너희를 위하여 준비한 이 나라를 차지하여라. 너희는 내가 주렸을 때에 내게 먹을 것을 주었고, 목말랐을 때에 마실 것을 주었고, 나그네 되었을 때에 영접하였고, 헐벗었을 때에 입을 것을 주었고, 병들었을 때에 돌보아 주었고, 감옥에 갇혔을 때에 찾아 주었다" 할 것이다. 그때에 의인들은 그에게 대답하여 말하기를 "주님, 우리가 언제, 주께서 주리신 것을 보고 잡수실 것을 드리고, 목마르신 것을 보고 마실 것을 드리고, 나그네 되신 것을 보고 영접하고, 헐벗으신 것을 보고 입을 것을 드리고, 언제 병드시거나 감옥에 갇히신 것을 보고 찾아갔습니까?' 할 것이다. 그때에 임금이 그들에게 말할 것이다. "내가 진정으로 너희에게 말한다. 너희가 여기 내 형제자매 가운데, 지극히 보잘것없는 사람 하나에게 한 것이 곧 내게 한 것이다.

마태복음, 25: 31~40

　심판관^{예수}은 이어서 왼편에 있는 염소들에게도 "너희가 여기 내 형제자매 가운데, 지극히 보잘것없쯤 사람 하나에게 하지 않은 것이 곧 내게 하지 않은 것이다"라는 말을 한다. 신으로서의 예수가 지극히 보잘것없는 존재를 자신과 일치시키고 있는 것이다. 이러한 사상은 예수 당시에는 획기적인 사상으로, 신성모독죄에 해당했다. 예수는 결국 그 때문에 당시 종교지도자들의 견제를 받아 십자가에서 죽임을 당한다.

불교는 어떨까? 사람들은 흔히 불교를 일러 '자력의 종교, 신 없는 종교, 마음의 종교, 명상의 종교'라고 말하지만, 그것은 반쪽짜리 진실이다. 불교 중에서도 특히 대승불교의 경전을 보면 신에 대한 언급을 여러 군데서 볼 수 있다. 먼저 〈화엄경〉을 보자.

"부처란 원시불교에서와 같이 붓다가 되신 석존을 가리키는 것이 아니라 화엄경의 부처 비로자나불이며, 우주의 끝없는 전일자이다"라고 고시로 다마키는 그의 책 〈화엄경의 세계〉^{현암사}에서 밝히고 있다. 그러면서 "자기의 좁은 영역을 넘어선, 세계 그것, 우주 그것, 무한히 활동적인 그것, 그것이 곧 비로자나불이다"라고 하여 유일신을 외치는 종교의 신과 상통하는 이야기를 하고 있다. 그러나 동시에 "비로자나불은 항상 보이지 않는 형태로 우리들의 현실 안에서 설법하며, 또 보이는 형태로는 여러 부처님이 되어 우리 인간관계 속에 출현하는 것"이라고 하여 초월적 신관과 내재적 신관을 아우르고 있는 모습도 보여주고 있다. 이런 장면은 역시 대승불교의 주요 경전인 〈법화경〉에서도 찾아 볼 수 있다. 그리고 우리 사회에 정신적으로 커다란 영향을 주었던 성철 스님의 설법에서도 잘 드러난다.

집집마다 부처님이 계시니 부모님입니다. 내 집안에 계시는 부모님을 잘 모시는 것이 불공입니다. 거리마다 부처님이 계시니 가난하고 약한 사람들입니다. 이들을 잘 받드는 것이 참된 불공입니다. 발밑에 기는 벌레가 부처님입니다. 보잘것없어 보이는 벌레들을 잘 보살피는 것이 불공입니다. 머리 위에 나는 새가 부처님입니다. 날아다니는 생명들을 잘 보호하는 것이 참 불공입니다. 수

없이 많은 이 부처님께 정성을 다하여 섬기는 것이 참 불공입니다.

이찬수, 〈종교로 세계 읽기〉, 이화여자대학교출판부

앞에서 단편적으로라도 계속 이야기된 사람이 곧 신이라는 생각은 여러 의미를 그 안에 지니고 있다. 종교적으로 그 의미가 복잡하기에 이 글에서는 자세하게 풀지 않았지만 사람이 신이라는 명제는 유일신 종교에서 강조하는 초월적인 신보다는 내재적인 신의 측면을 강조하고 있다고 할 수 있다. 말하자면 초월적이고 전능한 절대적인 존재로서의 신보다는 사람의 본성을 닮아 있고, 사람과 함께하는 존재로서의 신을 말하는 것이다. 이제 우리는 그런 내재적 신관을 바탕으로 우리의 생각을 진전시켜 보도록 하자. 대체 하나의 문명과 신은 어떤 관계가 있는가?

사회와 신

중세 기독교의 신비주의자 마이스터 에크하르트는 "사람은 신 없이는 살아갈 수 없다. 그렇지만 신도 또한 인간 없이는 살지 못한다. 인간 없이는 신은 자신의 존재를 알 수 없을 것"이라고 말하고 있다. 신과 인간은 서로 뗄 수 없는 관계라는 것이다. 물론 여기서 말하는 인간이란 개개인뿐만 아니라 인간이 모인 사회를 뜻하기도 한다. 에크하르트의 말을 "인간 사회는 신 없이는 살아갈 수 없다. 신도 또한 인

중국 명나라 때에 만들어진 비로자나불상. 불상 밑의 연꽃은 이 우주에 존재하는 수많은 세상과 수많은 부처를 상징한다.

간 사회 없이는 살지 못한다"고 표현할 수도 있다는 것이다. 이를 뒷받침해 주는 사상이 있다.

인간이 …… 예를 들면 불교, 기독교, 마호메트교, 유교 등 그 어느 것 하나에도 속하지 않고, 어느 종교 의식이나 집단에 가입하지 않고 참여하지 않을 수는 있다. 그러나 그가 비종교적일 수는 없다. 역설적인 말이지만 무종교인은 있을 수 있을지라도 비종교인은 없다.

김경재, 〈폴 틸리히의 생애와 사상〉, 대한기독교출판사

폴 틸리히에 의하면 인간이 정신적인 삶을 사는 생명체인 한, 어느 누구도 정신적 삶의 깊이를 다루는 종교로부터 무관할 수 없다. 특정 종교에 속하지 않을 수 있지만, 사람과 사회는 '종교적'이지 않을 수는 없다는 것이다. 그의 말을 살짝 응용해 보면 "이 지구상에 무신론자는 있을 수 있어도 '비신론자'는 있을 수 없다"고 표현할 수 있을 것이다.

이와 관련해 헤르만 헤세의 말도 음미해 볼 필요가 있다. 헤세는 그의 책, 〈영혼의 수레바퀴〉[이례]에서 "인간은 신이 될 가능성을 지니고 있다. 그러나 인간은 언제나 가능성으로만 남아 있을 뿐 한 번도 그 가능성이 실현되지 않는다"고 말한다.

신에 대해 다양한 정의가 가능하겠지만 소박하게 이야기한다면 인간이 지니는 여러 한계와 모순을 극복하고, 초월한 완벽한 존재라고 할 수 있다. 개인마다 정도의 차이는 있지만 인간은 그런 점에서 신적인 것을 지향하고 있다. 보다 완전한 존재, 이상적인 삶을 염원하며 끊임없이 갖가지 한계에 도전해 이를 극복하려 한다는 것이다. 앞에서 언급한 폴 틸

리히나 헤르만 헤세의 말도 그런 차원에서 이해할 수 있을 듯하다.

그런데 헤세의, 인간은 신이 될 가능성을 지닌 존재라는 말은 개인은 물론 사회에도 적용시킬 수 있다. 어떤 사회를 보더라도 거기에는 꿈이 있다. 유토피아, 천국, 파라다이스와 같은 말들에서 보듯이 더 완전한 사회를 꿈꾸며 인간은 진보해 왔고, 앞으로도 그럴 것이다. 그런 점에서 보면 표현은 다르겠지만 이상적인 사회를 향한 열망은 종교나 사회나 그 맥락이 같다고 할 수 있다. 인간이 꿈꿀 수 있는 최고의 가치와 이상향을 담은 신과 신국神國은 한편에서 그 사회 최고의 가치이자 이상향이기도 하기 때문이다. 그래서 인간이 꿈꾸는 이상적인 존재와 완전함의 대명사인 신은 아주 많이 닮아 있다. 이런 주장을 뒷받침이라도 하듯 에드워드 윌슨은 각 사회마다 나타나는 다양한 신의 모습을 다음과 같이 친절하게 설명하고 있다.

고등한 신에 대한 믿음은 보편적인 것이 아니다. 존 휘팅은 81개 수렵 채집 사회를 조사했는데 그중 그들의 신성한 전승 속에 고등한 신을 포함하고 있는 사회는 28개, 즉 35퍼센트에 불과했다. 세계를 창조한 능동적이고 도덕적인 신의 개념을 지닌 사회는 그보다 적다. 게다가 이 개념은 대체로 유목 생활양식에서 유래한다. 유목에의 의존도가 높아질수록 유대-기독교 유형의 목자의 신이 나타나기 쉽다. 유목에의 의존도가 낮고 종교가 있는 사회 중 그런 유형의 신앙을 가진 사회는 10퍼센트에 불과하다.

에드워드 윌슨, 〈인간 본성에 대하여〉, 사이언스북스

여러 옷을 입은 신들

월슨의 말은 신과 사회의 관련성에 대해 흥미로운 관점을 제시한다. 유목사회의 신은 전투적이며 전능한 절대자와 초월자로 나타난다. 지구촌에서 대표적인 유일신의 발상지라고 할 수 있는 이스라엘의 역사가 이를 잘 말하고 있다. 고대 중동 지역에서 주변 강대국에 비해 세력이 약했던 유대 민족은 전형적인 유목민의 삶을 살았다. 풀이 많고 물이 많은 곳을 찾아다니며 살아야 했던 유목 민족의 삶을 그들의 고대 역사는 고스란히 보여주고 있다.

처음에 인류 최초의 문명 발상지인 메소포타미아 문명의 도시 '우르'에서 그들의 조상인 아브라함이 약속의 땅으로 찾아가는 여정은 그들 신앙의 근거가 되었다. 그러다가 고대 이집트에 정착한 유대 민족은 다시 약속의 땅을 찾아 지도자 모세의 영도 아래 이집트를 탈출하는 민족 대이동을 한다. 지금의 팔레스타인 지역인 가나안에 이미 정착해 있던 원주민들과의 피나는 생존 전투에서 그들은 그들의 신의 이름으로 원주민들의 신을 쳐부수는 전과를 올린다. 실제로 고대 중동에서는 부족 사이의 전투를 자신이 섬기는 신들의 대결로 보았고, 그 전투에서의 승리는 곧 자신들이 섬기는 신의 승리로 간주하며 기뻐했다. 그 후로 이어지는 정착기와 바벨론^{바빌론}에 포로로 잡혀가는 역사 등은 그야말로 유대 민족의 역사이자 〈구약성서〉에 등장하는 신의 파란만장한 역사이기도 하다.

그렇다면 신은 이러한 고대 유대 사회에 어떤 모습으로 나타났을까?

양들을 인도하는 예수. 예수를 그린 그림 중 가장 흔한 모습 중의 하나이다. 양떼를 이끌고 풀과 물을 찾아다니는 유목민의 정서가 담겨 있다.

신은 항상 정의^{자기편}와 악^{상대편}을 심판하는 심판자, 승리를 선사하는 전지전능한 자, 갈 길 몰라 헤매는 그들을 인도하는 목자와 같은 모습으로 등장한다. 그들은 활동적이고 진취적이었는데 그들이 섬기는 신 또한 그랬다. 실제로 〈구약성서〉에 나타나는 신은 개인적인 신이라기보다는 사회적인 성격이 훨씬 강한 신이라고 볼 수 있다.

그런데 인도에서 발생한 종교인 힌두교와 불교에 등장하는 신들의 성격은 이와 다르다. 전통적인 농경 사회인 인도는 자연의 질서에 따라 사는 삶의 방식이 보편적이었기에 그들이 추구하는 신의 모습 또한 동적이기보다 정적이었다. 그리고 이러한 질서에 대한 깨달음이 강조되었다. 그들이 말하는 진리는 순환적인 것에 가까웠다. 봄, 여름, 가을, 겨울이 순환하며 돌아가듯 모든 만물은 나서 자라고 병들고 죽고 하는 것으로 설명되었고, 그 모든 것이 신의 섭리에 있다고 했다. 그들은 신의 이름으로 무엇을 쟁취하기보다는 가만히 앉아 신의 존재를 깨닫고 수행하는 것을 미덕으로 생각했다. 보리수나무 아래에서 눈을 지그시 감고 가부좌를 튼 채 조용히 명상하는 부처의 모습은 농경 사회에서 생각하는 신의 모습을 잘 드러낸다.

사회와 만나는 신의 모습

우리는 앞에서 우리나라의 옥황상제, 산신령, 한울님 등이 입고 있는 옷을 통해 절대적인 존재라고 하는 신이 결국 우리 민족의 정서와 문화를 입은 존재라는 점을 이야기한 바 있다. 그런 것처럼 신들의 성격 또한 그 사회를 반영한다. 신 역시 사람

없이는 존재할 수 없다는 에크하르트의 말처럼 말이다.

　이런 신 개념을 좀 더 과학적으로 설명한 사람이 바로 하버드대학교 심리학 교수인 스티븐 코슬린이다. 그는 신의 존재를 믿는 종교 영역과 신도 자연^{혹은 사회} 질서의 일부라고 보는 과학 영역의 충돌을 막기 위해선 종교와 과학을 별개의 '교도권'으로 분리해 다뤄야 한다는 스티븐 제이 굴드의 주장에 반대한다. 대신 종교와 과학은 상호보완적인 점에서 만날 수 있다고 주장한다. 그는 신이란 존재의 속성을 세 가지 개념을 들어 설명하고 있다.

　첫째, 출현 속성이다. 구성 요소 자체만으로는 전혀 예측할 수 없는 속성을 가진 집합체를 만들어내는 것은 많다. 수많은 뉴런은 마음을 만들어내고, 수많은 마음은 경제적, 정치적, 사회적 체제를 만들어낸다.

존 브록만 엮음, 〈위험한 생각들〉, 갤리온

　코슬린은 신의 속성을 먼저 출현 속성으로 설명하고 있다. 출현 속성이란 심리학 용어인데 어떤 고유한 개념에 따르는 특성은 아니지만 이 개념들의 조합에서 생겨나는 속성을 말한다. 예를 들자면 기하학에서 하나의 변에는 폐쇄성이 드러나지 않지만 세 변이 모인 삼각형에서는 폐쇄성이 드러나는 현상이다. 다시 말해 부분적으로 있을 때는 나타나지 않으나 전체적으로 있을 때는 나타나는 특징을 말한다. 앞서 말한 고대 이스라엘 사회를 예로 들어 설명하면 이렇다. 유목민인 그들은 각자 양과 가축을 돌보는 삶을 살아야 한다. 그리고 이들은 가축을 좋은 곳으로 인도해 물과 풀을 먹인다. 그런데 이러한 일상적 삶의 양태들이 모이고 모여 바로 그 민족의 독특한 신 개념을 형성한다. 그래서 그 민족은 신이라고 하면 바로 '목자'를 연상하는 사회적인 합의에 이를 수 있었던 것이다. 유목민이었던 유대 민족에게 신의 속성으로 항상 '그 어떤 방향으로 인도하심'이 중요한 주제가 될 수밖에 없었던 이유가 거기에 있다. 이런 신을 믿는 기독교, 이슬람교, 유대교 사회 전체가 종교적 정신으로 통일성 있게 움직이는 것은 목자를 따르는 양들의 모습과 겹쳐진다고 할 수 있겠다.

신학자 폴 틸리히는 신을 '존재 자체' 또는 '모든 존재의 근거'라고 말했다. 모든 고등 종교의 신은 하나같이 모든 존재를 있게 한 조물주의 위치를 차지하고 있다. 인간과 사회의 모든 요소는 궁극적으로 신이 그 근원이라는 것이다. 틸리히에 의하면 이때 말해지는 신은 특정 종교만의 신이 아니다. 특정 종교를 초월한 존재의 근원으로서의 신이다. 이러한 신은 바로 신의 창조성을 닮은 인간의 보편적인 모습, 그러니까 그 무엇을 창조하고 만드는 데 있어서 천재적인 재능을 가진 인간의 특성을 반영하고 있다. 인간은 조물주처럼 사회의 온갖 요소를 창조하고 있는 것이다. 틸리히가 종교를 인간의 '궁극적 관심'이라고 표현하는 것은 결국 인간 사회의 궁극적 지향점이 신(또는 신적인 가치)에게 있음을 말하는 것이라 하겠다.

이제 우리는 신학자 차원에서 이야기되던 신의 지평을 뛰어넘어 보자. 1930년대의 독일은 1차 세계대전의 후유증으로 극심한 인플레이션이 일어나는 등 사회 전반적으로 혼란과 좌절이 휩쓸고 있었다. 그 속에서 많은 독일인들은 조국의 부흥을 갈망했다. 이러한 사회 구성원들의 바람은 히틀러의 출현을 가능하게 했다. 히틀러는 당시 독일 사회가 잉

에스파냐의 화가 디에고 벨라스케스(1599~1660)가 그린 불카누스(로마신화에 나오는 불과 대장장이의 신으로 그리스신화의 헤파이스토스에 해당)와 대장간. 세상을 창조하는 신의 원형은 바로 끊임없이 그 무엇을 만들고, 창조하는 인간이다.

태한 훌륭한 영웅이자 신이라고 볼 수 있다. 실제로 히틀러를 신성시했던 모습은 여러 군데서 발견되고 있다.

코슬린은 '출현 속성'에 이어 두 번째로 '하향 인과성'을 들어 신의 속성을 설명하고 있다. 하향 인과성은 그 신의 속성이 한 사회에 구체적으로 나타나는 특성을 말한다. 예를 들자면 신을 '거룩한 심판자'라고 보았던 서구 중세에서는 '성聖과 속俗의 구별'과 '정의의 심판'이 사회적 가치의 주를 이루었다. 이러한 신의 모습은 그 사회에 마녀사냥, 종교재판, 십자군전쟁 등과 같은 결과를 잉태한다. 말하자면 거룩한 심판자인 신이 원인이 되어 사회 밑바닥까지 심판과 성속의 구분이라는 주류 가치가 형성된다. 이처럼 신과 관련된 주류 가치는 그 사회의 각 영역에서 갖가지 현상을 만든다. 한 사회가 추구하는 중심적인 가치^{신 또는 신적인 가치}가 그 사회의 주변적인 가치와 생활 전반에까지 영향을 미치게 된다는 것이다.

이러한 현상은 현대사회에도 나타나는데 돈과 자본을 신으로 떠받드는 현 풍토를 '물신주의'로 표현하기도 한다. 이러한 주류 가치는 하위 수준의 생활 영역, 예를 들자면 물건을 사고팔거나 학교에서 공부하기, 좋은 신랑감 구하기 등에도 엄청난 영향을 미치고 있다.

코슬린이 마지막에 말한 신의 속성은 '궁극적 상위 집합'이다. 그는 "궁극적 상위 집합은 우리의 세계에 충만하지만, 또한 세계의 바깥에, 혹은 더 명확하게 말하면 위에 있다"라고 말해 신의 내재적 측면과 초월적 측면을 동시에 설명하고 있다. 이는 무엇을 말하는 것일까?

한 사회가 추구하는 중심 가치는 상위 개념으로 자리를 잡고 있다. 그것은 사회 전반에 영향을 끼치며 나타난다는 점에서 항상 우리와 함께 있다고 볼 수 있다. 하지만 그 가치는 완벽하게 실현되지 못한 채 이상향으로 자리 잡고 있다는 점에서 우리를 초월한 존재^{또는 개념}라고 볼 수도 있다.

우리는 앞에서, 인간은 신이 될 가능성을 지니고 있을 뿐이지 바로 절대적인 신이 될 수 없다고 한 헤르만 헤세의 말을 살폈다. 사회도 마찬가지이다. 서구 중세는 신국^{神國}을 지향했지만 정작 신국이 되지는 않았다. 조선시대는 유교적 가치를 받들며 유교적 이상 사회를 지향했지만 요순시대와 같은 이상향은 이루지 못했다. 18세기에 서구에서 시작된 계몽주의는 인간의 이성으로 불합리한 점을 개선해 이상적인 인간 사회를 이룰 수 있다는 꿈에 부풀었지만 미완에 그쳤다. 자본주의 역시 인간을 물질적 궁핍으로부터 해방시키고자 하는 꿈을 내세웠지만 그 꿈은 아직도 이루어지지 않았고 오히려 인간들을 물질에 속박시키고 있다는 비판마저 받고 있다.

코슬린에 따르면 궁극적 상위 집합은 끊임없이 하향 인과성의 방법으로 출현 속성을 발휘한다. 코슬린은 이를 다음과 같은 예를 들어 설명한다. 연못^{사회}에 돌^{궁극적 상위 집합}을 던졌을 때 돌이 던져진 가운데^{사회의 중심적 가치}에서 바같으로^{하향 인과성} 점차 퍼져서 동심원을 이룬다^{출현 속성}는 것이다.

신은 하나의 방향이다

코슬린이 설명한 신의 속성을 지원할 수 있는 신의 개념이 소개된 책이 있다. 바로 휴스턴 스미스의 〈종교가 왜 중요한가〉^{〈Why religion matters〉}란 책이다. 저자는 서문에서 마리아 릴케의 말을 인용하면서 다음과 같이 이야기한다.

현실 속에서 영혼의 갈망을 자극하고 충족시키는 것은 여러 가지 이름으로 불리는 하나님이다. 인간의 정신으로는 하나님의 본질을 도저히 이해할 수 없으므로, 우리가 하나님을 대상이 아니라 하나의 방향으로 생각한다는 라이너 마리아 릴케의 의견을 그냥 따르는 것이 좋겠다.

이것은 어쩌면 획기적인 신 개념이라고 할 수 있다. 거의 모든 종교는 신을 구체적인 대상, 즉 섬기고 예배하고 따르는 대상으로 받들고 있다. 즉 초월적인 신 개념을 가지고 있다. 이슬람교, 유대교, 기독교 등을 보면 신은 구체적 인격을 가진 신으로 숭배의 대상이 되고 있는 것이다. 성질이 좀 다르다고 할 수 있는 불교에서조차 숭배의 대상으로 부처가 이야기되고 있는 것은 어제오늘의 일이 아니다. 그런 면에서 마리아 릴케의 "신은 대상이 아니라 하나의 방향이다"라는 주장은 획기적이라 할 수 있다. 특히 기독교 신앙을 토대로 했던 독일 사회에서의 발언이기에 더욱 그렇다. 앞서 스티븐 코슬린이 말한, '궁극적 상위 집합' 이자 '출현 속성' 을 가진 존재라는 신의 개념과 상통한다고 할 수 있다. 사회가 곧 신이라는 말에 상당한 설득력을 부여하는 말이라고 하겠다. 즉 그 사회가 지향하는 최고의 가치가 신이라고 할 수 있다는 것이다.

지금 지구촌에서는 신이 있다, 없다 하는 범위를 넘어 매우 흥미로운 관점들을 이야기하고 있다. 신과 인간은 물론 신과 사회의 관계에 대해 다채로운 연구와 논의가 이루어지고 있는 것이다. 앞에서 말한 '사람이 신이다' 라는 사상도 그런 점에서 '사회가 곧 신이다' 라는 명제와 연결시켜 생각할 수 있다. 사람과 사회를 분리하는 것이 불가능한 일이라는 것을 감안하면 말이다. 이제 신이 있느냐 없느냐를 논하는 시대가 아니라 신이 어떤 가치가 있으며 우리 사회에는 어떤 신이 필요한가를 논하는 시대로 접어들었다고 하면 지나친 표현일까? 중요한 것은 신에 대해서도 다양한 관점이 이야기될 수 있는 다양성의 시대가 열렸다는 점일 것이다.

도시는 인류의 고향이다

도시의 서로 다른 두 얼굴

우리나라의 도시화율이 80퍼센트를 넘어섰다. 우리나라 사람 10명 중 8명은 도시에서 태어나서 자라고 죽는다는 이야기다. 이런 현상은 가면 갈수록 심화되었지 약화되지는 않을 것으로 보인다.

물론 많은 사람들은 고향 하면 푸른 들판과 산을 끼고 있는 농촌이나 시골 마을을 연상한다. 치열한 경쟁 사회를 살다 보면 늘 긴장해야 하고 심신도 지치게 되는데 그럴 때 떠올리는 고향 마을은 늘 너른 품으로 맞아줄 것처럼 보인다. 이러한 고향 마을은 초고층 빌딩숲과는 뭔가 어울려 보이지 않는다. 대신 산과 들과 강이 있는 시골 마을이 고향답다는 느낌을 준다. 그러나 역사를 돌아보면 우리는 다른 것을 발견할 수 있다. 인간의 가치가 축적된 문명은 늘 도시와 밀접한 관련을 맺고 발전해 왔다는 것이다.

신의 작품, 인간의 작품

영국 시인 윌리엄 쿠버는 "신은 자연을 만들었고, 인간은 도시를 만들었다"고 했다. 인류 문명의 역사는 도시를 개척해서 발전시켜 온 역사로, 도시의 역사는 곧 인류의 역사라고 할 수 있다. 그래서 사람들은 인류가 만든 최고의 창조물로 도시를 지적하기도 하는데, 도시는 과연 인류 문명의 꽃이라고 해도 과언이 아니다. 아무튼 도시는 인간이 가진 독창적인 재주와 이상을 가장 뚜렷하게 보여주는 창조물임에 틀림없고, 인류 문명의 상징임이 분명하다. 그래서 미국의 시인 롱펠로는 "도시는 돌에서 피어난 백합이다"라고 말하기도 했다.

인류 최초의 도시가 인류 최초의 문명이라고 하는 수메르문명에서 나왔다는 것은 우연이 아니다. 수메르문명은 기원전 3500년경 남부 메소포타미아 평야에서 일어난 고대 초기 문명으로 벌써 설형문자와 채색토기, 벽돌, 십이진법을 사용했고 신전 중심의 사회체제라는 문화적 특징을 보였다. 여기서 발생한 도시가 인류 최초의 도시로 손꼽히는 '우르'이다.

물론 학자에 따라선 인류 최초의 도시를 다르게 보기도 한다. 일부 학자들은 이집트문명의 발상지인 나일강 유역에서 기원전 4000년경부터

햄족이 많은 도시국가를 이루고 있었으며, 이것이 차차 통일되어 기원전 3000경에는 멤피스에 도읍한 통일 왕조가 형성되었는데, 바로 멤피스를 인류 최초의 도시라고 보기도 한다. 하지만 상당수의 견해는 수메르 문명의 우르를 인류 최초의 도시라고 하는 데에 견해를 같이하는 듯하다. 〈역사는 수메르에서 시작되었다〉^{〈History Begins at Sumer〉}의 저자로 유명한 새뮤얼 노아 크레이머 교수는 최초의 창조설화를 비롯한 교육제도, 사법제도 등 인류 최초의 39개 사건이 모두 수메르에서 시작되었다고 한다.

도시는 원래 자연의 광폭함과 변화무쌍함에 대처하기 위한 인간의 방안이었다. 한 개인으로서는 너무나 미약한 존재인 인간은 서로의 지혜와 힘을 합쳐 삶을 안정적으로 꾸리고자 도시를 만들게 되었다는 것이다. 인류의 기원을 다루는 〈구약성서〉에서도 "하늘 높이 성과 탑을 쌓아

우리의 이름을 내고, 우리 서로가 땅에서 흩어지지 않게 하자"며 벽돌로 바벨탑을 쌓는 장면이 나온다. 이것이 가장 원초적인 도시 발생의 이유라고 할 수 있다.

하지만 여기에 좀 더 학문적인 근거를 댄 사람이 현대의 고고학자 칠드Child다. 칠드는 도시의 기원을 생산력의 증대에서 찾는다. 사람이 토지에 정착하여 도구를 이용한 농경을 시작하며 농업혁명이 일어났는데, 이 농업혁명의 결과로 농산물의 잉여 현상이 발생했다. 그리고 네 사람

우르의 지구라트. 우르는 이라크 남부 유프라테스강 가까운 곳에 있던 수메르의 도시국가이다. 최초의 도시로 추정되는 곳이다. 지구라트는 하늘에 있는 신(神)들과 지상을 연결하는 장소였는데 메소포타미아 지방 일대에는 이러한 지구라트가 곳곳에 있다. 〈구약성서〉에 등장하는 바벨탑은 바빌론의 지구라트를 가리킨다는 이야기도 있다.

이 다섯 사람분의 식량을 생산하면서 농경에서 해방된 한 사람은 학자·예술가·기술자 등 비농업적 전문가가 된다. 이러한 사람들의 수가 늘면 그들은 필연적으로 활동 여건이 좋은 중심 촌락에 모이게 되고, 여기서 계급과 도시도 생기고 국가도 형성되게 된다. 학자들은 농산물의 잉여 생산으로 인해 도시가 발생되었다는 이론에 대해 동의하고 있다.

그런데 이러한 도시의 어원을 보면 동서양의 시각이 조금씩 다르다는 것을 알 수 있다. 동양에서의 도시都市는 황제나 왕이 살았던 도읍都邑과 시장市場을 합친 말이다. 즉 정치와 행정의 중심지로서의 도읍의 역할과 경제 중심지로서의 시장의 역할을 수행하던 곳으로 도시를 보았다. 그래서 동양 특히 중국과 우리나라의 도시들은 모두 한 나라의 도읍과 큰 시장이 함께 생성되어 공존해 왔다.

반면 서양에서의 도시city의 어원은 고대 로마의 '도시' 또는 '로마시민권'이라는 뜻을 가진 '키비타스'civitas를 어원으로 하고 있다. 서양에서 생긴 도시의 개념은 시민공동체 또는 시민적 경제 활동 중심지라는 성격을 강하게 띠고 있는 것이 특징이다. 그리스 도시의 가장 큰 특징은 민주적 성격을 띤 자치도시로서의 성격이다. 그것은 고대 그리스의 도시인 폴리스polis의 역사가 잘 말해 준다. 아테네를 제외한 그리스의 폴리스는 성벽에 의한 도시부와 전원부로 구분되는데 그 사이에는 '아고라'라고 하는 광장이 위치하고 있다. 아고라는 회의, 재판, 사교와 더불어 시민들이 이용하는 시장, 공공건물들이 입지해 다목적으로 사용되기도 했다.

도시의 원동력

그렇다면 도시가 생긴 이후로 사라지지 않고 계속 발전하였던 원동력은 무엇일까? 고대 도시부터 시작해 도시의 역사를 살피며 그 원동력을 세 가지로 요약한 책이 있다. 바로 조엘 코트킨이 쓴 〈도시의 역사〉^{윤철희 옮김, 을유문화사}라는 책이다. 저자는 그 원동력을 경제, 종교, 치안 등 세 가지로 제시하고 있다. 조엘에 의하면, 어떤 도시가 한 국가 또는 대륙의 주요 도시로 발전하는 패턴은 크게 두 가지로 구분된다. 하나는 바빌론 이전의 메소포타미아나 낙양·장안 등 중국 고대 왕조의 수도처럼 종교 또는 정치적 중심지로 성장하는 경우이고, 또 하나는 페니키아^{지금의 시리아·레바논 지역}나 이탈리아 베네치아처럼 경제 교역의 중심지로 발달하는 경우이다. 그러나 최초의 성장 원동력이 다르다고 해도 한 도시가 고대 로마와 같은 대형 도시로 자리 잡고 지속적인 번영을 누리려면 위의 세 가지 요소가 잘 어우러져야 한다는 것이 저자의 일관된 주장이다.

그런데 우리는 통상 어떤 곳을 도시라고 부르는가? 이에 대해 도시학자 코스토프는 다음과 같이 아홉 가지로 간략하게 도시를 이루는 요건을 설명하고 있다. "도시는 ① 일정한 밀도 이상의 인구가 거주하고, ② 경제와 법, 통치기구 등이 서로 연계되어서 존재하고, ③ 물리적인 경계가 있고, ④ 사회적 위계와 직업의 분화가 있고, ⑤ 상업이나 집약된 농업 등 도시를 유지하는 경제구조 또는 왕과 같은 권위적 존재가 있고, ⑥ 자체의 문자와 수리^{數理}체계가 있고, ⑦ 그것을 둘러싸는 농촌지역이 있고, ⑧ 기념물 주요 건물 그리고 공공의 공간이 있고, ⑨ 건물과 그것을 사용하는 사람들이 있는 곳"이라는 것이다.

그리스 아테네의 아크로폴리스. 위는 아테네의 아크로폴리스를 복원한 그림이다. 고대 그리스의 도시국가는 보통 중심지에 약간 높은 언덕이 있었는데 이것을 폴리스라고 불렀다. 그러나 시대가 지나면서 도시국가가 폴리스로 불리고 대신 원래 폴리스였던 작은 언덕은 '높은'이라는 뜻의 형용사 '아크로'를 붙여 아크로폴리스로 불렀다. 아크로폴리스는 수비하기에 적당한 고지대에 위치했으며 성벽이 둘러싸고 있었다. 아크로폴리스에는 폴리스의 수호신 등을 모시는 여러 신전(神殿)이 세워져 도시국가의 신앙의 중심지가 되었는데 아테네의 아크로폴리스에는 파르테논신전이 있다. 1987년에 유네스코 세계문화유산으로 지정되었다.

블랙홀 도시

위에서도 살폈지만 도시를 말할 때 첫 번째 요인이
되는 것은 인구수이다. 바벨탑을 만들었던 문명인들이 서로 흩어지지
말자며 모여 살고자 애를 썼던 것은 상당히 시사하는 바가 크다. 플라톤
은 광장의 중심에서 목청껏 사람들을 불러 모았을 때 사람들이 이를 듣
고 다 모일 수 있는 인구의 수를 가장 이상적인 도시의 인구로 보았다고
한다. 하지만 역시 도시는 사람이 대량으로 모여 사는 곳임을 부인할 수
없다.

물론 도시를 구분하는 인구수에 대한 기준은 각 나라마다 다르다. 덴
마크·아이슬란드에서는 250~300명 이상, 프랑스·독일 등에서는 2000
명 이상, 미국·타이에서는 2500명 이상, 일본에서는 5만 명 이상, 한국
에서는 2만 명 이상 등으로 정하고 있다. 또한 시가지 면적에 대한 인구
밀도를 보면 1제곱킬로미터에 미국·캐나다가 2000명 내외, 영국·프랑
스·독일 등 서유럽 국가가 4000~5000명, 일본·말레이시아 등 동남아
시아 국가가 1만~2만 명, 스리랑카·모로코 등이 3만 명이며, 인도가 3
만~6만 명 이상이다. 서울은 인구수로 볼 때 세계 3위에 해당하는 매우
큰 도시이다.

국제통화기금^{IMF}에서 2007년 10월 7일에 펴낸 간행물을 보면 세계의
도시인구는 2008년에 처음으로 50퍼센트를 넘어선다고 한다. 1800년에
3퍼센트, 1900년에 13퍼센트였으니 무척 빠른 속도다. 이 추세라면 2030
년에는 10명 중 6명이 도시 거주자가 된다고 한다. 그러나 이러한 통계
가 우리에게 큰 충격을 주지는 않는 것 같다. 2005년의 동^洞 거주자를 기
준으로 한 한국의 도시화 비율은 이미 81.5퍼센트인데 싱가포르 같은 도

시국가들을 제외하면 세계 최상위권이다. 용도지역상 도시지역 거주자를 보면 이보다 더 높아져 90.2퍼센트나 된다.

문제는 현대 도시가 지표면의 2퍼센트가 안 되는데 세계 자원의 75퍼센트를 소비하는 블랙홀이 되고 있다는 점이다. 예를 들자면 1500제곱킬로미터 넓이의 영국 수도 런던이 소비할 물자 수요와 쓰레기 처리를 위해선 18만 제곱킬로미터의 토지가 필요하다. 그러니까 런던 넓이의 약 120배의 토지가 필요한 셈이다.

세계에서 삶의 질이 가장 좋은 도시로 평가를 받는 캐나다의 밴쿠버도 사정은 비슷하다. 밴쿠버는 114제곱킬로미터에 50만 명의 인구가 사는데, 이 인구를 부양하기 위해서는 약 2만 제곱킬로미터의 토지가 필요하다. 밴쿠버의 시민 한 명의 삶의 질을 유지하기 위해서는 그가 차지하고 있는 도시 면적의 180배에 해당하는 땅이 필요하다는 것이다.

도시가 형성되고 발전하기 위해선 인구 집중이 필요한데 이것이 또한 도시화의 문제를 일으키는 핵심 원인이 된다는 것은 아이러니한 일이다. 도시를 블랙홀에 비유하는 것도 그 때문이다. 이 블랙홀 문제를 처리하기 위해 각 나라들은 고심하지만 문제가 쉽게 해결되고 있다고는 할 수 없을 것 같다. 그런 점에서 김언 기자가 들려주는 인디언 이야기는 음미할 가치가 충분하다.

인디언의 어느 부족은 사람들이 많이 모여 있는 자체가 곧 죄악이라고 보았다. 인디언들이 일찍이 도시를 이루지 않고 국가를 만들지 않았던 이유를 어렴풋이 짐작할 수 있는 대목이다. 그들이 우려했던 바대로 우리가 살아가는 도시는 온갖 범죄가 흘러넘친다. 인간이 상상할 수 있는 거의 모든 범죄가 구석구석

진열된 곳, 잊을 만하면 새로운 사건들이 새로운 죄를 들고 와서 전시하는 곳, 도시에서 만나는 이 모든 사건 현장들은 우리 문 앞에도 있고 우리 등 뒤에도 있으며 심지어 우리 내면에도 한 마리 짐승처럼 웅크리고 앉아 있다. 온순한 그 동물이 언제 날카로운 이빨과 발톱을 드러낼지는 아무도 모른다.

<국제신문>, 2007년 6월 18일

도시를 보는 두 시선

도시의 인구 집중 문제를 바라보는 사람들의 시각은 크게 둘로 나뉜다. 하나는 경제 발전의 입장에서 보는 시각이다. 도시 인구의 분산을 위해 교통 체계를 개선시켰지만 오히려 사람들이 도시로 모여드는 현상이 생겼다. 우리나라에도 그런 사례가 있는데 고속철도^{KTX}가 운행되면서 지방에 있는 학생들이 서울 중심지로 통학하며 과외나 학원에 다닌다는 보고가 있다. 지방으로 공장을 옮기면 직장에 다니는 가장은 집을 계속 서울에 두고 출퇴근만 한다는 것은 새삼스러운 일이 아니다. 이처럼 사람이 많이 모이는 곳은 장사도 잘된다. 그래서 인구가 집중하며 도시에 많은 문제가 발생함에도 불구하고 사람들이 자꾸만 몰려드는 것은 이러한 혜택을 누리고 다양한 기회를 만나기 위해서이다.

이와 다른 입장은 도시화로 인한 각종 폐해들을 보면서 도시를 떠나려는 사람이다. 이들은 도시를 생래적으로 나쁜 것, 인위적이거나 건강하지 못한 곳, 기껏해야 필요악이라고 비난한다. 전원은 좋고 도시는 나쁘다는 이분법적 사고에 매료된 사람들 중에서는 귀농을 선택하는 이들도 있다. 그리고 전원주택을 짓거나 전원생활 공동체를 꿈꾸며 환경^{혹은}_{생태} 운동에 적극 참여하기도 한다. 또 이렇게 극단적이지는 않더라도 주말이면 시골에 마련한 농장으로 달려가 '주말 농부' 로 지내는 사람도 종종 볼 수 있다. 각종 언론매체나 서적에서도 도시화의 폐해를 주장하는 글들이 산더미를 이루고 있는데 루소가 말한 것처럼 인류의 고향인 자연으로 돌아가자는 운동은 우리 사회에도 보편화되고 있다고 할 수 있다. 이러한 시도들이 도시화로 인한 폐해들을 줄이려는 의미가 있는 노력들임에는 틀림이 없다.

도시, 인류 최후의 고향

그런데 전자의 견해가 아닌 후자의 견해에 대해 새로운 시각을 제공하는 책이 있다. 〈도시, 인류 최후의 고향〉_{존 리더, 김명남 옮김, 지호출판사}이 그렇다. 원제는 〈Cities〉이지만, 번역판을 내면서 '인류 최후의 고향' 이라는 단어를 추가했다. 물론 지금 내가 말하고자 하는 '도시는 인류의 고향이다' 라는 명제도 여기에서 힌트를 얻은 것이다. 〈한겨레〉에 이 책에 대한 서평 기사가 실렸는데 제목이 "은퇴하면 시골 가서 산다고?… 꿈 깨!' 라는 것은 아주 재미있는 일이다. 도시를 일러 '인간이 만든 자연' 이라든지 '현대인의 고향일 수밖에 없다' 라고 한 표현이 눈에 확 들어온다.

'은퇴하면 시골에 가서 살아야지.' 인공적인 도시에 물린 사람이면 한번쯤 이런 꿈을 꾼다. 기독교의 천국 역시 전원의 모습이다. 〈도시, 인류 최후의 고향〉

은 그런 행태에 '꿈 깨' 라고 말한다. 흰개미의 개미탑이 그렇듯이 도시 역시 인간이 만든 자연이다. 지구적인 도시화에 따라 어차피 도시는 현대인의 고향일 수밖에 없다는 거다.

임종업 기자

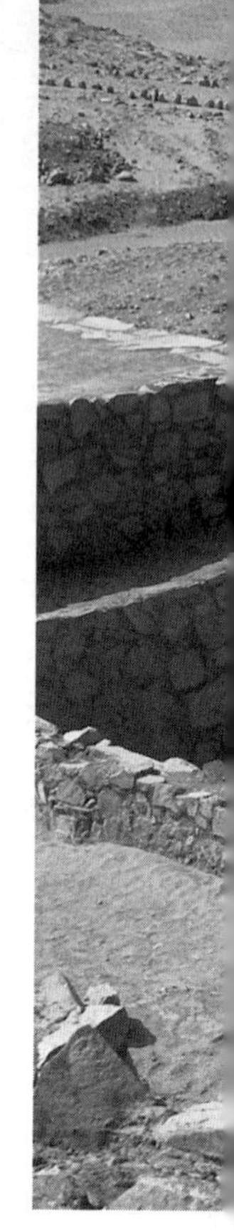

그런데 우리는 앞에서 고고학자 칠드의 논리를 살핀 적이 있다. 많은 사람들에 의해 받아들여지고 있는 칠드의 견해는 농업 잉여 생산과 전쟁의 영향으로 도시가 탄생했다는 것이었다. 농업기술의 발달로 생산력이 증대했고 그에 따라 잉여 생산물이 점차 늘어나면서 인간은 한곳에 정착하기 시작했고, 잉여 생산물을 지키기 위한 방어 시설을 구축했다는 것이다.

그런데 존 리더는 위의 책에서 잉여 생산으로 인해 도시화가 이루어졌다는 이론에 정반대 견해를 내놓고 있다. 존 리더는 "먼저 도시가 탄생했고, 그 다음에야 도시의 요구를 충족하기 위해 농업기술이 발전했다"는 것이며 그 이후 전쟁이 일어났다는 것이다.

존 리더는 이를 증명하기 위해 아메리카 대륙에서 가장 오래된 도시이자 메소포타미아문명보다 더 오래된 페루의 '카랄' 과 터키에 있던 '차탈 휘크' 를 예로 든다. 그에 따르면 수천 년 후 일어난 잉카문명의 탄생에 지대한 영향을 미친 '카랄' 에서는 어디에서도 전쟁의 흔적을 찾아볼 수 없었다고 한다. 이는 '차탈 휘크' 에서도 마찬가지였다. 그곳들에서 지금까지 발굴되거나 발견된 유적과 벽화를 보면 전쟁과 관련된 기록은 남아 있지 않다. 그러므로 전쟁으로 인해 도시가 형성됐다는 학설은 재고해야 한다는 것이다.

페루의 수도 리마에서 북쪽으로 약 200킬로미터 떨어진 카랄 유적지. 지금으로부터 약 4500년 전에 건설된 이 카랄은 메소포타미아문명보다 앞서는 것으로 밝혀졌는데 아메리카 대륙에서는 가장 오래된 도시이다. 수학, 건축, 기하학, 공학에서 뛰어났는데 이집트의 피라미드보다 앞선 피라미드가 발견되는가 하면 결승문자(매듭과 끈의 정교한 배열을 통해 정보를 전달했던 언어)도 존재했다. 고고학자 셰디는 "인류 역사를 다시 써야 한다. 5000년 전에 인류는 다섯 개 지역 즉, 메소포타미아, 이집트, 인도, 중국과 그리고 페루에서 군집하여 문명을 만들었다"라고 말했다.

도시는 언제나 주변 농촌들의 잉여 식량으로 지탱되어 왔지만, 통설과는 반대로, 잉여 식량으로부터 만들어진 것은 아니다. 사실 추동의 방향은 거꾸로였다. 도시가 세워졌기 때문에 농업의 잉여 생산이 촉진되었다. 도시 생활의 기틀을 닦은 것은 농부들이 아니라 비교적 평등한 위계를 가진 장인, 상인, 관리자 조직이었다. 도시라는 개념을 만든 것도 그들이고 도시라는 물리적 공간을 건설한 것도 그들이었다. 지속적으로 잉여 식량을 만들어내는 복잡한 농촌 사회와 집약 농업은 그 후에 왔으며, 도시의 원인이라기보다 그 결과였다.

존 리더의 견해는 도시가 먼저 탄생했고, 그 다음에야 도시의 요구를 충족하기 위해 농업기술이 발전했다는 것이다. 도시는 언제나 주변 농촌의 잉여 식량으로 지탱되어 왔지만, 잉여 식량으로부터 만들어진 것은 아니라는 생각이다. 도시가 세워졌기 때문에 농업의 잉여 생산이 촉진되었다고 보는 것이다. 도시의 발생 자체가 지금의 블랙홀 같은 현상을 잉태할 수밖에 없는 운명이 아니라는 점을 잘 말해 주는 대목이라 하겠다. 말하자면 도시가 농촌을 살게 하고, 농촌은 도시를 살게 하는 공생의 관계로 시작되었다는 것이다.

리더는 이어서 도시를 도시 안팎의 생태적 관점에서 살피고 있다. 그는 도시라는 현상에는 모든 시대와 공간을 통틀어 가졌던 공통의 맥락, 즉 기능적이고 생태학적인 요소가 있다고 본다. 리더는 도시와 농촌 사이에 오가는 물질과 에너지, 인력의 흐름을 살펴봄으로써 지구 환경이라는 큰 맥락 안에서 도시를 파악하고자 했다. 이때 중요하게 제시되는 개념이 '생태발자국'*ecological footprint*이다.

저자가 주장하는 바는 도시란 산업화에 따라 인간이 인공적으로 조성한 것이 결코 아니라 생태학적으로 자연스레 형성됐다는 것이다. 리더는 도시는 인간이 만든 또 다른 자연이라고 말한다. "도시의 구석구석도 원래 자연스런 지구물리학적, 생물학적 과정을 거쳐 형성된 것"이라고 보는 것이다. 도시는 그 본성에 의해 공간과 자연적인 자원을 가장 효과적으로 사용해 왔다는 주장이다. 저자는 도시화를 상세하게 묘사하면서 도시의 역사를 살아 숨 쉬는 유기체로 보고 도시를 '문명화의 인공적인 산물'로 한정하는 견해를 비판한다.

도시는 특수한 농촌

생태발자국이란 인간이 지구에서 삶을 영위하기 위해 꼭 필요한 의식주 등을 만들기 위해 자원을 생산하고 그것을 폐기하는데 드는 비용을 토지로 환산한 지수를 말한다. 즉 인간이 자연에 남긴 발자국을 뜻한다. 1996년 캐나다 경제학자 마티스 웨커네이걸과 윌리엄 리스가 개발한 개념이다. 지구가 기본적으로 감당할 수 있는 면적 기준은 1인당 1.8헥타르^{1헥타르는 가로, 세로가 각 100미터의 면적}이고 면적이 넓을수록 환경문제가 심각하다고 할 수 있다. 선진국으로 갈수록 이 면적이 넓은데, 그럴 수밖에 없는 것은 선진국에 살고 있는 사람들 20퍼센트가 세계 자원의 86퍼센트를 소비하고 있기 때문이다. 2030년이 되면 인류의 3분의 2가 도시에서 살게 되는데 이들 도시에 사는 사람들을 미국 수준으로 먹여 살리려면 지구 정도의 행성이 세 개는 더 필요하다는 이야기도 나오고 있다.

이런 생태발자국의 관점에서 제시하는 것이 도시 농업에 대한 이야기다. 놀랍게도 현대 도시에서 가장 큰 단일 업종은 농업이다. 농업은 이미 수백만 도시 인구의 생명줄이 되었으며 빈곤층의 식량원이자 수입원으로 자리 잡고 있다. 실제로 모스크바에서는 전체 가구의 3분의 2가 먹을거리를 재배한다. 런던은 매년 약 1만6000톤의 야채를 생산한다. 세계에서 가장 부유한 미국에서조차 전체 농업 생산가치의 3분의 1이 대도시에서 나오고 있다. 그 때문에 '도시는 특수한 농촌이다' 라는 개념도 등장한다.

세계를 보면 실제로 생태적 관점에서 이를 잘 풀어 가고 있는 도시들이 있다. 쓰레기 처리를 잘하고 있는 멕시코시티, 도시 농업을 통한 식량 배급의 모델이 된 런던, 사람보다 나무가 더 많아 생태적 균형을 잘 이루고 있는 베를린, 미국의 경제 봉쇄에 대처하기 위해 자급자족적 도시 농업을 시행하고 있는 쿠바의 아바나 등이 그 예들이다. 이렇게 보면 앞으로 도시의 생활 방식은 더 생태적인 모습으로 진화하지 않을까 싶다.

물론 오늘날의 도시는 많은 비판을 받고 있다. 저자의 표현을 빌리면 "도시는 경제성장의 동력이자 인류가 성취한 모든 업적 중에서도 가장 빛나는 별 중 하나" 임에도 불구하고 "자신의 몸보다 훨씬 넓은 지역의 물자들을 남김없이 끌어들여 소비하면서 정작 스스로 내놓는 것은 없는 블랙홀" 이 되어 버렸기 때문이다. 그런데 이것은 바꿔 말하면 지금의 도시가 안고 있는 문제점을 해결하고 도시에서의 삶의 질을 향상시킬 수 있는 방법을 도시 자체가 가지고 있다고도 할 수 있다. 빨아들이기만 할 것이 아니라 스스로 내놓는 것도 있어야 한다는 것이다. 도시가 스스로 내놓는 것이 있도록 하는 것은 물론 도시에 사는 사람들의 몫이긴 하지만 말이다.

쿠바의 수도 아바나. 미국의 경제 봉쇄에 대비해 자급자족적인 도시 농업을 시행하고 있다.

이렇듯 도시가 블랙홀과 같은 문제점이 있음에도 불구하고 여전히 현대 사회에서 중요한 역할을 차지할 수밖에 없는 흐름을 사회학자 앤서니 기든스는 그의 책 〈현대 사회학〉을유문화사에서 역설하고 있다. 그에 따르면 지구촌화와 새로운 통신 기술이 발전하면 기존의 도시가 쇠퇴할지도 모른다는 일부 학자들의 예견은 빗나간 게 사실이라고 못 박으면서 오히려 도시는 더 중요한 위치로 부상했다고 주장한다. 도시는 글로벌 경제에서 중추적인 역할을 수행하고 있고, 정보의 흐름을 조정하고 비즈니스를 관리하고 새로운 서비스와 기술혁신을 하는 데 중요한 기능을 수행한다는 것이다.

뿐만 아니라 도시는 정치적 의사 표현과 관리를 위한 중요한 현장이라는 것이 기든스의 생각이다. 소규모 지방정부나 도시는 거대 정부와 민족국가의 구조보다 융통성이 보장되고, 의사소통 구조에서도 원활할 수 있다고 강조한다. 태생적으로 도시들은 다양한 종교적, 언어적 배경과 상이한 사회경제적 수준의 수많은 사람들을 한곳으로 모이게 한 곳이다. 도시는 바로 이런 다양한 사람들을 통합하는 역할을 수행한다. 도시는 서로 다른 이방인들이 모여 사는 곳이면서도 개인적인 관계를 지지하고 창조하는 역할을 수행해 왔는데, 앞으로도 그럴 수 있다는 것이다. 기든스는 현대에서 중요한 것은 도시의 크기가 아니라 역할이며, 도시들 사이의 네트워크라고 한다. 이런 차원에서 '도시와 지방 정부의 모임' World Assembly of Cities and Local Authorities 같은 세계적인 도시들의 모임이 생겨나고 있다는 기든스의 지적이다.

인간은 도시를 만들고
도시는 인간을 만든다

영국의 수상이었던 처칠은 "인간은 도시를 만들고, 도시는 인간을 만든다"고 말했다. 그처럼 도시는 우리 인간의 존재를 규정하는 의식과 무의식의 영역에 깊숙이 영향을 미쳐 왔다. 사람들이 음식과 문화, 안전을 도시에 의지하면서부터 개인들의 화려한 무대가 펼쳐지기 시작했다. 도시가 있었기에 레오나르도 다 빈치의 모나리자는 인류를 향해 미소를 지을 수 있었고, 영국의 셰익스피어에 의해 햄릿은 세상을 향해 절규할 수 있었으며, 아인슈타인은 상대성 원리로 세상을 설명할 수 있었고, 나폴레옹은 알프스산맥을 넘어 세계 정복의 야심을 키울 수 있었다. 인류 역사에 등장하는 굵직굵직한 영웅들은 도시라는 울타리를 무대로 하고 있다. 인류가 거둔 거의 모든 성취가 도시가 있어서 가능했다고 할 수 있다. 도시는 인간 없이는 존재하지 못한다. 그리고 인간 또한 도시 없이는 존재하기 힘들다고 할 수 있다.

"석기시대가 끝난 것은 돌이 다 떨어져서가 아니라 누군가 청동을 다루는 법을 알아냈기 때문이다"라는 이야기가 있다. 인간은 자연 속에 동화되지 않고 끊임없이 새로운 영역에 도전하고 인간적인 것을 창조해 왔다. 그리고 인류는 환경에 적응할 수 없을 때에는 환경을 자신들에게 맞게끔 바꾸기도 했다. 인류가 청동의 발견으로 석기시대의 딜레마를 풀었던 것처럼 말이다. 앞서 말한 영웅들 역시 이러한 길을 걸어 왔음은 물론이다.

어쨌든 21세기의 가장 중요한 트렌드 중 하나라고 할 수 있는 도시화는 앞으로도 계속 증가할 것이며, 2030년에는 세계 인구의 3분의 2가 도시인이 될 것이라고 사회학자들은 입을 모으고 있다. 싫든 좋든 인류는 도시와 함께 해왔고, 앞으로도 함께하게 될 운명이다. 존 리더의 생각대로 도시를 거부할 수 없다면 즐길 방법을 모색해야 하는 것이 우리의 숙제가 아닐까? 아무튼 우리는 존 리더의 다음 말처럼 도시가 많은 문제를 안고 있음에도 불구하고 도시 속에서 그 문제의 해결책을 찾고 있다고 할 수 있다.

세상은 완벽하지 않다. 그러나 대부분의 사람에게 도시는 아직 중요하다. 그들에게 도시는 문제가 아니라, 여전히 해결책인 것이다!

행복한 미래는 존재하는가
미래의 가치는 현재를 담보로 한다

많은 사람들이 어렸을 적에 들었던 이솝 우화 중에 개미와 베짱이에 관한 이야기가 있다. 여름 내내 개미가 열심히 일할 동안 노래만 부르며 놀았던 베짱이가 막상 겨울이 닥치자 먹을 것이 떨어져 곤경에 처한다는 이야기다. 베짱이는 개미에게 구걸하러 갔지만 개미로부터 문전박대를 당하며 "우리가 열심히 일할 때 너는 놀았잖니"라는 핀잔만 받는다. 여기에는 으레 '뒷날에 대비해 현재를 열심히 살아야 한다'는 교훈이 따라붙는다. '유비무환'有備無患의 정신을 강조하는 우화라고 할 수 있다.

이 이야기는 베짱이가 아니라 개미와 같은 사람이 되자는 뜻을 담고 있다. "게으른 자는 개미에게로 가서 그 하는 것을 보고 지혜를 얻으라"는 고대 이스라엘 왕 솔로몬의 훈계와도 상통한다. 아마도 이 말을 부정할 한국 사람은 별로 없을 것이다. 우리 사회는 "오늘을 열심히 살아야 내일의 희망이 있다"는 말에 거의 모두가 무언의 합의를 하고 있는 듯 보인다.

열심히 산 덕분에

"열심히 일한 당신, 이젠 떠나라"는 한 신용카드 회사의 광고 문구가 있다. 이 문구에서 우리는 몇 가지를 생각해 볼 수 있다. 먼저 우리 사회가 그동안 열심히 '열심히'를 강조해 왔던 사회라는 추측이 가능하다. 또 일상을 떠나서 여유를 즐기고는 돌아와 더 열심히 일하라는 의미가 아니겠느냐고 생각할 수도 있다. 열심히 산 사람에게 프리미엄을 주는 것처럼 해 열심히 사는 것의 미덕을 강조하고 있는 것이다.

하지만 열심히 일한 사람이 일상을 떠나서 여유를 즐긴다는 것은 생각만큼 쉬운 일은 아니다. 통계청 조사에 따르면 우리나라 직장인의 70퍼센트 이상이 주어진 여가 시간을 TV 시청이나 수면으로 보내는데 그 이유가 노동시간이 길고 여가 시간이 부족해서 그랬다는 답을 했다고 한다.

우리 사회는 소아마비 장애인이자 꼴찌 대학 졸업생이었던 일본의 코시바 마사토시가 온갖 역경 끝에 노벨상을 수상한 후 쓴 〈하면 된다〉와 같은 책들이 베스트셀러 대열을 이끌어 왔다. 노먼 빈센트 필이 지은 〈적극적 사고방식〉은 오랫동안 베스트셀러가 되었던 책이다. 스티븐 코비의 〈성공하는 사람들의 7가지 습관〉 역시 이 분야에서 신화가 된 지 오래다. '하면 된다'는 적극적인 사고방식으로 '열심히' 하는 사람이 성공할 수 있다는 것은 우리 사회의 대표적인 정신이라고 할 수 있다.

물론 이런 정신은 우리 역사를 혁신적으로 변화시켰다. 1876년 강화도조약을 맺은 이후 서양 문물을 받아들일 무렵만 해도 우리 사회는 풍전등화의 위기에 처해 있었다. 전근대적 사회 질서가 붕괴했지만 새로운 사회를 향한 토대는 마련되어 있지 않았고, 기술도 자본도 빈약한 상태였다. 불과 몇십 년 전만 해도 우리나라는 세계 최고의 빈곤국 대열에 있었다.

그런데 우리는 그리 길지 않은 시간 동안 참으로 엄청난 변화들을 일구었다. 하면 된다는 생각으로, 무에서 유를 창조한다는 각오로 상전벽해桑田碧海의 기적을 창조했다. 마치 그것은 봄, 여름, 가을은 물론 겨울에도 일하는 개미의 모습 같았다.

물론 이러한 정신은 자본주의에서 찬양을 받는다. 그렇지만 이러한 정신이 인류 역사에서 늘 보편적으로 존재했던 것은 아니다. 독일의 사회과학자 막스 베버는 그의 책 〈프로테스탄티즘의 윤리와 자본주의 정신〉에서 "왜 다른 곳도 아닌 서구에서 자본주의가 발생하고 번성했을까?"라는 질문을 던지며 이러한 정신의 기원을 추적하고 있다. 그리고 자본주의를 떠받치는 근검절약 정신 등이 등장할 수 있었던 계기를 프로테스탄티즘에서 찾고 있다. 베버에 의하면 종교 개혁가 칼뱅의 예정설과 소명설이, 신으로부터 부여 받은 자신의 소명과 직무에 충실하여 부를 축척해 가는 것이 신으로부터 구원의 예정을 받은 자로서의 표식이라는 논리로 발전되어 갔다고 한다. 물론 프로테스탄트들이 의도적으로 자본주의를 발생시키려 한 것이 아니라 어디까지나 종교적인 이유로 그런 신앙관을 형성한 것이지만 말이다. 하여튼 이들 사상은 18세기 중엽 영국에서 시작된 산업혁명과 맞물려 거침없이 유럽으로 번져갔다. 다시 말해 '근검절약'과 '자본의 축적'은 종교인의 도덕적 의무라는 큰 훈장을 달고 세상을 차례로 정복해 가게 되었고, 이것이 지금의 우리에게 전해진 서구 자본주의 문명이라는 것이다.

물론 이러한 자본주의가 지금 우리에게 주는 삶의 혜택은 실로 대단하다. 나는 여기서 자본주의 정신과 역사에 섣불리 흠집을 낼 생각은 없다. 또 그런 역사를 과소평가할 생각도 없다. 다만 아직도 그러한 정신이 강하다 못해 강요되는 면은 없는지를 돌아보고자 할 뿐이다. 우리가 지금 현대사회를 산다면 그것은 모든 가치를 돌아보며 의심도 하고 반성도 할 수 있는 시대를 산다는 것을 말한다. 문명의 가치를 되짚으며 우리가 보다 자유롭게 선택할 수 있는 길들이 많다면 이 또한 우리의 삶을 풍요롭게 할 수 있지 않을까?

내일을 위한 오늘의 유보

'열심히 하자' 또는 '최선을 다하자'는 말은 언뜻 보면 현재에 충실하자는 뜻으로 들린다. 그러나 이를 자세히 음미하면 현재보다는 미래를 중시하는 생각이라고 할 수 있다. 이는 지금의 여러 가지 삶^{행동} 중에서 하나를 선택한 뒤 그에 집중해 뭔가를 이루겠다는 목표 지향적인 사고이자 미래 지향적인 사고이기 때문이다. 열심히 노력하면 더 나은 미래를 보장받을 수 있다는 사고라고 할 수

막스 베버(1864~1920). 독일 사회학의 창시자. 〈프로테스탄티즘의 윤리와 자본주의 정신〉을 통해 자본주의의 독특한 정신적 기원을 밝혔다.

있다. 말하자면 진보에 대한 희망이 나의 일상을, 현재 나의 의식과 행동을 지배하고 있는 경우이다.

물론 미래를 이야기하고 희망을 말하는 정신에 심각한 문제가 있는 것은 아니다. 희망을 말하는 미래 지향적인 사고 자체는 우리에게 희망적이다. 바람직하기까지 하다. 하지만 거기에는 치명적 약점이 하나 있다. 그것은 미래의 성공을 위해 현재의 행복을 유보시키기 쉽다는 점이다. 행복한 현재가 이어지고 이어져서 행복한 미래가 있는 것인데 현재가 행복하지 않더라도 열심히 노력하면 더 나은 미래가 보장될 거라는 '장밋빛 환상'으로 우리를 몰아갈 수 있는 약점이 있다는 것이다.

미래에 온통 마음을 주다 보면 현재를 망각하거나 희생하는 것을 아까워하지 않는 경우가 발생한다. 그리고 이런 생각은 기득권자나 사회적 강자에게는 별 문제가 되지 않는다. 아니 그들에게는 주위에 더 권면하고픈 정신이 된다. 아직 오지 않은 미래를 위해 현재를 희생하라고 하는 정신은 결국 사회적 약자에게 희생을 요구하는 것으로 귀결되기 싶기 때문이다.

지난 15일 밤 9시께, 서울의 한 아파트에 사는 여고생 A양[19]은 14층 자기 방에서 창밖으로 몸을 던져 그 자리에서 숨졌다. A양은 서울시내의 한 특목고 3학년에 재학 중이었다. 사건을 조사한 관할 경찰서는 "유서는 없지만 정황상 입시 중압감이 부른 자살"이라고 결론 내렸다.

박상규 기자, 〈오마이뉴스〉, 2008년 4월 21일

전국 상위 1퍼센트의 성적에 드는 한 특목고의 여고생이 성적으로 인해 자살한 이 사건은 불행히도 우리나라에서는 아주 드문 사건이 아니다. 오죽하면 우리나라 청소년들 절반이 자살을 생각해 봤다는 기사가 있을까.

우리나라 초·중·고생 2명 중 1명은 자살에 대해 생각해 본 적이 있다는 조사 결과가 나왔다. 전국교직원노동조합[www.eduhope.net]이 전국 초·중·고생 2353명을 대상으로 〈학생 건강 상태도와 의식조사〉를 주제로 설문조사한 결과, 46.4퍼센트가 자살에 대해 생각해 봤으며, 이들 청소년들 중 자살을 생각하는 이유로 성적비관[19.9퍼센트]이 가장 많은 비율을 차지했다.

〈데이터 뉴스〉, 2006년 5월 12일

청소년들을 만나면 입버릇처럼 묻는 말이 있는데 "너의 꿈이 뭐냐? 어느 고등학교와 대학에 진학할 거냐?"라는 것이다. 학벌이 중요한 한국 사회에서 대학 간판은 향후 인생에 있어서 굉장히 중요한 요소가 된다. 문제는 이런 결정이 너무 이른 시기에 한 번의 절차에 의해서 내려진다는 것이고 그만큼 어린 학생들은 엄청난 중압감에 시달릴 수밖에 없다. 많은 아이들이 그 때문에 사지로 내몰리고 있는 것이다. 좋은 대학 진학이 미래의 행복을 보장한다는 우리 사회의 논리의 대표적인 희생양은 바로 이들 학생이다.

그런 점에서 우리나라의 교육을 담당하는 부처의 명칭이 한때 교육인적자원부였다는 것은 의미하는 바가 크다. 많은 사람들이 지적하듯이 이 명칭은 아동과 청소년이 나라의 미래 자원이라는 점에만 초점이 맞춰진, 그러니까 사람 자체가 목적이라기보다는 한 국가의 발전이라는 목적을 이루는 수단임을 천명하는 것으로 들릴 수도 있다. "우리는 공부하는 기계가 아니다"라며 청소년들이 반발하고 나서는 데에도 그만한 이유가 있다.

지금 누려야 할 행복

우리 사회에는 앞의 경우만 있는 것은 아니다. 중고등 학교에 다니는 자녀를 휴학시키고 열 달 동안 호주, 뉴질랜드, 페루 등 세계의 17개 이상 나라를 여행하고 돌아온 가족도 있다. 15년 동안 모은 전 재산을 털어서 자녀들과 인생 경험을 함께한 부모들의 이야기가 2005년 7월 5일 〈안성신문〉에 실렸다. 기사에 따르면 자녀들은 여행에서 돌아와 복학을 포기하고 딸은 검정고시를 선택했으며 아들은 대안학교에 진학했다고 한다. 이 기사의 제목이자 아버지가 들려준 "자녀들의 행복을 유보하지 마라"는 말은 시사해 주는 바가 크다.

에크하르트 톨레의 〈지금 이 순간을 살아라〉는 이처럼 목표 지향적인 삶에 염증을 느낀 사람들을 위한 책이다. "두려움이란, 미래에 초점을 맞추고 살기 때문에 생겨나는 것이고, '지금 여기'에서 벗어나기 때문에 생겨나는 것입니다. '지금' 속에는 아무 문제가 없으므로 두려움 또한 없습니다"라는 문구는 그런 점에서 음미해 볼 대목이다.

티베트의 종교 지도자 달라이라마. 분열하고 갈등하는 세계에서 지금 이 순간의 가치와 영적인 의미에 충실할 것을 강조하는 그의 가르침은 서양인들에게도 강한 호소력을 발휘하며 많은 영향을 미치고 있다. 달라이라마는 티베트 종교 · 정치의 최고 지도자를 일컫는 말인데 그의 본명(Tenzin Gyatso)은 살아 있는 관세음보살이라는 뜻을 지니고 있다.

이러한 예는 역사의 진보라는 가치를 발명하고 이를 추구해 왔던 서구에서도 찾아 볼 수 있다. 서구 문명의 젖줄 중의 하나이자 끊임없이 에너지원 역할을 해 왔던 기독교의 예수가 말한 "내일 일은 내일 염려하라"는 말에 많은 사람들이 종전보다 더 크게 귀를 기울이고 있는 것이다.

또 기독교 영향권에 있는 미국과 유럽 국가들에서도 재미있는 현상이 일어나고 있다. 서구 기독교 문명의 결정판이라고 할 수 있는 미국을 보면 불교를 통해 정체성을 확립하려는 움직임이 활발하게 일어나고 있다. 최근 미국의 〈타임〉에서도 미국에 불고 있는 명상수행 바람에 대해서 다루었다. 미국과 서양인들에게 가장 영향력을 미치는 현대의 인물을 꼽으라면 티베트의 승려 달라이라마와 베트남의 승려 '틱낫한'을 꼽는다는 뉴스가 미국의 시사주간지 〈타임〉 등의 대중매체 실리고 있다.

〈불교신문〉 ^{임나정 기자, 2004년 2월 17일}에 의하면 현재 미국에서 명상 수행하는 사람이 1000만 명으로 10년 내 두 배로 늘었으며, 이는 명상수행이 스트레스 해소와 질병 예방에도 도움이 된다는 서구인들의 믿음 때문이라고 지적하고 있다. 또 미국 엘리트의 60퍼센트가 불교를 선택하거나 명상과 선을 즐긴다는 이야기가 있다. 미국의 베스트셀러나 스테디셀러 목록을 보면 10개 중 상위권은 선과 불교에 대한 책이 차지하고 있다. 유럽은 교회의 40퍼센트 이상이 절로 바뀌고 있다는 이야기도 있다. 뉴욕주립대의 조성택 교수는 "미국인들의 불교에 대한 관심이 미국 주류 사회의 큰 흐름의 하나로 등장"하고 있다면서 "머지않아 불교는 미국의 가장 보편적인 상식이 될 것"이라는 평가를 내리고 있다. 그 때문에 미국이 불교의 성지가 될 수도 있다는 전망까지 등장하고 있다. 이런 현상에는 물론 여러 사회적 원인이 있을 것이다. 분명한 것은 지금의 행복과 만족을 위해 삶의 여유를 취하며 명상과 참선을 중시하는 분위기가 확산되고 있다는 점이다.

서구에서 시작된 근대 문명은 이성, 합리성, 계몽, 과학 등을 앞세워 역사는 직선적으로 발전한다는 믿음을 견지해 왔다. 어제보다 나은 오늘, 오늘보다 더 나은 내일을 위해 세상을 계몽하고, 합리적으로 재구성하기 위해 달려온 것이다. 하지만 이제는 많은 사람들이 주위도 돌아보면서 이러한 진보 사관이 주는 사회적·개인적 고통에 눈을 뜨고 있다. 이러한 배경에는 제1, 2차 세계대전 등의 경험과 새로운 세상에 대한 희망으로 추구했던 혁명 이후의 사회들이 생각만큼 이상적인 사회가 아니었다는 경험 등이 작용하고 있다. 아무튼 지금은 많은 사람들이 명상과 수행 등을 통해 지금의 자신을 돌아보는 가운데 현재의 삶에서 열반을 추구하는 불교가 서양인들의 정신적 공허함을 채우고 있다. 자본주의 문명의 꽃을 활짝 피운 나라들에서 이런 현상들이 일어나고 있다는 것은 우리에게 많은 것을 생각하게 한다.

이러한 명상의 문화는 우리나라도 예외는 아니다. 〈한겨레〉 2007년 11월 12일의 조연현 기자의 기사를 보면 2000년을 기점으로 한국의 명상 인구도 500만 명을 넘어섰다고 지적하고 있다. 웰빙을 넘어 명상 산업이 급성장하고 있는 현상도 언급된다. 물론 많은 사람들에게서 유행을 한다는 것과 그 이면에 깔린 사회적 변화를 구분하는 것은 필요하겠지만 사람들의 관심사를 읽을 수 있는 대목이라고는 하겠다.

이렇듯 우리 사회에는 오늘보다 더 나은 내일을 위해 전력으로 질주하는 사람들이 있는가 하면, 한편에서는 내일을 위해 오늘의 행복을 유보하지 말자는 사람들이 있다. 말하자면 내일의 행복을 위해 오늘을 희생하지 않겠다는 것이다.

열심히 산다는 것에 대해

열심히 산다는 것은 인간 사회에 늘 긍정적인 의미를 지니는 보편적인 가치로 보인다. 그런데 대체 무슨 맹점이 있다고 열심히 사는 태도에 대한 돌아봄이 필요하다는 것일까?

당시 군인 사병으로 그들 주변에 함께 있었다. 가미카제 특공대 또한 우리가 아는 것 태반이 왜곡되었다. 가미카제 대원들이 "천황 폐하 만세"를 외치며 용맹과 기쁨으로 돌진했다는 것은 모두 정치인들과 역사 인식이 부족한 역사학자들이 지어낸 거짓말이며, 겁에 질려 일어서지도 못하는 대원이 태반이었다. 이렇게 겁에 질려 일어서지도 못하는 대원들을 강제로 비행기로 밀어 넣는 경우도 있었으며, 순순히 이행하지 않을 시에는 폭력도 불사했다.

〈요미우리〉 와타나베 쓰네오 회장의 사설에서

이 이야기는 일본의 〈요미우리〉 신문에 실렸던 사설을 일부 인용한 것이다. 이 사설의 주인공 와타나베 쓰네오 회장은 1942년 소위 자살특공대인 가미카제의 일원이었다. 가미카제는 일본이 미국과의 전쟁에서 패색이 짙자 17세에서 24세의 젊은이 1024명에게, 돌아올 연료는 주지 않은 채 500킬로그램 정도의 탄약이 실린 전투기를 몰고 적함에 충돌하도록 했던 자살특공대를 일컫는다. 그런 절체절명의 사지에서 살아온 와타나베의 증언은 열심을 강요한 한 국가의 만행을 전하고 있다. 이렇게 강요된 '열심'은 비극을 만들기도 한다는 것을 잘 보여준 예라 할 것이다.

태평양전쟁 당시의 일본군들에게 전쟁에서의 승리와 제국의 번영은 미래의 가치였다. 이러한 미래를 위해 제국의 지도자들은 현실을 지옥으로 만들었다. 그리고 수많은 사람들로 하여금 지금의 행복을 미루고 대신 지옥의 참상을 견딜 것을 요구했다.

사람은 늘 지금을 산다. 과거는 기억 속에만 있고, 미래는 오지 않았다. 지금 이 순간을 잘 산다는 것은 나의 삶의 전 영역이 골고루 조화되고 균형을 이루도록 산다는 것을 의미한다. 우리는 쉬고 싶을 때 쉬고, 일하고 싶을 때 일하고, 사람을 만나고 싶을 때는 만나고, 혼자 있고 싶을 때는 그렇게 하는 것을 열심히 산다고 말하지 않는다. 대학 입시 등의 목표를 향해 잠을 자지 않고, 친구들을 만나지 않고, 여행도 하지 않고, 읽고 싶은 책도 읽지 않고, 오로지 시험공부만 하는 것을 열심히 산다고 한다. 즉 '열심히'라는 말에는 하나의 목표나 가치를 위해 다른 가치를 희생시키라는 뜻을 담고 있는 경우가 많다.

또 '열심히'가 강요되거나 은근히 대세가 된 사회에서는 각 개인의 생각은 무시되는 경우도 많다. 사색과 반성은 여유로움과 한가함에서 나오는 경우가 많다. 청소년들에게 열심히 공부할 것을 강요하는 한국 사회에서는 왜 공부를 하는가, 공부의 진정한 의미는 무엇인가에 대한 질문과 탐구는 사치스러운 것이다. 그리고 학생 개인이 가지고 있는 개성과 생각과 꿈은 무시되기 일쑤이다. 그 모든 것은 대학 입학 이후로 연기될 뿐이다. 당장은 부모나 학교의 요구를 맹종하며 무조건 열심히 해야 하는 것이다. 이와 관련해 떠도는 우스갯소리가 있다.

나폴레옹과 그의 군대가 죽을힘을 다해 알프스산맥을 넘고 있을 때였다. 많은 병사와 말들이 추위와 굶주림으로 쓰러지는 가운데 나폴레옹은 이 산만 넘으면 된다고 병사들을 독려했다. 그때 한 병사가 뛰어오더니 이렇게 소리쳤다. "폐하, 이 산이 아닙니다!'

이 유머가 우리에게 주는 것은 크다. 열심히 가는 것보다 바르게 가는 것이 더 중요하다는 교훈이다.

개미와 베짱이 뒤집기

우리는 이제 앞에서 말한 "게으른 자는 개미에게로 가서 그 하는 것을 보고 지혜를 얻으라"는 이스라엘 왕 솔로몬의 훈계를 따져보도록 하자. 게으른 자에 대해 많이 언급한 책인 〈구약성서〉 잠언과 전도서를 쓴 인물로 알려진 솔로몬은 한편에서 이스라엘의 역대 임금 중 제일 화려하게 살았던 인물이기도 하다. 그런 그가 열심히 노동해서 임금의 자리에 올라갔을 리는 없다. 그렇다면 위의 말을 솔로몬 자신이 열심히 일하겠다는 것이 아니라 백성들에게 열심히 일할 것을 암묵적으로 요구하는 말로 본다면 너무 무리한 해석이 될까?

솔로몬은 먼 과거의 인물이라 정확한 사실들을 알 수 없다고 해도 국민들에게 열심히 살 것과 노동을 강요하는 지배자의 예는 이후의 역사에서도 쉽게 찾아볼 수 있다. 지금은 좀 줄어들었는지 모르겠지만 우리 사회 곳곳에는 각종 표어와 포스터, 플래카드들이 근면, 자조, 협동과 같은 가치들을 국민들에게 전파하기 위해 나붙어 있었고, 거리 곳곳의 확성기에서는 새로운 마을을 만들자는 노래가 울리고 있었다.

알프스를 넘는 나폴레옹. 나폴레옹의 업적을 기념하는 작품을 많이 남겼던 나폴레옹의 궁정(宮廷) 화가 다비드(1748~1825)의 작품이다. "나의 사전에 불가능이란 없다"는 말로 상징되는 정복욕의 화신, 나폴레옹의 이미지를 대표한다. 나폴레옹이 가리키고 있는 곳은 지금, 이곳이 아니라 정복하고 달성해야 할 미래이다.

물론 이러한 예는 세계 다른 나라의 역사에서도 찾을 수 있다. 미래를 위해 오늘을 희생하며 열심히 살라는 것은 서민들에게 희생과 인내와 노동을 강요하는 한편 지배 계층의 기득권을 다지는 논리로 다른 나라에서도 많이 사용되곤 했다. 그리고 다른 계층으로부터도 폭넓은 지지를 받으며 주류 이데올로기로 안착한 가치관이기도 하다. 굳이 지배 논리라고 비약을 하지 않더라도 다수의 사람들은 베짱이보다는 개미의 삶과 태도에 지지를 보내고 있다는 것이다. 개미처럼 살아야 '부'를 차지할 수 있다는 믿음은 현대판 신앙이자 확고한 가치관이 된 것이다. 억울하면 출세하라는 말은 여기에서 한 발짝 더 나아간 논리일 것이다.

그런 점에서 저축의 의미에 대해서도 살펴 볼 필요가 있다. 버트런드 러셀은 그의 책 〈게으름에 대한 찬양〉에서 "진짜 악당은 수입을 저축하는 사람"이라고 일침을 놓고 있다. 한정된 빵을 나누지도 않고 재투자하지도 않고 쌓아 놓기만 하는 태도를 비판하고 있다. 작가 권정생도 그의 책 〈우리들의 하느님〉에서 "구태여 돈을 벌어 ^{저축해서} 남을 구제한다는 마음보다 내가 좀 더 가난하게 덜 차지하기만 해도 그게 바로 이웃을 위한 일인 것입니다"라는 말로 저축하는 개미를 향해 따끔한 충고를 하고 있다.

개미와 베짱이의 우화는 한 가지 결정적인 조건을 간과하고 있다. 사실 개미와 베짱이는 먹는 음식이 동일하지 않다. 개미는 종류에 따라 다르지만 설탕, 곡식 등을 주로 먹고 경우에 따라서는 다른 동물의 사체를 먹기도 한다. 반면에 베짱이는 다른 동물의 사체가 아니라 살아 있는 곤충을 잡아먹는다. 그러니까 한정된 분량의 식량을 서로 차지하기 위해 경쟁할 필요가 없다. 하지만 사람은 다르다. 한정된 재화와 자원을 한쪽에서 많이 차지하면 당연히 굶주리는 사람이 생길 수밖에 없다.

뿐만 아니다. 개미가 겨울에 집으로 찾아온 베짱이를 문전박대하는 장면은 놀부가 엄동설한에 형을 찾아온 흥부를 박대하는 장면과 겹친다. 많이 차지하기 위한 노력은 그렇다고 해도 먼저 차지했다는 이유로 나누지 않으려는 야박한 태도를 개미는 지니고 있는 것이다. 정당한 과세를 거부하고 부를 재분배하지 않으려는 얄미운 부자의 모습이 개미에게서 보인다면 억지일까? 높은 신분과 명예에 따른 사회적 의무를 뜻하는 '노블레스 오블리주'를 실천하지 않으려는 모습 말이다.

성서에는 "내일 일을 위하여 염려하지 말라. 내일 일은 내일 염려할 것이요, 한 날 괴로움은 그날에 족하니라"는 예수의 말이 있다. 내일 일은 내일로 하여금 염려하게 하라는 것이다. 진정한 행복은 미래가 아니라 현재에 있다는 말이다.

우화에서 왜곡하고 있는 면을 배제하고 보면 개미뿐만 아니라 베짱이도 실제로 여름 동안 일을 하며 산다. 그리고 죽어라 일만 하지 않고 적당히 노래를 부르는 여유를 즐기기도 한다. 베짱이의 여름 노래는 사람들에게 여름밤의 낭만을 선사하기도 한다. 베짱이의 삶이 더 멋지다고 강변하지는 않더라도 개미의 삶을 더 우월하다고 할 수도 없다. 개미는 개미대로 자신의 삶을 산 것이고, 베짱이는 베짱이의 삶을 살았다.

나는 버트런드 러셀의 〈게으름에 대한 찬양〉이란 글처럼 게으름을 찬양하거나 두둔하고 싶지는 않다. 다만 베짱이의 손을 들어줌으로써 '열심'과 저축을 미덕으로 간주하다 못해 은근히 강요하는, 그래서 한쪽으로 치우친 사회의 일면을 돌아보고자 할 뿐이다.

불멸을 향한 문명의 다른 이름, 쓰레기

인간만이 쓰레기를 남긴다

"옛날에 한 황제가 살았습니다. 이 황제는 신대륙을 발견하여 자신의 위대한 문명을 전해주고 싶은 야욕이 많았지만 지구별에는 더 이상 찾아낼 만한 신대륙이 없었습니다. 그래서 그 황제는 한 신하에게 우주에서 그럴 만한 별이 있는지를 살펴보게 했습니다. 그 신하는 여러 별을 떠돌다가 난쟁이들이 사는 '뉴'라는 행성에 도착했습니다. 그 난쟁이들에게 '지구의 문명'을 전해주고자 설득을 했고, 이에 난쟁이들은 지구가 어떤 곳인지 망원경으로 살펴보았습니다. 어떤 일이 있었을까요? 그렇습니다. 인간들이 보여준 문명이란 게 매연과 교통체증, 쓰레기로 뒤범벅된 모습이어서 난쟁이들은 놀

라게 됩니다. 그러면서 난쟁이들이 '우리가 지구를 발견한 걸로 치죠'
라고 말합니다."

이 글은 세계적인 석학 움베르토 에코가 아이들을 위해 만든 동화집
〈지구인 화성인 우주인〉에 실린 3편의 동화 중 마지막 편인 "뉴 행성의
난쟁이들"을 요약한 것이다. 에코 특유의 유머와 위트로 현재 우리 문명
의 모습을 꼬집고 있기에 어른들이 읽어도 재미있는 작품이다.

움베르토의 동화는 지구가 당면한 환경문제에 대해 되짚게 해주고 있
다. 그리고 그 한편에서는 문명의 진보를 추구하는 현대인들이 직면한
패러독스를 보여주고 있다. 현대인이 추구하는 문명은 한편에서 더 깨
끗하고 쾌적한 세상이다. 그러나 그것은 말처럼 쉬운 일이 아니다. 그것
은 인간의 문명이 지닐 수밖에 없는 이중적인 속성 때문이다. 이 문제를
더 자세히 풀어보기로 하자.

쓰레기와의 전쟁

2005년 3월에 네덜란드에서 들어오는 폐기물
이 담긴 컨테이너 54개가 적발되는 사건이 있었다. 또 1995년 7월에는
일본에서 수입된 폐플라스틱 46톤이 적발되는가 하면 1995년 6월에는
독일에서 반입된 다량의 생활 폐기물이 적발된 적도 있었다. 한국과 관
련된 사건도 있다. 1993년 9월에는 한국에서 보낸 화학 폐기물 1128톤이
적발된 적도 있다.

이는 국가 간의 수출과 수입을 다룬 기록이 아니다. 바로 네덜란드, 일
본, 독일, 한국 등에서 중국으로 쓰레기를 버리려다 적발되어 중국의 언

론 〈베이징청년보〉에서 보도한 사건들이다. 쓰레기를 생산한 나라에서 쓰레기를 해결하지 못하고 타국으로 반출하려다 적발된 것이다. 중국은 한창 경제 발전을 이루면서 쓰레기와 환경오염 문제로 세계 어느 나라 보다 골머리를 앓고 있는 나라 중의 하나이다.

물론 이 사건들은 빙산의 일각에 불과할 수 있다. 장세정 〈중앙일보〉 베이징 특파원에 따르면 영국도 쓰레기로 중국 땅을 더럽히고 있는데 그 양이 연간 70만 톤을 넘는다고 한다. 여기에 불법 반입 물량까지 합하면 100만 톤을 넘을 것이라는 추정도 있다. 특히 폐기물 반입 지역이 아편전쟁이 일어났던 광둥성의 광저우 인근 지역이어서 반영反英 감정이 더 고조되고 있다고 한다.

사실 '쓰레기 대란', '쓰레기 전쟁' 등의 말은 전혀 새로울 것이 없다. 그리고 쓰레기 문제가 국내 문제 차원을 넘어 국제분쟁으로 번질 수도 있다는 것을 말해주고 있다. 이제는 자국에서 배출한 쓰레기를 자국에서 처리하지 못하는 일이 생기고 있는 것이다.

쓰레기와의 전쟁은 세계적인 미항美港으로 유명한 이탈리아의 나폴리라고 예외일 수 없다. 이탈리아의 총리는 나폴리의 쓰레기 문제 때문에 국가 긴급조치를 발표하기에 이르렀는데, 다음은 2008년 1월 초에 〈연합뉴스〉의 이유 제네바 특파원이 들려준 소식이다.

로마노 프로디 이탈리아 총리는 주민과 경찰의 충돌로 부상자가 속출하고 있는 '나폴리 쓰레기 대란'과 관련, 8일 긴급조치를 발표했다. 프로디 총리는 주요 관계장관 회의를 마친 뒤 이날 오후 발표를 통해 나폴리 및 그 주변 캄바니아 지역의 쓰레기 처리를 위해 세 대의 소각로를 동원하겠다고 밝히고 다른 주州들

세계 3대 미항 중의 하나인 나폴리의 길거리를 가득 메우고 있는 쓰레기 더미들. 이 사태로 이탈리아 총리는 긴급조치를 발표하며 대책에 나서기도 했다.

도 나폴리 등의 쓰레기 처리에 자발적으로 나서 줄 것을 호소했다고 AP통신이 전했다. 그는 또 "충분한 수의 쓰레기 매립지를 지정할 것"이라고 밝히는 한편, 장기적으로 이탈리아가 쓰레기의 수출이 아니라 완전히 자체적으로 해결하는 방안을 찾을 것이라고 덧붙였다. 이와 함께 프로디 총리는 이날 전직 경찰청장을 새로운 '쓰레기 위원'으로 임명하고 향후 4개월간 쓰레기 문제 해결을 전담할 것이라고 말했다.

요 근래, 나폴리에서는 청소업체들이 처리 장소가 없다는 이유로 쓰레기 수거를 중단했으며, 이에 견디다 못한 지역 주민들이 직접 소각에 나서면서 유독성 연기가 피어오르는 등 도시 전체가 쓰레기로 몸살을 앓아왔다고 한다. 이탈리아 군 병력이 새벽에 불도저를 동원해 크리스마스 휴업을 마치고 수업을 재개하는 학교 주변의 쓰레기 제거에 우선적으로 나섰다는 소식과 함께 나폴리 외곽 피아누라에서는 쓰레기 반입 재개를 위해 매립장을 다시 열려는 경찰들과 건강에 위협이 된다면서 쓰레기 매립장 진입을 차단하려는 지역 주민들이 충돌해 다수의 부상자가 나왔다는 보도도 전한다.

물론 나폴리의 사태는 관료주의 병폐, 쓰레기 매립장이나 소각장 건설을 방해하는 주민들의 이기주의, 특히 마피아가 쓰레기 수거업에 진출해 농간을 부리면서 일어난 사태라고 할 수 있다. 그러나 문제는 쓰레기 처리가 나폴리만이 안고 있는 특별한 문제가 아니라는 점이다. 사실 앞에서 들었던 몇 가지 '쓰레기 대란'의 사례들은 다음에 언급되는 내용에 비하면 아무것도 아닐지 모른다. 대륙 크기의 '쓰레기 섬'이 하나가 아닌 두 개씩이나 태평양을 떠다니는 사태에 비하면 말이다.

"텍사스주 두 배 넓이의 거대한 쓰레기 섬이 샌프란시스코와 하와이 사이 태평양에 떠돌고 있다."[UPI] 한반도의 6배 넓이에 해당하는 동쪽 태평양 거대 쓰레기 지대에 대한 설명이다. 미 언론 〈샌프란시스코 게이트〉는 이를 두고 '대륙 크기의 쓰레기 스튜' 라고 불렀다.

한편 서쪽 태평양 거대 쓰레기 지대도 존재하는데 그 위치는 일본과 하와이 사이이다. 둘을 합쳐 태평양 거대 쓰레기 지대[Great Pacific Garbage Patch]라 부른다. 지난 20일 해외 언론들에 소개되면서 관심을 끌고 있는 태평양의 쓰레기 섬 혹은 쓰레기 늪은 80퍼센트가 비닐과 플라스틱으로 이루어져 있다. 원형 순환 해류와 바람 때문에 쓰레기들이 이곳에 갇히면서 쓰레기 섬이 만들어졌다. 이 지대는 1950년대부터 10년마다 10배 크기로 늘어나, 지금의 거대한 규모로 성장하게 되었다. 전 세계에서 쏟아져 나온 비닐과 플라스틱이 떠다니다 두 곳에 집결되어 쓰레기 섬이 만들어졌다. 쓰레기 섬은 천천히 움직이면서 바다 생물들을 희생시킨다. 거북은 비닐을 먹이로 알고 삼키는 경우가 많다. 또 바닷가로 밀려들어 부근을 거대한 쓰레기 매립지로 만드는 재앙을 일으킨다. 태평양 쓰레기 섬은 인류가 창조한 가장 큰 인공물이다. 다이아몬드처럼 영원한 플라스틱은 한 해 약 900억 킬로그램 이상이 생산되며 10퍼센트가 바다로 유입되며 그중 70퍼센트가 가라앉고 30퍼센트는 바다 위를 유령처럼 떠다니고 있다.

오은 기자, 〈팝뉴스〉, 2007년 10월 23일

사람의 발자국, 쓰레기

대양에 거대한 쓰레기 더미가 떠다니고 있다는 소식 외에도 지구의 극지[極地]라고 할 수 있는 고산[高山]에서 환경오염 문제가 심각하다는 이야기가 전한다. 좀처럼 일반인들의 접근을 허락하지 않는 에베레스트산도 쓰레기 문제로 중병을 앓고 있다는 것이다. 코오롱 등산학교에서 제공한 자료에 의하면 1953년 에베레스트를 최초로 등반한 힐러리[E. Hillary]는 네팔 정부에 5년간 에베레스트 입산 금지 조치를 내리라고 제언했던 적이 있다고 한다.

사실 지상 최고의 산이 지상 최고의 쓰레기장으로 둔갑했다는 것은 널리 알려진 일이다. 전설적인 산악인인 라인홀트 메스너의 현지 보고에 따르면 초등 40주년을 맞은 1993년의 에베레스트산에선 35명의 사람들이 정상 도전을 하는가 하면, 쿰부 빙하가 시작되는 5400미터 높이의 베이스캠프에는 300개의 천막이 줄을 이어 촌락을 이루며 500명이 득실댔다고 한다. 만고의 고요에 잠겨 있던 지구의 벽지 에베레스트 산록의 쿰부 빙하가 장터로 돌변하고 악취가 코를 찔렀던 것이다.

이런 사실로 보건대, 사람이 문명이란 깃발을 꽂는 곳에는 여지없이 쓰레기가 발생하는 듯하다. 문명에는 쓰레기가 꼭 뒤따른다고 해도 과언이 아니다. 그리고 이런 일은 우주에서도 일어나고 있다. 쓰레기가 인간을 따라 지구의 대지와 대양에만 머물지 않고 우주로 진출한 것이다.

이와 관련해 미항공우주국[NASA]의 발표를 인용한 일본 〈요미우리신문〉의 보도가 있었는데, 2007년 1월 중국이 시도한 위성 파괴 실험으로 우주에 발생한 파편이 예상을 훨씬 뛰어넘게 발생했다고 했다. 10센티미

태고의 신비를 간직한 에베레스트산. 남극이나 북극 등과 함께 좀처럼 인간의 발길을 허락하지 않던 에베레스트산은 문명인의 발길이 잦아지면서 문명인을 그림자처럼 따라다니는 쓰레기 문제로 중병을 앓고 있다.

터 이상이 2600여 개, 1센티미터 이상은 15만 개 이상에 달한다는 보도였다. 북미항공우주방위사령부는 특히 10센티미터 이상의 파편은 리스트를 만들어 감시하고 있을 정도로 중요하게 생각하고 있다고 한다. 우주를 비행하는 인공위성 등에 심각한 손상을 끼칠 수 있기 때문이다.

물론 중국만이 우주 쓰레기를 만든 건 아니다. 수십 년에 걸친 인간의 우주여행은 한편에서 쓰레기 문제의 우주적 확산을 불러왔다. 바야흐로 지구 쓰레기를 넘어서 우주 쓰레기마저 고민해야 되는 시대에 우리는 살고 있다고 할 수 있다. 인류는 쓰레기 더미 속에서 지금도 끊임없이 쓰레기를 만들며 쓰레기를 우주로 확산시키고 있는 셈이다.

문명과 쓰레기

쓰레기는 문명을 유지하고 발전시키는 과정에서 원치 않게 발생하는 부산물처럼 보인다. 그런데 여기에서 우리의 시각을 더 뒤집어 볼 필요가 있다. 아예 문명 자체에 쓰레기적 요소가 있는 것은 아닌지 돌아볼 필요가 있다는 것이다. 작가 윤구병은 그의 글 "쓰레기 문명과 살리는 문화"에서 현대 문명을 '쓰레기 문명'이라고 역설하고 있는데 먼저 그의 말을 살펴보자.

현대 문명은 쓰레기 문명이라고 불러도 좋다. 상품경제 사회가 자신을 유지하기 위해서 확대 재생산하는 거의 모든 상품들이 인류의 지속적인 삶에 보탬이 되기는커녕 장애가 되고 있다는 점에서 지각 있는 사람이라면 당장이라도 삶의 울타리 밖으로 내던져버려야 한다는 뜻에서도 쓰레기 문명이고, 새 것이 아닌 것은 비록 어제 만든 것이라도 기능이 떨어지고, 효율성이 낮고 유행에 뒤진 것이라는 관념을 심어주어 끊임없이 내다버리도록 부추긴다는 점에서도 쓰레기 문명이라고 할 수 있다. 이 쓰레기 문명에서 벗어나 건전한 문화 세계를 이루고 살려면 자연을 본떠 무엇 하나 버리지 않고 알뜰하게 챙겨 쓰다가 자연스럽게 자연으로 되돌려 보내는 삶의 태도와 쓰레기가 될 만한 것은 아예 만들어내지 않는 슬기가 필요한데 지금은 한 나라의 대통령에서부터 구멍가게 주인까지 무한경쟁을 앞세워 쓰레기 더미 키우기 시합을 하고 있는 판이니 답답하기 짝이 없다.

윤구병은 현대 문명을 '쓰레기 문명'이라고 말했지만, 사실 역대 어느 문명도 쓰레기에서 자유로운 문명은 없다. 인간의 모든 문명은 쓰레기를 배출했다. 다만 그 양과 질에 있어서 차이가 있을 뿐이다. 신석기시대를 예로 들어보자.

신석기시대 유적지에서 자주 언급되는 곳이 조개 무덤인 패총이다. 우리나라만 해도 오이도 패총, 동삼동 패총, 애월읍 곽지리 패총, 성산 패총 등이 있다. 조개껍질을 한 곳에 버렸다는 것은 쓰레기 처리에 대한 당시 공동생활의 규범이 있었음을 의미한다. 삶의 폐기물을 계획적으로 모아 처리한 것이다. 이러한 패총은 역사 연구를 위한 귀중한 가치가 있지만 일종의 쓰레기장임은 분명하다.

인간의 문명이 점점 발전하면서 보다 정교한 형태로 등장하는 것 중의 하나가 하수와 쓰레기 처리장이다. 잉카문명, 로마문명 등에서 볼 수 있는 시설들은 지금과 비교해도 결코 뒤떨어지지 않을 수준이라는 평가를 받기도 한다. 아무튼 인간이 군집을 이루고 삶을 영위하기 위해서는 쓰레기 처리 문제는 필수적인 과제였다고 할 수 있는데 물론 과거 동양이라고 예외는 아니다. 다음은 철학교사 권희정이 〈한겨레〉에 연재한 글 중 한 부분이다.

3500년 전, 중국 상나라의 법률에는 "재를 길거리에 버리는 사람은 손을 자르는 형벌"에 처했다고 한다. 재 이외의 쓰레기가 없었던 고대 농촌 사회에서 재는 일종의 거름이었다. 재와 분뇨는 논밭에 뿌리면 비료가 되지만, 길거리에 버리면 옷과 음식을 더럽혀 피해를 준다. 쓰레기의 재활용을 염두에 둔 지혜로운 처리법이다. 그러나 그 처벌이 너무 지나치지 않은가? 상나라의 처벌법은 춘추 시대의 공자에게도 토론의 대상이 되었다. 〈논어〉에 의하면, 상나라의 형벌이 너무 심한 것 아니냐고 자공이 묻자 공자는 이를 두둔했다. "재를 버리지 않는 것은 좋은 일이다. 손이 잘리는 것은 누구든 싫어하는 일이다. 좋은 일을 해서 싫어하는 중벌을 받지 않도록 하는 것은 좋은 일이다." 쓰레기에 민감하고 엄격히 단속하는 전통도 그 뿌리가 깊다.

이처럼 쓰레기를 무단 투척하는 행위는 과거에도 엄한 벌을 내렸을 정도로 심각하게 다루었다. 문명이 있는 곳에는 쓰레기가 필연적으로 발생할 수밖에 없다는 진실을 보여준다고 하겠다.

제레드 다이아몬드는 〈문명의 붕괴〉에서 문명이 붕괴되는 원인을 다섯 가지로 나누어 이야기하고 있다. '환경 파괴, 기후 변화, 적대적인 이

현대 문명은 그 놀라운 생산력만큼이나 엄청난 쓰레기를 양산하고 있다.

웃나라와의 관계, 우방의 협력 감소, 환경문제에 대한 그 사회의 대응 방식 미숙' 등이 그 다섯 가지이다. 주목할 만한 것은 그 역시 환경의 문제를 매우 중요하게 다루고 있다는 것이다. 이 책에서 다이아몬드가 택한 '문명의 붕괴 지역'은 단순히 지배계급이 전복되고 교체된 지역이 아니라 지금은 완전히 사라지고 없거나 서서히 붕괴의 조짐을 보이는 곳들이다.

이렇게 놓고 볼 때 전 지구적인 차원에서 쓰레기 문제로 몸살을 앓으며 기후 변화와 환경 파괴라는 숙제를 안고 있는 현대 문명도 지구상 존재했던 과거 문명의 전철을 밟지 말라는 법은 없다.

문명과 쓰레기

인간이 추구하는 문명은 쓰레기로 연결된다. 여기에는 필연적인 이유가 있다. 우리가 자연을 보며 간과하기 쉬운 것이 있는데 자연 그 자체에는 쓰레기가 없다는 점이다. 동물과 식물을 포함해 지구나 우주 그 자체에는 쓰레기가 없다. 아니 쓰레기인가, 유용한 것인가 하는 구분 자체가 없다. 동물의 사체나 곰팡이는 쓰레기가 아니다. 자연의 일부분일 뿐이다. 마찬가지로 사하라사막이나 황무지가 못쓸 땅인 것도 아니다. 역시 자연 자체일 뿐이다. 만약 인간의 잣대를 들이대지 않는다면 지구 주변을 돌고 있는 위성의 파편들도 한낱 물질에 지나지 않을 수 있다.

이러한 자연에 인간은 '유용함의 잣대'를 들이댄다. 인간에게 자연은 유용하기도 하고, 불편하기도 하고, 위험한 것이기도 하다. 인간은 이러한 자연을 도구를 이용해 유용한 사물, 유용한 공간으로 만들고자 한다. 자연을 인간화하고자 하는 것이다. 이는 인간과 인간의 문명이 지니는 가장 중요한 특징이기도 하다. 그런 점에서 인간은 '도구적 인간'이기도 하다. 다른 동물과 구별되는 인간의 가장 중요한 특질 중의 하나가 도구를 사용하는 점인 것이다. 물론 침팬지나 일부 동물이 도구를 사용하기는 하지만 사람처럼 조직적이고 계획적으로 사용하지 않는다. 또 도구의 기능을 끊임없이 발전시키지도 않는다. 자연이 주는 불편함을 극복하기 위해 인류는 끊임없이 도구를 사용하여 문명을 만들어 왔던 것이다.

그런데 자연이 아닌 인공적인 것에는 유용한 시간이 존재한다. 즉 수명이 존재한다. 인간이 정성을 들여 가꾼 정원은 인간의 손길을 주지 않으면 다시 자연으로 돌아간다. 잡초밭이 되거나 황량한 곳이 된다. 인간의 자만심을 상징하는 뉴욕 맨해튼의 거대한 건물들도 인간의 손길이 끊긴다면 이런 운명의 굴레에서 벗어나지 않는다. 인간의 만든 것들에는 모두 수명이 존재한다. 언젠가 쓰레기가 될 운명을 지니고 태어난 것이다.

그리고 어떤 인공물은 그 유용한 수명이 다하기도 전에 인간에게 버림을 받는 경우가 있다. 단지 싫증이 난다는 이유로, 유행이 지났다는 이유로, 값어치가 떨어졌다는 이유로, 사용하기에 불편하다는 이유 등으로 많은 인공물은 채 수명이 다하기도 전에 쓰레기가 되고 만다.

필요에 따라 만들어졌지만 그 필요가 없어짐에 따라 쓰레기가 될 수밖에 없는 것이 모든 인공물이 지니고 있는 필연적인 운명이다. 그래서 인간이 문명을 만드는 작업은 한편에서 쓰레기를 만드는 작업이라고 해도 틀린 말이 아니다. 문명과 쓰레기는 동전의 양면으로 이 둘은 같이할 수밖에 없는 필연적인 관계에 있다. 인간만이 문명을 세우듯이 인간만이 쓰레기를 만들고 있는 것이다. 그런 점에서 문명과 쓰레기를 가르는 기준은 지극히 인간적인 질문일 수밖에 없다.

그런데 여기에서 궁금한 점이 있다. 인간이 만들어내는 쓰레기가 왜 문제가 되는 것일까? 물론 자연에도 수명이 있다. 죽음이 있고 탄생이 있다. 숲이 생기고 불타는가 하면 동물의 사체나 배설물도 존재한다. 하지만 자연에서 그런 것들은 끊임없는 순환의 관계 속에 있다. 자연 그 자체를 탈출하지는 않는다. 그것들은 자연에서 생거나 자연으로 돌아간다. 이것을 두고 천도교의 2대 교조 최시형은 "동·식물이 먹이를 위하여 다른 동·식물을 잡아먹는 것은 약육강식에 의한 살육과 다툼이 아니라, 한울이 한울을 먹음으로써 일으키는 기화작용, 곧 비를 내리고 햇살을 보내어 만유를 살아가게 하는, 그러한 우주적 조화로움을 이루는 작용과 동일하다" 윤석산, 〈동학교조 최제우〉, 모시는 사람들라고 역설했다.

그러나 인공물은 이러한 순환의 관계에서 종종 이탈한다. 인공물은 자연에서 나왔지만 자연적인 것을 거부하며 이탈하기도 한다. 쓰레기가 문제되는 것은 이러한 인공물이 자연이 처리할 수 있는 속도보다 훨씬 더 빨리, 더 많이 버려지고 있다는 것이다.

캄보디아 서북부에 있는 타프롬 사원. 앙코르왕국의 왕실 사원으로 갖가지 탑과 조각과 함께 예술적 아름다움을 자랑했다. 신성한 공간으로 번영했던 이곳은 그러나 무상한 시간의 흐름 속에 폐허가 되어 자연에 그 자리를 내주고 있다. 자연에는 쓰레기가 없으나 인간의 손길이 닿은 것은 언젠가 모두 쓰레기가 된다. 극히 일부만이 역사적 가치를 인정받고 인간의 집요한 노력을 통해 겨우 보존될 뿐이다.

이제 우리는 광폭한 자연에 맞서 인류가 이룩한 자랑인 문명이, 아무 쓸모가 없어 버려질 인공물인 쓰레기와 어떻게 연결되는지 말할 수 있게 되었다. 쓰레기란 '한때는 유용하게 쓰이던 문명이지만 지금은 그 유용함이 다 소모되어 필요가 없어진, 이제는 그것을 어떤 식으로든 처리해야 할 곤란한 어떤 것'이라고 할 수 있다. 말하자면 쓰레기란 영원하지 않고 자연적이지 않은 것들의 공통적인 최후의 결과물이라고 할 수 있다.

지구상의 어떤 문명이라도 자연적으로 영원할 수는 없다는 것을 우리는 잘 알고 있다. 이런 진실은 현대 문명이라고 예외일 수는 없다. 그래서 우리가 누리고 있는 지금의 문명도 언젠가는 쓰레기가 될 것이고, 우리의 후손들은 그것을 치우느라 수많은 노력을 들여야 할 것이다. 그리고 그 정화 작업이 실패할 경우 문명은 치명적인 한계에 부딪칠 수밖에 없을 것이다. 그러고 보면 서두에서 만난 움베르토의 '뉴 행성의 난쟁이들'은 다름 아닌 현재의 문명을 바라본 미래의 지구인들일 수 있다.

편리를 추구할수록 불편해지는 딜레마

불편함의 총량은 줄어들지 않는다

일본 도쿄에서의 일이다. 한 건설회사가 '불편한 집'을 건축해 분양했는데 인근의 주택보다 두 배로 분양가를 받았다. 그런데도 집이 없어서 못 파는 기이한 현상이 일어났다. 자세한 이야기를 들어보자.

일본 최대 건설회사인 다케나가 건설에서는 도쿄 미타카에 인간의 건강을 증진하여 생명을 연장하도록 하는 신개념 아파트를 지어 주변 아파트 시세의 두 배에 달하는 분양가를 받고 있습니다. 예술가 겸 건축가가 기획한 이 아파트의 생명 연장 비결은 바로 최대한 생활이 '불편하도록' 하는 것입니다. 천장이 낮아 잘못하면 머리를 찧을 수 있을 뿐 아니라 바닥은 울퉁불퉁하고 급하게 경사

져 있어 아무리 조심해도 넘어지기 십상입니다. 베란다로 나가려면 창문이 좁
아 거의 기어나가야 하며 방안을 찾아내기도 어렵습니다. 이렇게 극심한 불편
을 겪고 오감을 자극하는 환경 속에서 살다 보면 면역 능력이 높아지고 따라서
수명도 훨씬 길어진다는 것입니다.

〈리더피아〉, "불편함 즐기기"

문명인은 대부분 편리함을 추구한다. 그중에서도 집은 가장 편안한
공간으로, 최대한 편리하게 사용할 수 있도록 설계된다. 그런데 현대 문
명을 극한까지 발전시킨 금세기 최고의 선진국 중의 하나인 일본에서
왜 불편한 집을 짓고, 사람들은 그런 집을 찾는지 궁금하다. 독특함에 대
한 호기심 때문이었을 수도 있지만 문제는 이것이 집이라는 것이다. 집
은 일시적인 취미 생활을 위한 곳이 아니다. 일상적으로 살아야 하는 곳
을 불편한 공간으로 만들고 이를 선택한다는 것은 쉬운 일이 아니다. 뭔
가 메시지가 있을 듯하다.

편리함의 함정

미항공우주국[NASA]에서 100만 달러짜리 볼펜을 만든 적이 있다. 우주비행사들
이 무중력 상태인 우주선에서 생활과 실험에 대해 기록하려는데 일반 볼펜이
작동을 하지 않았다. 볼펜은 중력에 의해 조금씩 흘러내린 잉크가 앞볼에 묻어
나오는 구조로, 무중력 상태에서는 잉크가 흘러내리지 않으므로 글씨를 쓸 수

없다. 이에 연구원들은 비상회의를 소집했고 몇 개월간의 연구 끝에 100만 달러의 예산을 들여 우주용 볼펜을 개발했다. 당시 우주 산업을 두고 경쟁을 벌이던 미국과 소련은 동서화합이라는 이름 아래 소련의 우주정거장에 미국의 우주선이 도킹^{docking, 우주 공간에서 서로 결합함}하는 이벤트를 했다. 나사의 연구원들은 미국의 우주비행사에게 소련의 우주비행사가 사용하고 있는 볼펜과 그 볼펜의 작동원리를 알아봐달라고 요청했다. 그러자 미국의 우주비행사는 다음과 같은 회신을 보내왔다.

"그들은 그냥 연필을 쓰더군요."

박종하, 〈상상력에 불을 지피는 아이디어 충전소〉, 더난출판사

편리함이 갖는 패러독스를 극명하게 보여주는 흥미로운 이야기이다. 인간은 조금이라도 더 편리하게 살기 위해 안간힘을 쓰지만 편리함 그 자체의 관성은 결코 멈추거나 만족하는 법이 없다. 편리함에 대한 중독은 끊임없이 더 편리한 것을 쫓게 만든다. 인간의 문명은 마치 편리함을 쫓는 해바라기처럼 보일 정도이다. 그런 우리들은 한편에서 바보가 될 수도 있다.

작가 박정순은 전북대학교 평생교육원 강의에서 편리함의 함정에 대해 이야기하며 그 예로 내비게이션을 들고 있다.

사람들이 내비게이션을 비롯한 문명의 이기들이 주는 편리함에 젖어 살다 보면 사고력이 제한되어 바보가 되지 않을까 두렵다. 사람들은 모든 것을 기계에 맡기고 기계가 지시하는 대로 행동하면서도 자신이 기계를 조작하고 있다고 생각한다. 그러나 사람들의 생각과는 달리 기계에 대한 의존도가 높아지면서 기

계들이 세상을 지배한다는 공상과학만화가 현실이 되는 날이 올지도 모를 일이
다. 빠르고 편리하고 정확한 문명의 이기들이 실용화되면서, 그것들이 주는 편
리 때문에 사람들의 생각이나 습관은 물론 생활환경과 의식까지도 바뀐다. 전
자계산기가 종이에 숫자를 쓰면서 계산하는 사람을 볼 수 없게 했던 것처럼 내
비게이션이 운전을 하다가 길을 묻거나 지도를 보는 사람들의 모습을 사라지게
할 것이다.

　박정순 작가에 의하면 편리함을 주는 문명은 인간을 '편리함에 길들
여진 불편한 바보'로 만들어 간다고 한다. 기계가 아니면 아무것도 할
수 없는 바보 말이다. 편하고자 문명을 추구했는데 그 문명 때문에 '불
편한 바보'가 될 수 있다는 것은 현대 문명의 패러독스이다.
　이런 현상을 여실히 보여주는 신조어가 있다. 바로 '디지털 치매'라
는 것이다. 이것은 국립국어원이 발표한 신조어 중 하나로 '디지털 기기
에 지나치게 의존한 나머지 기억력이나 계산 능력이 크게 떨어진 상태'
를 가리킨다. 삶의 편의를 도모하기 위해 마련된 다양한 디지털 기기들
에 의해 오히려 퇴화되어 가는 우리의 기억력을 지칭하는 말이 디지털
치매인 것이다. 이런 현상은 휴대폰이나 디지털 카메라와 같은 기계들
을 많이 사용하는 젊은 연령층에 주로 나타난다고 한다.
　소위 디지털 치매는 현대인의 삶에서 다양한 방식으로 나타난다. 사
람들이 노래방에 익숙해지면서 노래방 기기가 없으면 끝까지 부를 수
있는 노래가 몇 개 없는 현상이 나타났다. 인터넷에 접속할 때도 ID와 비
밀번호가 생각나지 않는 경우가 많다. 휴대폰이 없는데 친구 전화번호
는 생각나지 않고 친구의 단축 번호만 생각나는 경우도 있다. 생일이나

기념일, 집 전화나 본인 휴대폰 번호 등을 잊어버리는 경우도 흔해졌다. 기초적인 숫자 계산법을 잊어버리거나 계산해 놓고도 확신하지 못해 다시 전자계산기를 두드리는가 하면 한자나 영어단어 철자를 기억하지 못해 두 번씩 물어보는 경우도 있다. 전날 먹은 식사 메뉴가 생각나지 않는 일도 있다. 이 외에도 서울의 주요 병원들에서 이야기하는 증상들이 있는데 그중에는 친구와의 대화의 80퍼센트 이상을 이메일로 한다든가, 신용카드 계산서에 서명할 때 외에는 거의 손으로 글씨를 쓰지 않는 경우들이 포함되어 있다.

전문가들은 이런 증상을 극복하기 위해 집중해서 신문이나 잡지 읽기, 컴퓨터 게임을 할 때 직접 점수 계산하기, 직접 손으로 쓰고 입으로 외우면서 생각하기, 기억하는 것에 즐겁게 참여하며 기억하고 외우는 것을 반복하기, 일기 쓰기, 메일 주소나 짧은 문서는 직접 손으로 타이핑을 하는 습관 들이기, 전화번호는 단축 번호를 사용하는 것보다 손으로 직접 누르면서 걸기' 등을 실천할 것을 권하고 있는 실정이다. 이제 디지털 치매는 디지털 제품과 거의 매일 함께 살고 있는 현대인들에겐 남의 일일 수 없게 되었다.

편리함의 패러독스

구속되는 것과 자유로운 것 중 어느 것이 편리한가? 그거야 두말할 것도 없이 자유로운 것을 선택할 것이다. 그런 점에서 우리들이 끊임없이 편리함을 추구하고 있는 문명의 방향은 인간을 더 자유롭게 하는 것처럼 보인다.

사실 문명이란 인류가 이룩한 물질적, 기술적, 사회구조적인 발전을 말한다. 자연 그대로의 원시적 생활에 대비되는 발전되고 세련된 삶의 양태를 뜻한다고 할 수 있다. 그런데 자연 상태에서의 구속은 그야말로 자연적인 구속이다. 오히려 인간이 문명과 도시를 건설하면서 일정한 구속들이 생기기 시작했고 사실 그것이 문명의 출발이었다. 그리고 현대 사회는 과거에는 상상할 수 없었던 갖가지 구속 장치들이 존재하는 곳이다. 참으로 아이러니한 일이라고 할 수 있다.

이런 문명화의 역설을 잘 말해 주는 사람이 있다. 바로 독일의 유명한 문명사학자 노베르트 엘리아스다. 엘리아스는 그의 책 〈문명화 과정〉^{박미애 옮김, 한길사}에서 개인행동을 규제하고 통제하는 장치들과 방법들이 변동하는 과정을 문명화 과정이라고 주장한다.

엘리아스는 12~19세기의 식사 예법, 방뇨 행위, 코 풀고 침 뱉는 행위, 잠자는 습관, 남녀 관계 등 일상의 변화를 살핀 뒤 문명화 과정이 개인적인 차원에서 시작되어 오랜 시간에 걸쳐 형성된 것으로 분석하고 있다. 또한 중세사회, 궁정사회, 근대사회의 사회 형태나 변화를 분석하면서 개인행동을 규제하고 통제하는 장치들과 수단들이 어떻게 바뀌고 있는지 주목하고 있다. 그에 따르면 서구에서 문명화가 진행될수록 개인들

결투는 과거 오랫동안 명예를 지키거나 분쟁을 해결하기 위한 방법으로 서구인들이 채택한 방법이었다. 재판은 운이나 거짓말 등에 의해 진실이 왜곡되기 쉽다고 생각했기 때문이다. 특히 전사(戰士)들이라고 할 수 있는 중세의 봉건영주와 기사들은 갈등이 생기면 쉽게 흥분하고 흥분하면 허리의 칼로 손을 가져가곤 하였다. 이때 폭력은 갈등을 해결하는 거의 유일한 방법이었다. 그러나 서구 사회에 중앙집권적인 절대왕정이 성립되며 이러한 분쟁과 갈등은 왕의 중재에 의해 평화적인 해결책을 도모하게 된다. 개인의 폭력에 의한 문제 해결 방식이 왕과 국가의 손으로 넘어가기 시작한 것이다. 거친 다혈질의 기사들은 절대왕정이 수립되면서 궁정 문화의 매너를 익힌 세련된 귀족이 되어야 했다.

이 자기 자신의 본능과 욕구를 직접적으로 표출하는 것을 자제하며 자기통제의 압박이 점진적, 지속적으로 강화되었다는 것이다. 그의 책 〈문명화 과정〉에서 몇 가지 사례들을 소개하면 이렇다.

우리가 방금 언급한 관습은 이런 종류의 모든 규칙이 항상 불변적임을 뜻하지 않는다. 그들 중 많은 것들은 이미 변했고, 미래에도 그중 몇몇 규칙들이 변하리라는 사실을 나는 의심하지 않는다. 예컨대 예전에는 높은 지위의 사람들 앞에서도 땅바닥에 침을 뱉을 수 있었고, 발로 그 침을 밟는 것으로 족했다. 오늘날 그렇게 하면 결례가 된다. 예전에는 하품하면서 말만 하지 않는다면 하품도 할 수 있었다. 오늘날 귀족층 사람은 이런 행동에 충격을 받을 것이다.

쿠르탱의 〈새로운 예법서〉 중에서

침 뱉기를 회피해서는 안 된다. 뱉어야 할 것을 다시 삼키는 행동 역시 아주 무례하다. 이는 다른 사람들에게 역겨움을 줄 수 있다. 그럼에도 불구하고 너무 자주 그리고 불필요하게 침 뱉는 버릇을 가져서는 안 된다. …… 손수건에 침을 뱉은 다음 들여다보지 말고 바로 접어 주머니 속에 넣어라. 네 옷이나 다른 사람의 옷에 침이 튀지 않도록 극히 조심해라. 바닥에 침이 묻어 있으면 즉시 그리고 재치 있게 발로 밟아라.

라 살의 〈기독교 예법과 예절의 준칙〉 중에서

신체의 일부분을 남이 보도록 노출하지 마라. 그것은 가장 수치스럽고 혐오스러우며 밉살스럽고 무례한 행동이다. 소변이나 방귀를 참지 마라. 그것은 육체를 괴롭히는 일이다. 그러나 남들이 당황하지 않도록 은밀하게 용무를 처리해라.

당대의 귀족들이 갖추었다는 소위 '예법서'를 보면 별의별 것이 다 나온다. 책에선 그 밖에도 식사 중의 행동, 코를 푸는 행동, 침실에서의 행동, 식사 중 포크 사용법 등에 대해 적지 않은 지면에 걸쳐 실례와 설명을 곁들이고 있다. 특히 중세시대의 프랑스와 독일 등의 여러 나라에서 에라스무스 등의 내로라하는 학자들에 의해 만들어진 예법서에는 침 뱉기에 대한 예절 교육이 상당히 다양하고 상세하게 여러 편 기록되어 있다.

사람을 자유롭고 편리하게 하기 위해 만들었다는 문명이 동시에 사람을 구속하는 틀이 되었던 것은 동서고금을 막론하고 언제나 있어 왔던 일이다. 지금까지는 주로 서양의 이야기를 했지만 동양 사회에도 인간의 내면과 인간 사이를 규율하는 까다로운 예절과 태도가 존재해 왔다.

현대의 패러독스

문명화의 과정이 주는 불편함과 구속은 과거에만 그치지 않는다. '미디어 매트릭스'의 전성훈 사장은 "디지털 시대 편리함의 패러독스"라는 글에서 다음과 같이 말하고 있다.

필자가 최근 인터넷 사이트를 뒤지며 찾아내려고 하는 물건이 있다. 바로 노트북이다. 노트북 전문 사이트에 들어가면 될 일이라고 쉽게 생각할 분도 계실

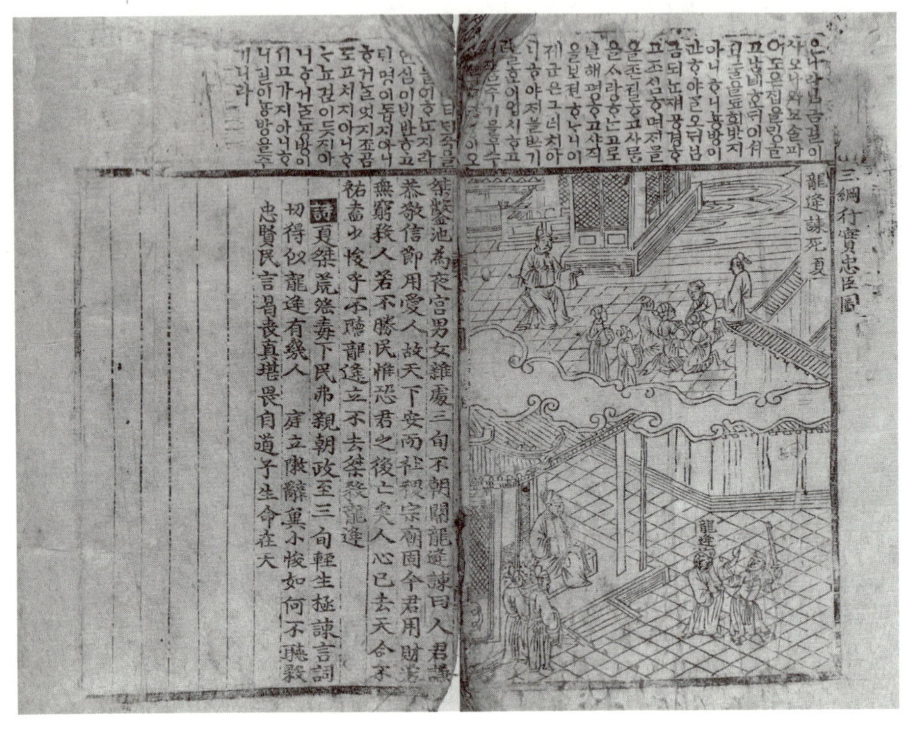

조선 세종 때 엮어진 도덕서인 〈삼강행실도〉. 조선과 중국의 서적에서 군신(君臣), 부자(父子), 부부(夫婦)의 관계에서 모범이 될 만한 충신, 효자, 열녀를 각각 35명씩 모두 105명을 뽑아 그 행적을 그림과 글로 칭송한 책이다. 조선 사회를 유교적인 예절로 교화하기 위해 만든 책이라고 할 수 있다.

줄 알지만 자신의 손에 딱 들어맞는 도구로서의 노트북을 장만해 봐야겠다고
단단히 마음먹고 사이트를 뒤지면 이내 그 막대한 양의 종류와 선택할 만한 옵
션의 다양함에 아예 선택의 결정을 내리지도 못하고 포기하게 된다. 사용되는
CPU는 물론이고 어떤 칩셋이 들어가야 하는지, 화면의 크기는 얼마고 해상도는
얼마인지, 하드디스크의 용량은 얼마고 속도는 어떤지, DVD기록은 지원하는
지, 지원하면 어떤 포맷을 지원하고 기록 속도는 각각 얼마인지 ……, 끝도 없고
한도 없다. 거의 컴퓨터 전문가의 수준에 도달해야 비로소 자신이 원하는 기종
을 선택할까 말까 할 지경이다. 하지만 사실 이건 시작에 불과하다. 고민 끝에
맘에 드는 노트북을 샀다고 치자. 운영체제를 깔고 ^{물론 대부분 미리 깔려 있겠지만} 필요한
어플리케이션들을 설치한다. 만약 해당 어플리케이션이 노트북의 그래픽카드
나 다른 장치를 지원하지 않는다면 그야말로 낭패다. 이 과정을 거쳐 겨우 완성
한 노트북을 이제 본격적으로 사용하기 위해 시동을 켜고 가장 사용이 빈번하
면서도 제일 많이 쓰게 되는 워드프로세서 프로그램을 클릭했다. 순간 화면 한
가득 펼쳐지는 각종 메뉴 바와 기능들을 보면 거의 한 번도 사용하지 않는 기능
들이 많다. 물론, 워드를 아주 많이 사용하는 전문가라면 얘기가 다르겠지만 말
이다. 이동 중이거나 야외에서 기본적인 서식이 들어 있는 워드를 한 장 작성하
기 위해 우리가 사전에 들여야 하는 시간과 노력은 단지 결과물이 한 장의 워드
파일임을 생각해 보면 너무 과도하다는 생각이 들 때도 많다. 어디 이뿐이랴. 시
간 절약과 편리함 때문에 사용하기 시작한 일정 관리 프로그램은 그것의 사용
방법을 익히고 또한 항상 그것을 새로운 일정표로 유지하기 위해 수시로 업데
이트를 해 줘야 한다. 어찌 생각해 보면 여간 번거로운 일이 아니다. 이젠 컴퓨
터가 과연 인간의 업무량을 진짜 줄였는가 하는 의문에까지 봉착하게 된다. 실
제 조사에 의하면 인간이 PC를 사용하기 이전의 업무량보다 PC가 등장한 이후

의 업무량이 훨씬 더 증가했다는 보고도 있다. 물론, 컴퓨터 덕분에 과거엔 상상조차 할 수 없었던 일이 가능케 되는 점도 인정해야 할 부분이다. 하지만 최신형 노트북 선전에 나오는 것처럼 노트북을 사기만 하면 누구나 그야말로 손쉽게 선전에 나오는 주인공과 같이 척척 일처리를 해 낼 수 있는가? 이 질문을 진지하게 곱씹다 보면 그렇게 하기 위해 기본적으로 들여야 하는 시간이 실로 엄청나다는 점을 발견하게 된다.

전성훈 사장은 이어서 자신이 경험한 디지털 카메라를 예로 들면서 "아날로그 카메라보다 좀 더 편리해보겠다고 구입한 디지털 카메라의 엄청난 양의 카메라 사용법을 대하면서 편리함의 패러독스를 느꼈다"는 고백을 했다. 노트북과 같은 휴대용 디지털 사무용품이 생겨서 업무량이 줄어든 게 아니라 훨씬 많아졌다는 고백도 함께 곁들었다. 업무량의 구속으로부터 시간을 줄이고 좀 더 편리함을 추구하려다 오히려 가중되는 업무량과 더불어 그 기계의 사용법을 시간을 들여 계속 공부까지 해야 하는 모순이 발생한 경우라 할 것이다.

이재일 칼럼니스트는 "오히려 불편만 끼치는 전화자동응답장치"라는 글에서 ARS^{전화자동응답장치}의 번거로움을 피력했다. 교환원이 일일이 수동으로 해당 부서에 연결하던 번거로움을 줄이기 위해 만들어진 이 장치가 관공서에 설치되면서 오히려 전화하는데 불편함을 가중시키고 있다고 불만을 토로했다. 그에 따르면 관공서에 전화를 해서 해당 번호를 꾹꾹 눌러가며 겨우 해당 부서를 찾아가게 되면 "통화량이 폭주하고 있으니 다음에 전화하라"는 식의 메시지를 듣는 경우가 허다하다는 것이다. 곤란한 민원의 경우나 시간이 많이 소요되는 민원의 경우를 회피하기 위해 관공서에서 ARS를 이용하는 경우도 있다고 지적하기도 했다. 이런 일 때문에 1995년 미국의 보스턴시는 시민들로부터 "기계에 녹음된 소리가 아닌 인간의 목소리를 듣고 싶다"는 건의를 받자 시청 안에 설치한 모든 ARS를 제거시켰다는 것이다.

사실 이런 현상은 현대인에겐 이미 일상이 된 지 오래다. 자동차는 먼 곳을 가기에 편리하지만 차가 막히면 몇 시간이나 기다려야 하고, 세탁기는 옷을 세탁할 때 편리하지만 그만큼 세탁할 양이 늘었고, 컴퓨터는 대용량이 되었지만 그 대신 우리가 알아야 할 정보의 양이 늘었다. 또 휴대폰이 있어 전화하기가 편리해졌지만 그만큼 전화의 양도 많아졌고, 많은 대형 할인점이 생겨 물건을 쉽게 구입할 수 있지만 그만큼 지출과 쇼핑하는 시간이 늘었다는 것이다. 그러니까 자유와 편리함을 추구하던 우리가 오히려 그 때문에 구속과 불편함에 빠져 허우적대고 있는 것이다.

편리함이 요구하는 대가

편리함은 공짜로 찾아오지 않는다. 반드시 우리에게 그 대가를 찾으러 온다. 은행연합회에 의하면 2004년 3월엔 신용불량자 수가 최고치였다고 보고하고 있다. 신용불량자가 급증하며 국민 10명 중 1명꼴인 382만 명의 신용불량자가 생긴 것이다. 그나마 카드를 잘 사용하지 않은 유아, 초등학생, 중학생, 고교생 등과 노인들을 감안하면 가히 놀라운 숫자라고 할 것이다. 또한 2004년 4월에 조사한 보고서에 따르면 미성년자인 10대에서도 3000명 이상의 신용불량자가 있다는 것이다. 더 놀라운 것은 같은 기관에서 조사한 보고서에 따르면 2002년 12월엔 6500명의 미성년자가 신용불량자로 등록되었다는 것이다. 아직도 우리 사회에는 신용불량자 문제가 여전히 해소되지 않은 뜨거운 감자로 자리하고 있다. 그 자리에서 긁기만 하면 되는 신용카드의 편리함 때문에 우리 사회는 그 대가를 톡톡히 지불해야 하는 것이다.

38명의 여성이 생리대 때문에 사망한 일도 있다. 인터넷신문 〈에큐메니안〉 박지훈 기자는 2007년 5월 3일 기사에서, 생리대를 쓰다 사람이 죽는 웃지 못할 비극이 1980년 미국에서 벌어졌다며 36명의 여성이 '릴라이'라는 흡수력 강한 탐폰을 사용하다 독성쇼크증후군[TSS]이란 희귀한 병으로 사망했고, 1000여 명에 달하는 환자도 발생했다고 전하고 있다. 이어서 그는 '피자매연대'[여성환경운동단체]의 활동을 전하며 독성쇼크증후군은 심한 고열과 구토, 설사를 동반한다고 지적한다. 그리고 미국 식품의약국[FDA]은 탐폰의 흡수력이 높을수록 자궁 내 건고 및 궤양을 유발할 수 있다는 점을 경고했다고 전하고 있다.

실제 한국여성민우회가 지난 2000년 716명의 여성을 대상으로 실시한 설문조사에 의하면, 429명[전체 대상자의 60퍼센트]이 "생리대 사용으로 인해 피부질환, 가려움증 등의 후유증을 겪은 적이 있다"는 답변을 했다. 여성민우회는 캐나다 의학협회 저널의 한 보고서를 인용해 생리대 표면에 사용되는 플라스틱[Dry Weave Plastic]이 알레르기 증상, 피부염을 일으키는 것으로 추정되기도 했다고 밝히고 있다.

옛날 우리 선조는 면으로 된 생리대를 사용했다. 물론 흡수력이 약해 불편한 점 외에도 사용하고 나면 일일이 세탁해 말려야 하고, 생리 기간에는 여러 장의 생리대를 간수하는 일이 번거로웠을 것이다. 하지만 일회용 생리대를 사용했던 현대 여성들이 다시 면으로 된 생리대를 사용하자는 운동을 대대적으로 벌이는 현상을 어떻게 설명해야 할까?

편리함에 지불해야 하는 대가를 말하기 위해선 빠뜨릴 수 없는 것이 환경오염과 지구온난화 문제이다. 미국의 전 부통령이자 2007년 노벨 평화상 수상자인 앨 고어는 그의 책 〈불편한 진실〉에서 지구의 온난화 현상을 예로 들면서 인류에게 호소한다.

지구 온난화를 사실로 받아들이고 나면 우리는 지금까지의 생활방식을 모두 바꿔야 한다. 지구 온난화는 그런 점에서 불편하다. 하지만 이제는 더 이상 외면해서는 안 되는 진실이다. 21세기는 인류에게 그야말로 마지막 남은 재생의 세기이며, 우리는 스스로를 바꾸어 가야만 이 비상사태를 극복할 수 있다.

앨 고어는 이 책에서 지구 온난화의 원인과 대책 등을 사진과 글을 통해서 우리에게 생생하게 리포트하고 있다. 그는 지구 온난화를 막기 위해서 우리들이 사소한 일상생활에서 해야 할 일들까지 친절하게 일러준다. 예를 들자면 집에서 쓰는 백열등을 형광등으로 바꾸기, 여름에는 2도 덥게 겨울에는 2도 춥게 생활하기, 난방기와 에어컨의 필터 자주 청소하기, 뜨거운 물을 적게 사용하기, 전자제품을 안 쓸 때는 플러그를 뽑아두기, 나무 많이 심기, 육류를 되도록 적게 먹기, 짧은 거리는 차를 타지 않고 걸어 다니기 등을 권하고 있다.

그에 의하면 우리가 편리함에 모든 것을 지불하고자 하지 않는다면 우리가 조금 불편해야 한다고 한다. 더 움직이고 더 노력해야 한다는 것이다. 편리함은 반드시 우리에게 지구 온난화라는 대가를 찾으러 온다는 이야기이다. 〈불편한 진실〉이라는 책 제목은 그런 점에서 우리에게 시사해 주는 바가 크다고 하겠다.

편리함이 우리에게 흥정한 대가를 찾으러 온다는 이야기를 그린 영화가 세계적으로 많은데 그중에서 로봇을 다룬 영화 한 편을 소개해 보겠다. 알렉스 프로야스 감독이 2004년에 제작한 〈아이 로봇〉^{〈I, robot〉}인데 줄거리는 대략 이렇다.

2035년, 인간은 지능을 갖춘 로봇에게 생활의 모든 편의를 제공 받으며 편리하게 살아간다. 인간의 안전을 최우선으로 하는 '로봇 3원칙'^{아이작 아시모프의 소설에 나오는 것으로 제1조는 로봇은 사람에게 해를 끼칠 수 없다, 제2조는 제1조에 어긋나지 않는 한 로봇은 사람의 명령에 따라야 한다, 제3조는 제1조 및 제2조에 어긋나지 않는 한 로봇은 자기 자신을 지켜야 한다는 것이다}이 내장된 로봇은 인간을 위해 요리하고, 아이들을 돌보며 인간에게 없어서는 안 될 신뢰 받는 동반자로 여겨진다.

NS-4에 이어 더 높은 지능과 많은 기능을 가진 로봇 NS-5의 출시를 하루 앞둔 어느 날, NS-5의 창시자인 래닝 박사가 미스터리한 죽음을 맞이하게 된다. 그의 죽음을 둘러싼 수많은 추측이 난무하는 가운데, 시카고 경찰 델 스프너는 자살이 아니라는데 확신을 갖고 사건 조사에 착수한다. 끔찍한 사고 이후로 로봇에 대한 적대감을 갖고 있던 그는 이 사건 역시 로봇과 관련이 있다고 믿고 이 뒤에 숨은 음모를 파헤치려고 한다.

로봇 심리학자인 수잔 캘빈 박사의 도움으로 로봇 '써니'를 조사하기 시작한 스프너 형사는 로봇에 의한 범죄의 가능성을 확신하게 된다. 하지만 래닝 박사의 죽음은 자살로 종결지어지고, 은밀하게 사건을 추적해 들어가던 스프너는 급기야 로봇들로부터 공격을 받게 된다.

인간의 감정이 어느 정도 담긴 로봇이 사람을 배신하여 자신을 만든 창조자^{박사}를 죽이고 사람들을 죽음의 공포로 몰아넣는다는 이 영화는 물

영화 〈아이 로봇〉의 한 장면. 인간은 편리하게 살기 위해 스스로 생각하며 움직이는, 자유의지를 갖춘 로봇을 만들지만 그 대가는 크다. 인간이 편리해지기 위해선 인간의 역할을 외부에 맡길 수밖에 없고 그만큼 인간은 갖가지 대가를 지불해야 하는 것이다.

론 미래를 다룬 공상과학 영화이다. 하지만 이 영화가 전하는 메시지는 지금도 유효할 수 있다.

사람에게 가장 편리한 기계는 역시 인간처럼 스스로 생각하며 알아서 일을 하는 로봇이다. 그런 로봇은 사람에게 '살아 있는 편리함'을 제공할 수 있기 때문이다. 이를 위해선 로봇에게 자유의지를 부여해야 하고 자유롭게 판단하고 스스로 선택할 수 있도록 해야 한다. 사람에게 가까워질수록 스스로 알아서 일을 처리할 수 있기 때문이다. 그러나 이 영화는 그만큼 사람들이 지불해야 할 대가도 커질 수 있다는 것을 이야기하고 있는 것이다.

불편함을 즐기는 사람들

편리함을 추구하는 현대 문명에 반해 지구 한쪽에선 불편함을 추구하며 이를 즐기는 사람들도 있다. 한 사람은 미국의 윌리엄 코퍼스웨이트이고, 한 사람은 일본의 후쿠오카 켄세이이다.

〈핸드메이드 라이프〉의 저자 '윌리엄 코퍼스웨이트'는 미국 메인주의 숲 속에서 탐욕스럽고 저급화되어 가는 물질문명과 전쟁에 반대하며, 자급자족하는 생활방식으로 40여 년간 소박한 삶을 추구해 왔다. 그는 손을 쓰는 작업과 지식 교육의 결합, 평생교육을 중시하는 교육자이자, 친환경적인 재료로 아름답고도 실용적인 집을 짓는 건축가였다. 또한 생활에 필요한 삶의 도구들을 직접 디자인해서 만드는 장인이자 노동자였으며, 자신의 삶과 교육 철학을 글로 쓰는 작가이기도 했다.

그는 그의 책에서 개인의 삶과 행복이 사회의 행복과 유기적인 관계를 가지고 있으며, 진정으로 성숙한 사회를 만들기 위해서는 전문가로 대변되는 타인에게만 의존하지 않고 적극적이고 능동적으로 참여해야 한다고 말한다. 자신의 삶과 사회의 시스템을 주체적으로 만들어가기 위한 첫걸음으로 생활에 필요한 물건을 직접 자기 손으로 만들어 보며 산업주의 문화에 중독되어 잊고 지내던 '손으로 만드는 기쁨'이 얼마나 소중한지를 일깨워주고 있다. 그는 지구별에서 몇 안 되는, 불편을 제대로 즐길 줄 아는 사람이지 않을까 싶다.

또 한 사람 후쿠오카 켄세이는 〈마이니치〉 신문의 기자로 일하며 2004년에 그가 실험하고 행했던 것을 토대로 〈즐거운 불편〉이란 책을 쓴 인물이다. 그는 그의 책에서 소비가 미덕이고 능력인 사회, 그러니까 편리함을 추구하는 사회에 '소비와 행복은 정말 비례하는 것일까?'라는 의문을 던진다. 그는 우리가 빠르고 편한 것을 찾아 소비하게 되면서 정작 쓰는 것의 즐거움을 잃어버린 이유를 소비 행위 자체가 목적이 된 점에서 찾는다. 그는 이러한 문제의식을 바탕으로 여러 가지 불편을 몸소 겪어보기로 결심한다. 자전거로 출퇴근하기, 엘리베이터 사용하지 않기, 직접 농사짓기 등의 불편을 자청해 겪으면서 자발적으로 선택한 불편이 소비의 기쁨을 되찾아 준다는 사실을 깨닫는 과정을 담았다. 그래서 그 책 제목이 〈즐거운 불편〉이다.

이제 우리는 편리함을 추구할수록 오히려 불편해질 수 있다는 편리함의 패러독스를 깊이 생각해 볼 때가 되었다.

천국과 극락은 왜 존재할까?

사후 세계를 바라는 인간의 이야기

천국이나 극락과 같은 사후 세계를 인정하는 세계관이 있다. 흥미로운 것은 고도로 발전한 문명사회에서도 입증하기 불가능한 사후 세계관이 발전해 있다는 점이다. 우주선을 타고 광활한 우주 공간을 누비는 현대사회이지만 여전히 하늘 어느 곳에 있다는 천국과 같은 사후 세계관이 거론되고 있다. 그것은 이성이나 과학과는 별개의 영역이기 때문일까?

우리는 지하철 등을 이용하다 보면 "예수천당, 불신지옥"이라고 쓴 어깨띠를 두른 것은 물론 마이크까지 써가며 이를 외치는 사람들을 볼 수 있다. 그들의 믿음이 옳은가의 여부를 떠나 사람들에게 피해를 준다는 사실 때문에 인상을 찌푸리는 사람들이 많다. 그럼에도 그들은 이에 전혀 아랑곳하지 않으면서 심지어는 다른 직업은 갖지 않은 채 그런 일만 하기도 한다. 그런데 여기에서 궁금한 것은 이러한 확신과 믿음이 과연 어디에서 비롯되었는가 하는 점이다.

구약성서에서의 천국과 약속의 땅

이 문제를 제대로 짚기 위해 기독교의 경전인 〈성서〉를 살펴보자. 결론부터 말하면 예수 탄생 이전의 고대 이스라엘 역사를 다룬 〈구약성서〉에는 지옥이라는 개념이 없다. 다시 말해 죽어서 가는 사후 세계에 대한 믿음이 기록되어 있지 않다. 다만 이스라엘 백성이 이집트를 탈출한 사건인 출애굽을 이끄는 모세에게 반항했던 이스라엘 백성들 중 일부가 신의 노여움을 받아 갈라지는 땅속으로 파묻혔던 곳을 지칭하는 '음부' 라는 개념이 있다. 그런가 하면 '게헨나' 라고 불리는 예루살렘 남서쪽의 계곡을 가리켜 음부라고 부르기도 한다. '힌놈의 골짜기' 라는 뜻의 히브리어 게힌놈$^{Ge\ Hinnom}$에서 명칭이 유래한 그 계곡은 원래는 암몬족의 신 몰록에게 어린아이들을 불태워서 제물로 바치던 곳이었다. 여기에 상상력이 보태져 유대교와 기독교 종말론의 '지옥불' 개념이 생겨난 것으로 성서학자들은 보고 있다.

〈구약성서〉 시대에는 사후 세계보다 더 중요하게 등장하는 개념이 있다. 천국이나 지옥이란 개념보다 '약속의 땅' 이라는 개념이 그렇다. 이 말이 제일 처음 등장한 것은 〈구약성서〉 창세기에 등장하는 아브라함의 행적에서다. 신은 우상숭배의 땅 하란에서 아브라함을 불러 그곳을 떠나 약속의 땅, 가나안으로 들어갈 것을 주문한다. 이런 연고로 〈성서〉를 텍스트로 하는 종교들인 유대교, 기독교, 이슬람교는 모두 아브라함을 믿음의 조상이라고 부르고 있다.

이후 약속의 땅을 진실로 믿지 못한 백성들은 흉년을 핑계로 이집트로 피난을 간다. 〈구약성서〉 출애굽기에 의하면 모세라는 사람이 태어나 민족을 인도하는 영웅이 된다는 내용이 나온다. 이는 〈람세스〉나 〈엑소더스〉와 같은 책, 영화에서 자주 다루었던 내용이다. 모세 역시 이스라엘 백성을 이끌고 약속의 땅 가나안으로 향하는데 이 내용을 두고 성서 고고학자들 사이에도 실제 사건인지 아니면 상징적인 사건인지를 두고 의견이 분분하다.

여기서 한 가지 재미있는 사실은 스스로 선택된 백성이라고 믿었던 유대 민족보다도 이방 민족인 고대 이집트가 오히려 사후 세계에 대한 신앙이 더 철저했다는 점이다. 파라오들의 무덤을 보면 시신을 미라로 만들어 파라오가 생전 사용하던 물건은 물론 그의 노예까지 매장한 것을 볼 수 있다. 이는 파라오가 사후 세계에 태어나 그 물건과 노예를 이용하도록 한 것으로서 그들의 사후 세계관이 잘 반영된 처사라 하겠다.

아무튼 모세 역시 약속의 땅에 대한 신앙으로 유대 민족을 이끌었다. 약속의 땅에 대한 신앙은 이후 유대인들이 바벨론^{바빌론}에서 포로 생활을 할 때 팔레스타인에 유대 민족국가 건설을 목표로 한 유대 민족주의 운동인 시오니즘으로 이어진다. 바벨론에 포로로 잡혀갔던 이스라엘 사람들은 약속의 땅에 대한 신앙에 불을 지피며 지금의 이스라엘 본토와 팔레스타인에 해당하는 약속의 땅 가나안에 온갖 역경을 극복하며 들어갔

이스라엘 예루살렘 남서쪽에 있는 게헨나. 〈구약성서〉에 따르면 암몬족의 신 몰록에게 어린아이들을 불태워서 제물로 바치던 곳이라고 한다. 학자들은 게헨나에서 지옥불이라는 개념이 생겨난 것으로 추측하고 있다.

던 것이다. 그리고 이런 역사는 현재까지 이어진다. 로마제국에 의해 나라가 멸망한 뒤 유대인들은 세계 각지로 흩어졌는데 제1차 세계대전이 발발하면서 이는 정치적인 시오니즘으로 이어지며 팔레스타인에 다시 유대인의 국가를 세우자는 운동으로 발전해 갔던 것이다.

아무튼 앞에서 살핀 바와 같이 〈구약성서〉에는 사후 세계관에 대한 관심보다는 약속의 땅에 대한 신앙이 곳곳에 등장하며 중요한 비중을 차지한다. 그것은 약속의 땅으로 상징되는 현세에서의 유대 민족의 독립과 자유에 대한 신앙이었다.

신약성서와 하데스

그러면 지옥이란 개념이 성서의 역사에 본격적으로 등장하는 것은 언제부터인가? 예수 탄생 이후와 기독교의 탄생을 다룬 〈신약성서〉가 기록되던 시대부터다.

지옥이란 〈신약성서〉를 기록한 언어인 그리스 헬라어로는 '하데스' 이다. 하데스는 그리스신화에 나오는 명계^{죽은 사람의 영혼이 가는 세계}를 지키는 신을 말한다. 하데스가 있는 곳을 묘사하면 이렇다. 하데스가 지배하는 나라는 지하에 있다고 생각되었는데 그 경계에는 스틱스^{Styx} 또는 아케론^{Acheron}이라는 강이 있다. 강에는 나룻배 사공 카론이 있어 사자^{死者}를 건네준다. 하데스의 입구에는 사자가 명계에서 나가지 못하도록 케르베로스^{Cerberos}라는 개가 감시하고 있다. 요즘 우리가 일반적으로 생각하는 지옥은 바로 이 하데스가 사는 나라라고 보면 무리가 없을 듯하다. 〈성서〉를 보면 지옥에 대한 여러 표현이 등장하지만, 지금의 기독교인들이 떠올리는 지옥의 모습을 제일 적합하게 묘사하는 개념은 고대 그리스의 신 하데스의 이름에서 유래되었다고 보는 것이 좋을 것이다.

고대 그리스인들에게 지옥이란 개념이 뚜렷한 모습으로 등장했던 데에는 크게 두 가지 이유가 있다. 하나는 현세^{현상계}와 내세^{이상계}를 구분하는 이원론적 세계관 때문이다. 다른 하나는 수많은 신들이 등장하는 신화가 일반인들에게 두루 퍼져 있었기 때문이다. 물론 이 둘은 서로 밀접한 관계에 있긴 하지만 말이다.

그런데 로마제국이 이스라엘을 포함해 고대 근동을 점령하면서 이런 사상들이 자연스레 기독교에도 흘러들게 된다. 로마신화는 그리스신화와 상당히 유사한데 로마제국의 영토가 근동 지방에까지 확대되면서 그리스와 로마의 세계관이 자연스럽게 기독교와 만나게 된 것이다. 즉 그리스에서 시작된 관념이 초기 기독교와 만나면서 지금의 기독교적 사후 세계관 형성에 일조한 것이다.

예수와 예수 사후의 초기 기독 교회사를 기록한 〈신약성서〉는 앞에서 이야기한 대로 그리스 언어인 헬라어로 기록되었다. 뿐만 아니라 초기 기독교는 사상 전반에 걸쳐 그리스 문화의 지대한 영향을 받았는데 사후 세계관은 그중의 하나이다. 이러한 사후 세계관이 더 강하게 자리를 잡은 것은 로마제국 치하에서 초기 기독교가 박해를 받을 때였다. 제국의 감시를 피해 카타콤^{기독교도들의 비밀 지하 묘지}에서 예배를 보며, 종종 목숨까지 잃는 박해를 받아야 했던 그들은 사후 세계에서의 희망을 통해 현실 세계의 고난을 이기고자 하였다. 현실이 힘들수록 그들의 사후 세계관은 더욱 강하게 자리를 잡아갔던 것이다.

그러면 기독교의 창시자인 예수는 천국과 지옥을 어떻게 설명하고 이

해했을까? 〈신약성서〉의 "부자와 나사로"라는 이야기에서 우리가 생각하는 것과 비슷한 개념의 말이 나온다. 그러나 그는 천국이라는 표현보다는 '아브라함의 품'이라는 상징적 표현을 썼고, 역시 지옥에 대해서도 '바깥 어두운 데'라고 하는 상징적인 표현을 쓰고 있다.

그리고 그보다 더 중요한 것은 예수가 하늘나라^{천국}를 지금의 다수 기독교도들이 믿는 것처럼 죽어서만 가는 나라로 보지 않았다는 점이다. 그는 오히려 더 역동적으로 지금 이 세상에서 이룰 하나님의 나라로 보고 있다. 당시 유대교 종교 지도자들이었던 바리새인들이 하나님의 나라가 어느 때에 임하느냐고 물었을 때 예수는 "하나님의 나라는 볼 수 있게 임하는 것이 아니요. 또 여기 있다 저기 있다고도 못하리니 하나님의 나라는 너희 안에 있느니라" 〈신약성서〉 누가복음 17:20~21라고 대답했다. 하나님의 나라라는 표현을 쓰면서 "볼 수 있게 임하는 것이 아니다"라고 하여 그것은 어느 때에 드러나는 시간의 차원도 아니고, 볼 수 있는 시각의 차원도 아니라는 걸 시사하고 있다. 그리고 "여기 있다 저기 있다고도 못한다"고 함으로써 죽어야만 갈 수 있는 특정한 공간 차원의 문제도 아니라는 것을 시사하고 있다. 다만 예수는 "너희 안에^{다른 〈성서〉 번역에선 '가운데'라고 되어 있음} 있다"고 표현함으로써 사람들의 마음속^{다른 성서 번역을 따르면 사람들 관계 가운데로 말할 수 있다}에 있다고 확실히 알려 주고 있다.

그러니깐 예수는 천국^{하늘나라}보다는 신국^{神國, 하나님의 나라}에 더 관심을 가

그리스신화에 등장하는 스틱스강. 저승을 일곱 바퀴 돌아 흐르는 강으로 죽은 자가 저승에 가기 위해 건너야 하는 강이다. 아르카디아 지방에는 실제로 스틱스강이 있는데, 그 강물은 독성이 강하여 금속을 부식시키는데, 알렉산더대왕도 이 강물을 마시고 중독사하였다는 전설이 있다.

지고 이를 이루기 위해 생애를 투자했다는 이야기다. 물론 이에 대해 기독교 안에서도 의견이 분분하긴 하지만 말이다.

불경에 나타나는 극락과 지옥

기독교의 '천국과 지옥' 처럼 불교에는 '극락과 지옥'이 있다. 그런데 불교의 초기 모습, 그러니까 붓다 당시의 불교 분위기를 간직한 원시불교와 소승불교에는 극락과 지옥이라는 개념이 존재하지 않는다. 붓다 사후에 불교가 널리 퍼져가는 가운데 대승불교가 탄생하면서 극락과 지옥이라는 개념도 등장한다.

사전적인 설명에 따르면 극락이란 아미타불이 사는 곳으로 번뇌의 굴레를 벗어난 불교도들의 이상향이다. 안양安養 · 안락安樂 · 연화장세계蓮華藏世界라고도 하는데 흔히 즐거움만 있는 곳으로 묘사된다. 〈아미타경〉에 따르면, 극락은 서방으로 십만 억의 불국토를 지나야 있다고 한다. 또 〈화엄경〉은 극락과 관련해 "광대무변한 대우주에 20겹으로 된 수많은 대우주 세계가 있는데 제13겹계에 우리가 사는 사바계 우주가 있다. 연화장세계는 불찰미진수셀 수 없이 많은 불국토의 세계로 구성되어 있으며 사바세계로부터 서쪽으로 십만 억 세계를 지나 극락세계가 있는데 극락세계와 사바세계는 같이 연화장세계 안에 있다"고 이야기하고 있다.

그런데 여기서 한 가지 재미있는 사실을 발견할 수 있다. 불교에서 말하는 극락과 기독교에서 말하는 천국의 모습이 너무 유사하다는 것이다.

불교에서 아미타 부처가 보살의 도를 닦을 때 기원했다고 하는 48가지 서원을 보면 극락에 대해 "땅이 칠보로 되어 있고 청정하며 국토가

경주 불국사의 안양문으로 오르는 칠보교. 불교에서 극락은 안양(安養)으로도 표현하니 극락으로 가는 계단이라고도 할 수 있다.

한량없이 넓고 땅이 평탄하여 산과 골짜기, 바다와 강이 있으며, 지옥이나 아귀^{탐욕 때문에 된 귀신}나 축생^{사람이 기르는 온갖 짐승} 등이 없다. 비와 눈이 없고 해와 달도 없으나 항상 밝고 밤낮이 없으며, 꽃피고 새 우는 것으로 낮을 삼고 꽃 지고 새 쉬는 것으로 밤을 삼는다. 극락의 일주야는 사바^{인간세계}의 1겁^{하늘과 땅이 개벽해서 다음 개벽할 때까지의 동안으로 무한히 긴 시간}에 해당하며, 여인이 없어 음욕이 없으며, 6신통^{六神通, 여섯 가지 신통력}이 모두 갖춰져 욕망하는 것 때문에 고통을 받는 일이 없다. 사람들은 모두 지혜로우며 도덕 아님이 없고 서로 공경하고 사랑하며 미워하거나 시기하는 일이 없다"고 설명하고 있다.

기독교의 "요한계시록"^{21~22장}에서는 천당을 "하나님이 모든 눈물을 그 눈에서 씻기시므로 다시 사망이 없고 애통하는 것이나 곡하는 것이나 아픈 것이 다시 있지 않다. 그곳은 하나님의 영광이 있어서 그 성의 빛이 지극히 귀한 보석 같고 벽옥과 수정같이 맑다. 크고 높은 성곽이 있고 그 성곽의 기초는 세상의 진귀한 모든 보석으로 되어 있다. 또 수정같이 맑은 생명수가 흐르고 과실과 잎사귀가 늘 푸르른 곳이다. 거기에는 도무지 밤과 같은 어두움이라고는 찾아볼 수 없어서 등불과 햇빛이 쓸데없는 곳"이라고 설명하고 있다.

전혀 다를 것 같은 두 종교가 그리고 있는 사후 이상향이 너무 흡사하다. 우연인지, 종교에서 추구하는 이상향은 모두 비슷하다는 것을 보여주는 것인지는 모르겠지만 말이다.

그런데 궁금한 것이 있다. 불경의 이곳저곳에서 등장하고 있는 극락에 대해 불교에서는 실제로 존재하는 곳으로 믿고 있는 것일까? 극락의 개념은 불교 교리에서도 핵심의 위치에 있는가?

내 이야기 대신 김길상이 쓴 〈불교입문교리〉^{홍법원}를 만나 보자. 이 교리서에선 극락을 설명한 뒤 그 말미에 "이러한 극락설은 불교의 윤리관에서 나온 것"이라고 말하고 있다. 실제로 존재하는 우주를 설명하면서 나온 개념이 아니라는 것이다. 그러면서 극락과 지옥의 뜻은 인간 생활을 떠난 바깥의 어떤 특정한 곳을 의미하지 않고 인간의 마음 가운데 있는 것으로 설명하고 있다. 번뇌를 끊고 자기 본성을 깨달아 부처가 된 열반의 경지가 곧 극락이라는 것이다. 말하자면 붓다가 깨달은 경지가 극락이요, 그 반대로 참다운 진리를 모르고 미혹에 빠져 고뇌하는 곳이 지옥이라는 것이다. 그러면서 마지막에는 명쾌하게 불교의 정체성에 대해 이야기를 하고 있다. 불교는 사후의 어떤 안일한 꿈나라를 염원하는 것이 아니라 오직 이 세계를 극락으로 만들자고 하는 데에 목적이 있다는 것이다.

불광출판부에서 나온 〈법화경 강의〉를 보더라도 역시 극락은 사후에 가는 세계나 현실 세계를 떠난 곳에 있는 것이 아님을 분명히 하고 있다. "부처님은 이 세상을 바꾸어 극락정토를 만들려고 오신 것이 아닙니다. 이미 세상 그대로가 정토라는 사실을 알리려고 오신 것입니다." 이미 이 세상이 성불^{成佛}한 부처의 나라임을 역설하고 있는 것이다. 불교계의 거장 성철 스님이 "집집마다 부처님이 계신다"라고 말한 것과 일맥상통한다고 할 것이다.

심리학에서 바라본 사후 세계관

사후 세계에 대한 신앙이 맞

고 틀림을 떠나서 사람들에게 큰 매력과 호기심을 주는 것은 사실이다. 간혹 죽었다 살아난 사람의 보고도 있다고 하지만 사후 세계에 대한 공포와 의문은 어쩌면 인간이 갖는 근본적인 감정이기도 하다. 그곳은 살아 있는 사람들로서는 체험하기 힘든 세계이기 때문이다. 이런 불안감을 이용하기 쉬운 신앙관이 사후 신앙관이다. 많은 종교들이 '종말관', '사후 세계관' 등으로 사람들을 속이는 일도 많다. 우리나라만 하더라도 1992년 10월 28일에 이장림 목사를 비롯한 신도들이 휴거 해프닝을 벌이기도 했다. 물론 그 전에도 그 이후에도 이런 일들이 끊이지 않고 있어 왔다. 이러한 사이비 종말론 때문에 치러야 했던 사회적 고통과 손실은 결코 적다고 할 수 없다.

그런데 이런 일은 다른 나라에도 흔하고 우리의 지난 역사에도 종종 있었다. 신라가 망할 무렵의 혼란했던 후삼국 시대에는 민간에 미륵불이 다스리는 이상적인 세상을 신앙하는 '미륵신앙'이 융성했다고 한다. 그 신앙을 이용해 자신을 살아 있는 미륵이라고 지칭했던 궁예가 등장하기도 했다. 물론 이를 부정적으로만 볼 수는 없다. 미래에 대한 희망이 현실의 부정을 극복하는 강한 동력을 제공하는 경우도 있기 때문이다.

아무튼 심리적으로 봤을 때는 사회가 안정되지 않고 어려울수록 사람들은 마음의 불안감을 씻어버리기 위해 더 이상향을 갈구하고 이에 의지하기도 한다. 앞에서 살펴보았듯이 이스라엘의 바벨론^{바빌론} 포로기라는 암울한 시대에는 '묵시문학'이 융성했고, 로마제국에서 박해를 받던 시대에는 기독교도들 사이에 사후 신앙, 종말 신앙이 희망을 불어넣는 기폭제가 되기도 했다.

심리학에서 보면 이러한 현상을 일종의 방어기제로 볼 수 있다. 방어기제는 자아가 위협을 받는 상황에서, 무의식적으로 자신을 속이거나 상황을 다르게 해석하여 감정적 상처로부터 자신을 보호하는 심리 의식이나 행위를 가리키는 정신분석 용어이다. 이러한 방어기제가 개인적인 차원에서가 아니라 집단적인 차원에서 이루어진 경우가 바로 사후 세계관이나 종말관 등이라고 할 수 있다. 더 정확히 말하면 방어기제 중에서도 일종의 '투사'라고 할 수 있는데, 불안한 현실을 넘어서고자 하는 심리를 천국이라는 이상 세계에 투사하여 희망이나 위로를 얻는 것을 말한다.

물론 '심리적 투사'라는 개념으로 지옥을 설명하는 것도 가능하다. 사람들은 세상을 살다 보면 자신을 억누르며 괴롭히는 적을 만나게 된다. 그런데 약자의 신분이라면 실제로 그들에게 가해를 할 수 없는 입장이 된다. 이러한 약자의 심리는 적이 심판을 받을 수 있는 지옥이라는 세계를 떠올리게 만든다. 그런 나쁜 짓을 했으니 지옥에 가서 벌을 받게 되리라고 믿으며 자신의 억울함을 푼다는 것이다.

심리학에서는 이런 현상을 '환상적 기대 심리'로 풀기도 하는데, 그것은 힘든 현실을 벗어나서 도피하기 위해 자기 나름대로 환상을 만들어 의지하는 심리를 말한다. 예를 들자면 현실에 잘 적응하지 못하는 아이는 환상 속에서 상상을 하며 시간을 보내는 경우가 많다. 수호천사와 같은 존재가 항상 자신의 곁에 있다는 상상을 하며 그 천사와 대화도 나누고 위로도 받으며 자신을 위로한다는 것이다. 아이들이 '마법의 돌'이 자신의 주머니에 있어서 그 돌에 주문만 하면 무엇이든 들어줄 것이라고 상상하는 것과 같은 심리라고 할 수 있다. 특히 아이들이 자신의 의지가 생겼지만 자신의 의지대로 되지 않는 현실에 직면하는 유년기 때에 이런 '환상적 기대심리'가 작용한다고 한다.

이런 기대심리를 잘 드러내주는 한 편의 동화가 있다. 바로 〈그 아이는 히르벨이었다〉^{페트 헤르틀링 지음, 비룡소}라는 동화다. 여기에 등장하는 주인공 히르벨은 아버지가 누구인지도 모르고 어머니에게는 버림을 받아 변두리의 시립 아동 보호소에서 살고 있는 아이다. 이 아이는 가끔 두통에 시달리곤 하는데 그럴 때는 이를 주체하지 못하고 화를 내며 날뛴다. 어른들의 표현에 의하면 발작을 일으키는 것이다. 히르벨은 보호소의 생활^{어쩌면 자신의 현실 전부이겠지만}이 싫어서 탈출을 시도한다. 그 아이는 이를 '해를 만드는 나라'로 가고 싶다고 표현한다. 히르벨이 탈출하여 만난 곳이 바로 양을 키우는 목장의 '양 우리'였다. 히르벨은 그것조차도 "나는 사자들과 함께 놀다가 사자들과 함께 잠이 들었다"고 표현한다. 히르벨의 눈에는 양들이 자신이 좋아하고 동경하는 사자로 상상되었던 것이다.

이 동화를 바탕으로 글을 쓴 사람이 있다. 일본의 가와이 하야오인데 그는 "히르벨이 찾는 '해를 만드는 나라'는 영혼의 나라라고 해도 좋고, 우리 세계에 모든 에너지의 원천을 제공하는 나라라고 해도 좋다. 따라서 히르벨은 머나먼 나라에 살고 있다고 할 수도 있고, 마음먹기에 따라서는 우리 바로 곁에서 살고 있다고 할 수도 있다"^{햇살과 나무꾼 옮김, 〈어린이 책을 읽는다〉, 비룡소}며 그 의미를 설명하고 있다.

그런데 이런 종교적 심리를 노골적으로 비판한 사람이 있으니 기독교 심리학자 폴 투르니에다. 그는 〈모험으로 사는 인생〉^{한국기독학생회 출판부}에서 "땅에서 등을 돌리고 오직 하늘만을 바라보는 태도는 일종의 도피로 볼 수 있다"고 말한다. 그러니까 현실을 외면하고 이상향만 바라는 사람들이 도피처로 사후 세계관에 대한 신앙을 선택한다는 것이다. 많은 심리학자들이 천국과 지옥을 '사람들의 내면에 대한 투사'라고 말하는 것과 겹치는 이야기라고 할 것이다. 그는 이어서 하늘과 땅, 이 세상과 사후 세계를 이분법적으로 생각하는 이들에게 성경의 메시지를 들어 역설하고 있다.

성경 전체의 가르침은 하늘과 땅의 대립과는 정반대로 양자의 통일을 가르치고 있다. 성경적인 관점에서는 신성과 세속이라는 구별된 두 세계가 있는 것이 아니라, 모든 것이 성스럽다. …… 세상이 두 가지가 아닌 한 가지라는 것, 세상에서 손을 떼는 것이 아니라 세상에 참여해야 한다는 것, 세상을 비웃는 것이 아니라 세상에 관심을 갖는 것, 이것이 바로 성경 전체가 가르치는 바이다.

사후 세계의 진실

그럼에도 불구하고 이런 사후 세계관이 어느 문명에나 존재하는 것은 물론 번성한다는 것은 아이러니한 일이다. 문명은 인간이 자연의 광폭함에 맞서 보다 인간적인 가치를 실현하기 위해 만든 창조물이다. 동시에 현실에서 겪는 불편을 인간의 노력으로 개선하며 가꿔온 결과물이 문명이기도 하다. 그런데 인도 문명권에서 불교와 힌두교가, 중동의 메소포타미아 문명권에서 기독교와 이슬람교가 발생한 것은 한편으로는 이러한 문명들이 인간의 고통과 불안감을 해소해 주지 못했다는 반증이 될 수 있을 것이다. 당시 문명에서 인간이 겪었던 냉혹한 현실에 대한 사람들의 불만족이 종교와 같은 이상향이나 이상적인 가치를 잉태했다는 것이다. 그런 점에서 앞서 말한 천국과 극락과 지옥이 생긴 배경도 사람들의 이러한 심리를 이해하면 설명이 될 수도 있을 것 같다.

자, 이제는 우리가 천국과 극락 그리고 지옥이 과연 존재하는가 하는 문제로부터 떠날 시간이 된 것 같다. 이곳들은 인간이 죽어서 가는 어떤 미지의 장소나 세계가 아니다. 삶이 끝나고 나면 이어지는 제3의 시간도 아니다. 대신 이런 점은 생각할 필요가 있겠다. 기독교 〈성서〉에 의하면 천국은 하나님의 가치가 실현된 상태를 말하고, 지옥은 하나님의 가치가 실현되지 못한 상태를 말한다. 불교로 말하면 '무지의 인간이 깨달아 부처처럼 열반의 경지에 이른 즐거움의 상태' 가 바로 극락이며, 그렇지 못한 상태가 지옥이라는 것을 말이다.

IONAS

미켈란젤로의 〈최후의 심판〉. 천국(극락)과 지옥이 현실을 사는 인간의 마음이 투영된 세계라면
최후의 심판은 지금을 살아가는 우리들의 마음속에서 순간순간 일어나는 일인지도 모른다.

고정관념을 위한 변명
고정관념은 문명과 일상의 창조자

인류 역사 이래 가장 오해를 받으며 손가락질의 대상이 되어온 말 중의 하나가 고정관념일 것이다. 이러한 고정관념에 대한 세간의 생각을 반영하는 코끼리의 예화가 있다.

서커스단에 있는 덩치 큰 코끼리를 매어 놓는 말뚝을 보면 의외로 크지 않다. 신기한 것은 그럼에도 불구하고 말뚝에 묶인 코끼리가 도망을 가지 않는다는 것이다. 코끼리가 조금만 힘을 쓰면 얼마든지 그 말뚝을 빼낼 수 있음에도 불구하고 말이다. 물론 거기에는 이유가 있다. 사냥꾼이 야생 새끼 코끼리를 사냥하면 처음엔 그 코끼리가 아무리 힘을 써도 끄떡도 하지 않는 큰 나무에 매어 둔다. 그러다가 코끼리가 더 자라면 그

나무의 반쯤 되는 두께의 나무에 매어 둔다. 코끼리가 그렇게 길들여지면 다 자란 뒤에는 작은 말뚝에 매어 놓아도 도망가지 않게 된다. 어렸을 적 아무리 도망가려고 발버둥을 쳐도 끄떡없던 나무 말뚝에 대한 경험이 코끼리를 그렇게 만들어 버리는 것이다.

이 이야기는 사람들이 왜 고정관념에 대해 부정적으로 생각하는지를 설명해 준다. 인간이 앞의 코끼리처럼 고정관념이란 말뚝의 포로가 된다면 자신이 지니고 있는 소중한 가치, 능력, 개성은 사장될 수밖에 없다는 것이다. 물론 삶의 변화와 발전도 기대할 수 없을 것이다.

그 때문인지 언제부턴가 고정관념 하면 실 가는데 바늘 가는 것처럼 항상 따라붙는 동사가 있는데 '깨뜨리다' 와 '바꾸다' 라는 말이 그렇다. 아무리 깨져도 아프지 않은 것이 고정관념이며 고정관념은 깨뜨려야 할 무엇으로 늘 규정되곤 한다. 시중에 나온 고정관념에 대한 책의 제목들을 봐도 대부분 일종의 '고정관념' 에 묶여 있다. 〈고정관념을 때려 부수면 세상에 두려울 게 없다〉, 〈고정관념 와장창 깨기〉, 〈고정관념은 깨도 아프지 않다〉, 〈엄마가 고정관념을 깨면 아이의 창의력은 자란다〉, 〈고정관념을 깨는 습관의 법칙〉, 〈고정관념을 바꾸는 10가지 교훈〉, 〈고정관념의 벽을 넘어서〉 ……. 심지어 〈고정관념 벌주기〉라는 제목의 책도 있다. 이러한 제목들이 고정관념에 대해 좋은 말을 하고 있지는 않을 것이다. 고정관념은 버리고 넘어서야 할 좋지 않은 그 무엇으로 늘 우리 주위에 도사리고 있다.

그런데 여기에서 궁금한 것이 있다. 과연 고정관념은 나쁘기만 한 것인가? 물론 이러한 의문이 고정관념을 찬양하자는 것은 아니다. 여전히 우리는 버려야 할 많은 고정관념을 안고 살고 있다. 다만 고정관념이 지

니는 밝은 면과 어두운 면을 함께 보고 버려야 할 고정관념은 버리자는
것이다.

깨뜨려야 할 이름, 고정관념

세간의 사람들에게는 사람이 100
미터 달리기에서 9초대를 주파한다는 것은 불가능한 것으로 간주되어
왔다. 스포츠 전문가들도 인간 체력의 한계와 인체공학적인 근거를 들
어가면서 그 기록이 나오는 것은 불가능하다고 말해 왔다. 하지만 이변
이 일어났다. 1968년에 열린 올림픽에서 짐 하인즈가 9초 95로 세계 신
기록을 세운 것이다.

그리고 그 뒤에도 칼 루이스[미국, 9초 86], 도너번 베일리[캐나다, 9초 84], 모리스
그린[미국, 9초 79]이 신기록 갱신을 하였고, 베이징 올림픽에서는 우사인 볼트
가 9초 69라는 놀라운 기록으로 우승했다. 인간은 100미터를 결코 10초
내에 달릴 수 없다는 고정관념을 여지없이 깨뜨린 것이다.

인간의 역사는 한편에서 고정관념과의 투쟁의 역사였다. 많은 인류가
고정관념에 머물러 있을 때 도전자들은 이에 맞서 승리하며 인류사에
위대한 족적들을 남기곤 하였다. 인간은 하늘을 날 수 없다는 고정관념,
배는 물 위로만 간다는 고정관념, 지구를 중심으로 하늘이 돈다는 고정
관념, 고귀한 신분의 인간은 따로 있다는 고정관념 ……. 선각자들에 의
해 바로 이러한 고정관념들은 끊임없이 극복되어 왔던 것이다.

문명사적 관점에서 본다면 고정관념을 극복하는 것은 곧 진보와 발전
을 의미해 왔음을 부인할 수 없다. 그런 의미에서 고정관념은 깨어져야

마땅한 것으로 여겨진다. 그럼에도 불구하고 고정관념이 늘 우리의 머릿속이나 주변을 배회하는 이유는 무엇일까? 이는 단순히 인간들의 게으름과 타성 탓일까? 기존의 관념에 안주하고자 하는 인간의 안일한 속성 탓일까?

윅스퀼 이론

동물행동학의 선구자로 알려진 독일의 동물학자 윅스퀼[Jacob von Uexküll1, 1864~1944]은 '환경 세계설'이라는 학설을 세상에 내놓았다. 그의 주장에 의하면 사람을 포함한 각 동물들은 세상을 있는 그대로 인식하지 않고 종마다 다르게 세상을 인식한다. 같은 장소, 같은 상황에 처해 있는 동물들이라도 그 상황을 인식하는 것은 각 동물의 종에 따라 다르다는 것이다. 말하자면 같은 장소와 같은 상황에 놓여 있는 동물이라도 인지하는 세상은 엄연히 다른 세상이라는 것이 윅스퀼의 주장이다. 이처럼 각 동물 종에 고유하게 나타나는 세계를 '움벨트'라고 한다. 이러한 각 동물 종의 특성은 유전에 의해 주어진 것이기 때문에 변경될 수 없다.

그렇다면 인간은 다른 생물이 세계를 다르게 인식한다는 것을 어떻게 알 수 있을까? 이론에 따르면 인간 역시 다른 동물이 경험하는 세계[움벨트]로 들어갈 수는 없고 인간에게만 고유한 세계를 살 수밖에 없는데 말이다. 그런데 우리가 이를 추측할 수 있는 것은 각 동물 종에 특이하게 나타나는 행동을 통해서이다. 각 동물의 특이한 움직임이나 반응을 통해 각 동물에게 나타나는 움벨트를 추측할 수 있다는 것이다. 무슨 말인가?

예를 들어 설명해 보자.

닭에 대한 재미있는 실험이 하나 있는데 어미 닭이 잘 보이지 않는 곳에 병아리를 한 마리 묶어 놓았다고 하자. 병아리가 "삐악삐악" 하면서 울면 어미 닭은 깃털을 곤두세우고는 소리가 나는 쪽으로 미친 듯이 달려온다. 그리고는 보이지도 않는 적을 향해 맹렬하게 달려들 자세를 취한다.

그런데 병아리를 투명한 유리병에 넣어 어미 닭이 보이는 곳에 놔두면 다른 상황이 벌어진다. 이때 병아리의 모습은 어미 닭에게 전달되지만 병아리의 비명은 전달되지 않게 하는 것이 중요하다. 그러면 어미 닭은 병아리가 괴로워하면서 발버둥을 치는 모습을 보더라도 모르는 척 태연한 태도를 유지한다. 괴로워하더라도 비명을 지르지 않는 병아리의 정보는 어미 닭에게 중요한 것이 아닌 셈이다. 〈신과학 운동〉, 범양사 출판부

'청각적 움벨트'를 가지고 세상을 인식하는 닭에 비하면 토끼의 세계는 또 다르다. 토끼가 갓 낳은 새끼를 물어 죽이는 경우가 있는데 이러한 행동은 토끼의 독특한 움벨트를 알면 이해할 수 있다. 새끼를 낳는 상황은 어미에게는 극도의 스트레스 상황이라고 할 수 있다. 이때 중요한 것은 신속한 판단이다. 정확성도 중요하지만 이는 부차적이다. 긴박한 순간이 되면 토끼는 다섯 가지 감각들이 주는 약간씩 모순되는 정보들을 종합해 교정하며 판단할 시간이 없다. 이때 토끼는 닭과 달리 냄새가 주는 정보를 신뢰한다. 사람이 토끼 새끼를 만지고 떠나면 시각적으로는 사람에 대한 정보는 사라진다. 하지만 냄새는 여전히 남는다. 긴박한 상황에서 새끼를 보호하려는 어미 토끼는 냄새가 주는 정보에만 의지해 사람을 공격하는데 결과적으로는 사람 냄새가 나는 새끼를 죽이는 셈이

어미 닭과 병아리의 다정한 모습. 어미는 병아리에게 지극한 모성애를 발휘한다. 병아리의 비명 소리가 들리면 소리가 나는 쪽으로 부리나케 달려간다. 그러나 병아리가 소리가 밖으로 나오지 않는 투명한 유리병 안에서 발버둥을 치고 있으면 어떻게 될까? 어미 닭은 병아리의 모습을 보더라도 별 반응을 보이지 않는다. 병아리의 발버둥을 치는 모습은 어미 닭에게 위험 신호로 채택되지 않는 것이다.

된다. 조용현, 〈보이는 세계는 진짜일까?〉, 우물이 있는 집 토끼의 행동은 인간의 눈에 어리석게 보이지만 반드시 그런 것만은 아니다. 약간의 변장만 하면 아는 사람도 구별하지 못하는 인간들을 보며 역으로 토끼는 인간들을 어리석다고 할지 모르기 때문이다.

아무튼 이러한 예들은 동물계에 허다하게 많다. 개미는 모든 것을 '후각적 움벨트' 를 통해 지각하는데 개미가 동료 개미를 인식하기 위해선 약간의 탄화수소로 이루어진 혼합물 냄새만 있으면 된다. 그래서 사람의 눈으로 보기에는 크기와 모양이 전혀 다른 딱정벌레의 애벌레를 개미가 키우기도 한다. 신기하게도 딱정벌레의 애벌레는 개미가 동료 개미를 인식하는 수단인 바로 그 냄새를 만드는 기술을 획득한 것이다. 물론 그 때문에 개미들은 불행한 사태를 맞이하기도 한다. 어미 개미들이 공들여 키운 이 딱정벌레 애벌레는 성장하면 주변에 있는 개미 애벌레들을 잡아먹는 것이다. 아무튼 이것은 개미가 냄새로 세상을 인식한다는 좋은 증거라 할 수 있다. 〈보이는 세계는 진짜 세계인가〉 이렇듯 동물 각자는 자신만의 고유의 '움벨트' 를 통해 세상을 인식한다는 것을 알 수 있다.

눈에 보이는 세계는 객관적인가?

이러한 움벨트의 세계를 어떻게 이해해야 할까? 두 개의 그림이 있다. 하나는 부산시를 위성에서 촬영한 사진이다. 하나는 부산시의 지하철 노선도이다. 위성사진은 객관적인 세계를 가리킨다고 하자. 하지만 우리는 객관적인 세계를 만날 수는 없다. 또 그런 세계가 없을지도 모른다. 인간은 인간만의 움벨트 속에서 살아가야 하기 때문이다. 이러한 인간적 움벨트는 지하철 노선도로 표현된다. 이때 인간의 움벨트가 진드기나 개미의 움벨트보다 우월하다고 할 수 있을까? 그러나 이를 서로 비교하는 것은 무척 어려운 일이다. 거기에는 우월하고 열등한 경계가 없기 때문이다. 움벨트^{지하철 노선도}의 중요한 목적은 사실에 가깝게 묘사하는 데 있지 않고 그 종에게 유용한 행동지침을 주는 데 있기 때문이다. 지하철을 타고 목적지에 가려는 부산시민은 위성사진이 제공하는 정보에 따라 움직이는 것이 아니라 지하철 노선도를 토대로 움직인다. 그것이 훨씬 더 유용하기 때문이다. 〈보이는 세계는 진짜 세계인가〉

이처럼 각 동물 종에게 '지하철 노선도'와 같은 역할을 하는 것이 움벨트이다. 인간의 움벨트 역시 사실 그대로의 세계가 아니라 인간이 목적하는 바에 맞게끔 인간의 머리에서 편집한 세계를 일컫는다.

여기서 주목해야 할 단어가 바로 '편집'이라는 말이다. 우리는 흔히 본다는 것을 '눈'의 기능으로만 오해하기 쉽다. 뇌는 단지 눈을 통해 들어온 시각 정보를 받아들이기만 하는 것으로 생각한다는 것이다. 그러나 실상은 그렇지 않다.

여러 경험에 의하면 까마귀는 움직이지 않는 메뚜기는 알아보지 못한다. 그래서 정지한 메뚜기를 보더라도 메뚜기로 인식하지 못하고 당연히 쪼아 먹지도 않는다. 까마귀가 메뚜기를 알아채는 것은 움직이는 메뚜기에 한정된다. 많은 곤충들이 위험한 상황에 빠지면 움직이지 않고 죽은 체하는 것도 그 때문이다. 〈심학과 운동〉 '

그러나 인간은 어떤 메뚜기가 움직이다가 정지하고, 그 뒤 다시 움직이더라도 그 메뚜기가 계속 한 마리임을 인지할 수 있다. 여러 메뚜기의 모습이 있더라도 그것이 한 메뚜기에 대한 다양한 정보라는 일종의 고정관념을 유지할 수 있기 때문이다. 반면 까마귀에게는 정지한 메뚜기와 움직이는 메뚜기 사이에는 존재하는 메뚜기와 존재하지 않는 메뚜기만큼 큰 차이가 있다. 이처럼 인간이 어떤 사물을 분간하고 인지한다는 것은 뇌의 일정한 해석 작용을 거친다. 다시 말해 인간에게는 인간 나름대로 세상을 편집하여 세상을 인식하는 틀이 있다는 것이다.

우리는 사람이 본다는 것이 뇌의 훈련 덕분이기도 하다는 점에 익숙하지 않지만 이를 뒷받침해주는 사례들이 있다. 올리버 색스는 그의 저서 〈화성의 인류학자〉에서 45년 동안 맹인으로 살다가 수술로 인해 눈을 뜬 버질이라는 남성의 경우를 소개하고 있다. 버질은 그의 시각 장애 원인이 단순히 백내장 때문이라는 것을 뒤늦게 알고 수술을 통해 눈을 뜨게 된다. 그런데 버질이 눈을 뜨고 처음 보게 된 세상은 혼란스러움 그 자체였다. 빛과 움직임과 색상이 한데 뒤엉켜 안개처럼 자욱했다는 것이다. 이때 어디선가 "어떻습니까?"라는 소리가 들려 왔는데 소리에 대한 기억으로 그 주인공이 의사라는 것을 겨우 감지할 수 있었다고 한다.

이러한 예는 그 외에도 많다. 19세기에서 20세기 초반, 백내장 수술법이 개발되면서 시각 장애를 가지고 있던 사람들이 수술을 받았지만 생후 일정한 시간이 지나면 수술을 받더라도 시각을 회복하지 못했다고 한다. 버질의 경우도 45년 만에 눈을 떴지만, 자신의 지각을 뒷받침할 만한 뇌의 훈련이 되어 있지 않아서 혼란을 겪어야 했던 것이다. 실제 버질은 눈을 뜨고 보아도 수많은 현상들을 분류하고 일정하게 정리를 해줄 대상들 간의 의미적 연결이 없었고, 사물에 대해 쌓아 놓은 시각 정보가 없었기에 대체 무엇을 보아야 할지 몰랐다고 진술하고 있다.

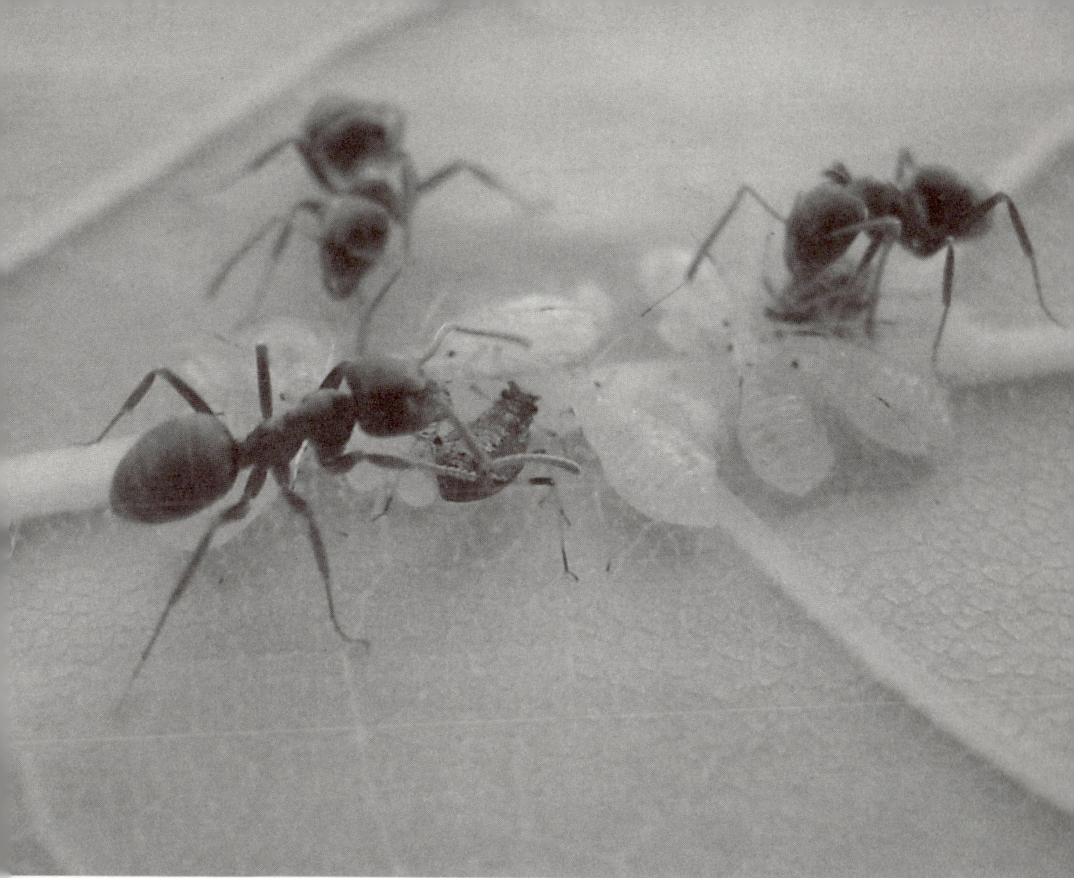

개미의 행동이나 다른 개미와의 교신에는 미량의 냄새 물질(페로몬)이 중요한 역할을 한다. 족적 물질(배 끝의 샘에서 분비됨)은 먹이까지의 길을 동료들에게 알리고, 경보 물질(큰턱 샘에서 분비됨)은 엷으면 동료를 모으고, 짙으면 흩어져 도망치게 한다고 한다. 그 때문에 사람의 눈에는 크기와 모양이 전혀 다른 딱정벌레의 애벌레를 개미가 키우기도 한다. 딱정벌레 애벌레는 개미가 분비하는 냄새 물질을 분비하기 때문이다. 이처럼 각 생물 종은 경험하는 세계가 각기 다른데 그 생물 종에게만 고유한 세계를 움벨트라고 한다.

지각항등성의 마술

심리학에는 '지각항등성'이란 말이 있다. 버질의 경우에는 이러한 지각항등성이 형성되어 있지 않았기 때문에 눈이 기능을 회복했지만 혼란을 겪어야 했다. 다시 말해 뒤늦게 수술을 통해 눈의 기능을 회복하더라도 뇌를 통해 지각항등성이 형성되어 있지 않으면 사물을 볼 수 없다는 것이다. 지금 우리 눈앞에 책상이 있는데 그 책상은 보는 위치에 따라 그 모양이 다 다르다. 지각항등성이 없다면 내 눈앞에 있는 책상은 나의 움직임에 따라 갖가지 모양의 다양한 시각 현상 즉 다양한 책상의 모습만을 보여 줄 뿐이다. 그런데 지각항등성은 바로 이러한 갖가지 모양의 책상들이 실제로는 하나의 책상의 다양한 모습임을 알게 해준다. 즉 하나의 책상이라는 고정된 상像을 유지하게 해준다.

그런데 지각항등성은 인간이 세상에 태어나 일정한 시기에 이르는 기간 동안 형성된다. 인간의 뇌는 일정한 시기까지 눈을 통해 들어온 시각 정보를 분류하고 일정한 틀 속에서 사물에 질서를 부여하는 훈련을 쌓는다. 세상에 막 태어난 신생아가 눈이 정상이더라도 사물을 보지 못하는 것은 아직 이러한 훈련이 되어 있지 않기 때문이다. 그리고 이 시기를 놓치면 앞에서 본 것처럼 눈의 기능을 회복하더라도 사물을 보지 못하게 된다. 우리가 본다는 것은 부단한 노력과 분류와 기억과 연상을 통해 이루어진다는 것을 단적으로 보여주는 예라 할 것이다.

이처럼 갖가지 시각 정보를 분류해 일정한 틀로 묶어주는 지각항등성은 한편에서 축복이다. 그렇지 않으면 우리에게 세상은 갖가지 색깔들이 난무하는 혼돈으로만 비칠 수 있기 때문이다. 이러한 지각항등성은 한편에선 고정관념의 중요한 출발 지점이기도 하다. 실제 고정관념은 훈련과 경험을 통해 축적된 세상을 보는 일정한 틀이지 않는가!

　이와 관련해 고대 그리스 철학자 플라톤은 다음과 같은 이야기를 하고 있다. 우리가 사물을 인지하는 것은 ‘외계外界와 내계內界가 만나는 지점’이라고. 그러니까 사람은 누구나 사물과 대상을 인지할 때 외부의 것을 그대로 받아들이는 것이 아니라 자신이 가지고 있는 도식, 즉 내계가 외계와 만나는 과정을 통해 인지한다는 것이다. 사물을 있는 그대로 받아들이는 것이 아니라 자신의 프리즘을 통해 받아들인다는 이론이다. 즉 내계는 외계의 정보를 선택, 과장, 해석이라는 양식을 통해 받아들인다는 것이다. 그런 점에서 사물들을 범주로 나누어 생각하고, 일정한 틀을 통해 받아들이는 것은 중요한 인간의 조건이라고 볼 수 있다.

개인의 심리 차원에서 본 고정관념

심리학에선 고정관념을 가리켜 ‘고착관념’이라고도 한다. 고착관념이란 ‘본의가 아님에도 마음이 어떤 대상에 쏠려 끊임없이 의식을 지배하며, 모든 행동에까지 영향을 끼치는 관념’을 말한다. 이것이 심리학에서 설명하는 ‘고정관념’의 정의다. 본인의 의도와 상관없이 의식이나 표상에 거듭 떠올라 그 사람의 정신생활을 지배하고 행동에까지 영향을 미치는 관념을 말하는 심리학 용어이다. 강박관념과 더불어 강박신경증의 징후인 경우도 있으나 반드시 병적인 것만은 아니고 정상적인 관념일 수도 있다고 한다. 겉으로 드러나지 않고 사람의 내면에 숨어 있다는 점이나 본인의 의도와 상

관없이 의식이나 표상에 거듭 떠오른다는 점, 그리고 그 사람의 정신생
활을 지배하고 행동에까지 영향을 미친다는 점 등을 볼 때 무의식의 세
계와 고정관념은 연관을 맺고 있다고 할 수 있다.

"프로이트와 헬름홀츠, 리베트 등은 우리가 하는 선택은 우리의 자유
로운 의지에 따르는 것이 아니라, 사실은 우리가 의식하지 못하는 상태
에서 이루어지는 어떤 것^{무의식이나 고정관념 등}이라고 설명했을 것"이라고 심
리학자 에릭 캔들은 말했다. 예를 들자면 심리학자 리베트는 자발적 행
위를 유발하는 과정은 무의식의 영역에서 일어나며, 의식은 단지 그 행
위가 유발되기 직전에 그 행위를 받아들일 것인지 말 것인지를 결정하
는 과정에 관여할 뿐이라고 설명한다. 단지 의식은 손가락을 치켜들기
0.2초 전에 손가락을 들지, 말지를 결정하는 정도라고 역설했다. 이와 같
은 이론을 인디아나대 철학과 교수 앤디 클라크는 "머릿속에는 영리한
좀비가 살고 있다"라는 글을 통해 뒷받침해주고 있다.

우리가 행동하고, 느끼고, 생각하고, 선택하는 거의 모든 것들은 우리에게 주
어진 단서와 신호들을 무의식적으로 자동으로 이해함으로써 결정된다. 이제는
분명해진 사실이지만, 일상화 업무 과정에서 내가 결정하는 대부분의 것들은
아주 빠른 시간 안에 결정되며, 그 결정 과정에 관여하는 것은 하찮은 신호에 불
과하다. 내 안에 있는 영리한 좀비가 이미 결정해 놓은 것이다. 추론은 이미 그

지금 여기에 제시된 그림은 사각형이다. 그것도 머리 부분만 본 모습이다. 그럼에도 우리는 이
것이 사자임을 곧바로 알아차린다. 그러나 슈퍼컴퓨터가 이를 사자로 인식한다는 것은 너무나
어려운 일이다. 단순히 본다고 하는 기능만 하더라도 인간의 뇌의 무척 복잡하고도 긴 경험과
훈련이 있었기에 가능한 일이다.

렇게 결정된 것을 천천히 심사숙고 하는 것에 불과하다.

존 브록만 엮음, 이영기 옮김, 〈위험한 생각들〉, 갤리온

여기서 그가 하필이면 무시무시한 좀비를 비유로 들었을까. 좀비는 알다시피 아이티섬의 부두교 의식에서 유래된 살아 있는 시체를 말한다. 영화의 소재로도 많이 등장하는 좀비는 인간의 온갖 방해에도 불구하고 막무가내로 인간에게 쳐들어온다. 마찬가지로 우리 안에 있는 무의식과 연결되어 있는 고정관념은 우리와 상의하지 않고 우리를 이끈다. 그 고정관념은 우리가 의식해서 행동하기 전에 벌써 우리의 행동을 정하는 영리함을 발휘한다. 그래서 우리가 세심하게 살피지 않고 통찰력이 부족하면 우리는 왜 그런 결정과 행동을 하는지 찾아내기가 쉽지 않다. 그의 말에 의하면 우리 속에는 늘 그 영리한 좀비가 살아 숨 쉬고 있다는 것이다. 그것은 우리가 제대로 인식하지 못하는, 그러나 분명히 우리를 지배하는 우리 자신이라고 해야 될 것이다.

이렇게 본다면 우리가 그렇게 행동하겠다고 선택해서 결심하기도 전에, 뇌에서 무의식적으로 결정한다는 이야기가 된다. 우리의 자유의지는 어디에 존재하는가, 우리가 우리의 행동을 자유롭게 우리의 의지에 따라 선택한다고 느끼는 것은 착각에 불과한 것인가 등의 의문이 들겠

각기 다른 사진이 아홉 장 있지만 우리는 이 사진들이 서로 관계가 없는 사진들이라고 생각하지 않는다. 하나의 사건을 시간의 진행에 따라 배열해 놓았다고 생각한다. 설령 이 사진들을 뒤섞어 놓더라도 우리는 사진을 찍은 순서를 정확히 맞출 수 있다. 물론 그것은 우리의 고정관념 덕분이다. 이처럼 고정관념은 각기 다른 현상들 속에서 일정한 인과관계를 발견하게 하고, 기타 여러 귀중한 정보를 만들기도 한다.

revolution
Kodak

지만 그만큼 무의식의 범주에 있는 고정관념은 우리에게 중요하다는 것을 알아차릴 수 있다.

그러나 인간의 무의식의 범주에 있는 이러한 고정관념은 한편에서 인간의 경험과 깊이 관련되어 있다. 개인적인 경험 외에도 오랫동안 축척된 사회적 경험들이 사람의 고정관념을 형성하게 된다고 하겠다. 그런 점에서 사회와 문명은 한편에서 인간의 고정관념의 산물이자 고정관념이 바깥으로 드러난 결과물이라고 할 수도 있다. 혼돈과 무질서에 맞서 세상과 인간의 삶에 일정한 틀을 부여하는 제도와 질서들, 갖가지 변화 속에서도 안정된 틀을 유지하게 하는 이념과 사상들은 한편에서 고정관념이지 않으면 뭐란 말인가?

우리 인간에게 고정관념이 왜 중요한지를 인간의 뇌의 용량과 연결시킨 이론도 있다. 사람이 세상을 지각하는 가장 근본적인 방법은 '범주화 방법' 이라고 한다. 타인을 지각할 때도 마찬가지다. 우리는 타인의 언어, 억양, 옷차림, 행동 등을 보고 그 사람을 범주화하고, 같은 범주에 속한 사람들은 유사한 특성들을 공유하고 있는 것으로 생각한다. 예를 들자면 어떤 사람이 억센 평안도 사투리를 쓴다면 그 사람을 전에 만난 평안도 사람에 대한 관념에 포함시켜 사실을 인지한다는 것이다. 평안도 사람 특유의 공통점^{강인하고 드세다 등}으로 범주화를 시켜 그 사람을 기억하고 인지한다는 것이다. 이는 사람과의 관계에서 늘 일어나는 일로 고정관념은 여기에서도 중요한 역할을 한다고 할 수 있다.

타인에 대한 정보를 개별적으로 처리하는 것보다는 집단으로 범주화하여 도식적으로 처리하는 것은 사람의 뇌의 활동에 있어서 훨씬 효과적인 일이다. 예를 들자면 50명의 타인에 대한 정보를 각각 50개의 정보로 처리하는 것보다는 범주화를 시켜서 3~5개의 큰 범주로 나누어 저장하는 것이 훨씬 처리 용량과 시간을 절약하는 방법이라는 것이다. 하루에도 수많은 정보를 처리해야 하는 인간의 뇌로선 가능하면 처리 용량이 적게 드는 방법을 선택하게 된다. 이러한 결과 같은 범주에 속한 사람들은 같은 특성을 공유한다는 경제적인 선택을 취하게 되는데 이는 고정관념이 주는 효과라고도 할 수 있다. 그런 점에서 사람에게 고정관념이 없다면 아마도 뇌에 과부하가 걸려서 고장이 날지도 모르겠다. 아니면 유용한 정보로 분류하는 것을 아예 포기하는 사태가 일어날 수도 있다.

문명과 사회 차원에서 본 고정관념

이제 고정관념을 개인적인 측면이 아닌 사회적인 측면으로 설명한 월트 리프먼의 고정관념 이론을 소개하고자 한다. 그는 사회적 고정관념을 '스테레오타입' 이란 용어를 사용해 풀어낸 최초의 사람이다. 스테레오타입이란 '어떤 특정한 대상이나 집단에 대하여 많은 사람이 공통으로 가지는 비교적 고정된 견해와 사고' 를 말한다. 또 이는 '한정된 문화 공간의 많은 구성원들이 공유하는 유형화된 사회적 관념 또는 형상' 을 이르기도 한다.

리프먼의 주장에 의하면 대개의 경우, 우리는 먼저 보고 나서 정의를 내리는 것이 아니라 먼저 정의를 내리고 나서 본다고 한다. 외계의 특정한 기준이 없는 떠들썩한 혼란 속에서 우리는 자기가 속한 문화가 이미 정의를 내린 것을 선택하고, 그 문화가 틀을 지워준 대로 선택된 것을 지각하고 판단하게 된다고 말한다. 예를 들자면 사람들은 영국인은 신사적이고 미국인은 적극적이며 일본인은 실용적이고 독일인은 과학적이라는 식의 관념으로 그 사회와 구성원을 판단하기를 즐긴다는 것이다.

이런 스테레오타입이 한 사회에서 유지되고 발전되는 이유를 리프먼은 두 가지로 나눠 설명했다. 먼저 한 사회와 인간이 변화하는 환경에 적응하는 데 있어서 스테레오타입은 경제적이고 효율적이다. 만약 한 사회가 이러한 스테레오타입에 의존하지 않고 무작정 새로운 것을 지각하고 받아들이려 한다면 막대한 노력과 비용을 감내해야 한다. 말하자면 기존의 스테레오타입이 있어야 사회 구성원 사이에도 의사소통이 이루어질 수 있다는 것이다. 이러한 스테레오타입이 없다면 의사소통을 위해선 엄청난 사회적 비용을 지불해야 할 것이고 사회는 혼란에 빠질 것이다. 사회적으로 미리 형성되고 합의된 스테레오타입을 바탕으로 하지 않는다면 오히려 창조적이고 생산적인 활동마저 실제로는 불가능해진다는 이야기다.

또 하나는 스테레오타입은 아이덴티티^{동일성}를 이루게 하는 핵심이라는 점이다. 동시에 스테레오타입은 자아를 지켜주는 자아방위^{自我防衛}의 메커니즘이기도 하다. A라는 사람이 스스로를 a라고 인식한다는 것은 a라고 하는 일정한 고정관념이 있다는 것을 의미한다. 예를 들어 A라는 사람이 자신을 한국인이라는 점에서 정체성을 찾는다면 태극기를 보면

옴파로스(Omphalos)라는 이름의 돌. 옴파로스는 세계의 중심이라는 뜻을 가진 라틴어이다. 이 돌은 지금 그리스 델포이 박물관에 소장되어 있다. 고대 그리스인들은 그리스, 그중에서도 아테네에서 북서쪽으로 170킬로미터 떨어진 델포이를 세계의 중심으로 생각해 델포이에 신전을 세우고 신성하게 여겼다. 중요한 신탁은 이곳 신전에서 이루어졌다. 자신이 있는 곳을 세계의 중심으로 여기는 것은 인간의 오랜 고정관념이지만 이를 통해 인간은 자신의 삶에 의미를 부여하고 공동체의 결속과 유대를 다지기도 했다.

뭔가 모르게 가슴이 뛰고, 김치를 좋아하고, 국제 축구 경기를 할 때 죽어라 한국을 응원하는 것과 같은 점에서 자신의 정체성을 지닌다고 할 수 있다.

이것은 곧 A를 다른 사회적인 존재인 미국인이나 일본인과 구분시켜 줄 뿐 아니라 A를 지켜주는 버팀목으로도 받아들이게 된다. A의 정체성과 그가 살아가게 하는 근거를 지켜주는 사회적 기반이 바로 한국인의 스테레오타입 때문이라고 할 수 있다. 그래서 스테레오타입은 우리 정신을 보호하고 판단을 도와주며, 자신의 특유한 개성을 만들어 주는 역할을 하기도 한다. 스테레오타입은 개인의 개성과 사회의 사회성을 잘 이어서 튼튼하게 만들어 주는 다리라고 할 수 있다.

사회적 동물이라고 할 수 있는 인간은 스테레오타입을 통해 '잘 알려져 있는 것, 정상적인 것, 의지할 바가 되는 것' 등의 매력을 발견한다. 그리고 '일단 익숙해지면 늘 신던 신발처럼 마음에 쏙 드는 것' 으로 자리를 잡게 된다. 그 결과 스테레오타입을 동요시키는 것은 무엇이든 인간의 존재 기반에 대한 공격으로 여긴다. 그리고 자존심에 상처를 입는다. 그래서 지배적인 스테레오타입을 수용하지 않고 거부하는 사람이 있으면 반도덕적 · 반사회적이라는 낙인을 그들에게 찍고 비난과 공격을 퍼부으며 제재를 가해도 정당하다고 보기도 한다. 이런 정통성 때문에 사람들은 스테레오타입에 대해 순종과 동조를 보이기도 한다. 이런 면에서 대부분의 평범한 사람들이 갑작스러운 사회적 변혁이나 대혁명에 대해 부정적인 시각을 가지는 것은 어쩌면 당연하다고 볼 수 있다.

리프먼에 의하면 스테레오타입은 인간 문화의 모든 것을 학습하고 유지시키며 발전시키는 틀에 해당한다. 스테레오타입의 기원은 유구한 역사를 갖는데 원시시대에는 생존과 종족 번식에 필수 요소로 사용되었다. 예를 들면 원시 환경에서 사람의 천적이라고 할 수 있는 사자나 호랑이와 같은 맹수의 존재를 학습하고 대처하는 방법을 익히는 데에 사용되었다. 즉 이러이러한 맹수가 나타나면 바위에 숨거나 불을 피워 위협을 가하거나 집으로 도망가는 등의 학습을 통해 형성된 것이 스테레오타입이라는 것이다. 부족의 구성원은 바로 이러한 스테레오타입을 통해 공감대를 형성할 수 있었음은 물론이다.

그러므로 고정관념은 한편에서 사회적 학습을 통해 획득된다고 할 수 있다. 한 문화에서 통용되는 사회적 믿음 체계를 사회화 과정을 통해서 받아들이게 된다는 것이다. 그 믿음에 대한 동조를 요구하고, 나아가서 사회로부터 배척받지 않으려는 욕구 등을 통해서 사람들은 고정관념을 배워나간다.

물론 이러한 스테레오타입이 부정적인 면으로 활성화되는 경우도 많다. 그 대표적인 예가 지역감정이나 인종감정이다. 우리나라에서 보여주는 영남과 호남의 갈등이나 미국에서 보여주는 흑백의 갈등은 고정관념의 부정적 현상을 대표하는 사례이다. 그럼에도 스테레오타입은 한 인간에게 있어서 사회적인 존재로 서게 하는 데 매우 중요한 생존 근거라는 사실도 부인할 수 없다. 아울러 창조적 인간이란 기존의 스테레오타입이 잉태한 산물이라고도 할 수 있다.

고정관념의 명과 암

코페르니쿠스의 '지동설'이 아무리 뛰어

났다고 할지라도 당시까지 전해지던 '천동설'이라는 고정관념이 바탕이 되지 않았다면 존재하지 못했을 것이다. 뉴턴이 발견한 만유인력의 법칙도 뉴턴이 직전에 배우고 익혔던 수많은 기존 과학과 이론들이 바탕이 되지 않았다면 불가능했을 것은 자명하다. 콜럼버스가 위대한 신대륙 발견자라고 할지라도 그의 여행을 뒷받침할 이전 문명의 혜택, 즉 배와 망원경과 나침반이 없었다면 꿈도 못 꿀 일이었을 게다.

이렇듯 모든 인류 역사에 있어서 문명의 진보는 기존에 존재한 고정관념과 그에 근거한 문명이 있었기에 가능했다. 말하자면 고정관념이 없다면 진보도 있을 수 없다는 것이다. 절대 무의 영역에서 어떠한 것을 창조한다는 것은 신의 영역이지 인간의 영역이 아니기 때문이다.

사실 고정관념이 없다면 인간의 지식은 성립할 수 없다. 앞서 말한 워스퀼 이론에서처럼 한 사람이 가지고 있는 지식이란 결국 그 사람만의 움벨트를 만들어 낸다는 것으로 한편에서 이는 객관적인 세상에 대한 일종의 고정관념이라고 할 수 있기 때문이다. 이러한 고정관념이 없다면 삶과 자연은 변화무쌍하고 예측할 수도 없고 예측해서도 안 되는 그 무엇에 휩쓸릴 수밖에 없다. 그리고 견고한 일상의 안정도 유지될 수 없다. 인간과 인간의 고정관념 속에 사회는 어느 정도의 안정성을 유지하는 것이다. 수많은 사건과 정보 속에서 순간순간 판단을 내려야 하는 우리는 고정관념의 덕을 볼 수밖에 없다. 그래서 고정관념은 만들어지고 파괴되고 다시 만들어지고 파괴되는 운명에 놓이게 되는 것이다.

이제 우리는 고정관념을 깨는 것이 문명의 진보를 가져왔다면, 고정관념이 형성된 것은 문명의 안정을 가져왔다고 말해야 될 때가 되었다. 그런 면에서 앞으로는 고정관념을 깨기 위한 책도 계속 나와야 하겠지

만, 어떻게 하면 고정관념을 잘 살릴 것인가를 구체적으로 알려주는 전
문서적도 많이 나오기를 기대해야 하지 않을까.

가치는 클수록 좋은가

거대함의 축복과 저주

화산 대폭발과 대지진, 갑작스러운 기후 변화, 다른 행성과의 충돌 ……. 공룡의 멸종과 관련해 지목되고 있는 원인들이다. 여기에는 다양한 학설들이 존재하고 있다. 그렇지만 학자들이 공통으로 지적하는 것이 있는데 그것은 공룡의 과도하게 큰 몸집이다. 원인이야 어떻든 지구 환경에 급격한 변화가 생기자 공룡의 큰 몸집은 이에 적응하지 못해 멸종했다는 것이다. 반면 공룡만큼 오랜 역사를 지녔지만 몸집이 작은 바퀴벌레 등은 아직도 지구상에서 번성하고 있다.

거대한 것이 좋을까? 작은 것이 좋을까? 쉽지 않은 질문이다. 사람이나 사안에 따라 다른 답이 나올 것이다. 전자제품 같은 경우에는 소형화

를 추구하지만 그럼에도 문명의 방향이 대체적으로 거대함을 지향한다
는 점에는 대부분의 사람이 동의할 듯싶다. 더 거대한 땅, 더 막대한 자
원과 부^富, 더 큰 권력, 더 큰 명예, 더 많은 지식을 갖고자 하는 것은 대부
분의 문명들이 지향한 방향이었다. 수많은 전쟁도 그 원인을 살피면 더
큰 영토와 인구와 재물을 얻기 위해 일어난 싸움들이었다. 또 대인^{大人}과
소인^{小人}으로 사람을 나누고 소인배보다는 대인군자가 되고자 했던 것은
선인들의 뜻이었다. 이왕이면 꿈을 크게 가지라고 하는 것은 옛날이나
지금이나 부모들이 자식들에게 하는 말이다.

기본적으로 욕망은 보다 큰 것을 지향한다. 그리고 어떤 명칭 앞에 붙
는 '대'^大 자는 큰, 위대한, 훌륭한 등의 매우 긍정적인 의미를 갖는다. 대
선배, 대로마제국, 대기자, 대성공 등이 그 예들이다. 이는 영어에서도
마찬가지여서 'great'나 'big'이란 말은 굉장히 긍정적인 의미를 지닌
다. "보다 빠르게, 보다 높게, 보다 강하게"^{Citius, Altius, Fortius}라는 표어를 내걸
고 시작된 근대 올림픽에서 선수들이 그랬던 것처럼 수많은 문명인들은
더 '거대한 국가, 더 거대한 조직, 더 거대한 사람'의 꿈을 이루고자 오늘
도 애를 쓰고 있다.

그러나 앞에서 든 공룡의 예처럼 거대함만을 향한 질주는 위험성과
함께 자체 모순을 지니고 있다. 거대함이 드리우고 있는 그늘은 만만치
않다. 인간이 인간일 수 있다면 그 모든 것을 반성할 수 있고 성찰할 수
있다는 점에 있다. '거대함'이란 가치도 무조건 옳을 수만 없다는 점에
서 성찰을 필요로 한다고 할 수 있다.

거대함에 대한 의문들

거대함의 문제를 본격적으로 이야기하기 전에 관료제에 대해 생각해 보기로 하자. 관료제와 같은 거대한 조직은 대개 피라미드 형태의 구조를 지닌다. 예외를 찾아보기 힘들 정도이다. 이에 대해 사회학자 슈마허가 쓴 책 〈내가 믿는 세상〉^{문예출판사}은 흥미로운 관점을 제시한다. 흔히들 조직이 지나치게 관료화되었다고 불평하거나, 조직의 무능한 장들이 더 나은 사람들로 교체되어야 한다고 요구하는데 슈마허에 따르면 이는 관료제 자체의 특성에 따른 필연적이고 불가피한 현상이라는 것이다. 관료들은 갈수록 관료적일 수밖에 없으며, 책임을 맡은 장들의 명백한 무능력이 실은 그들의 개인적 능력과는 아무 관계가 없다는 것이다. 슈마허는 거대한 조직에는 관료제, 피라미드 구조가 필연적으로 따른다고 주장한다.

사실 거대한 조직일수록 피라미드 구조가 불가피하다는 슈마허의 말은 인정할 수밖에 없다. 거대해졌다는 말 자체는 이미 권력이 한 곳으로 집중되는 현상이 일어났다는 것을 의미한다. 하나의 구심점이 있고, 어떤 식으로든 그 구심점을 중심으로 많은 사람들이 모였다는 것을 뜻하기 때문이다. 이때 구심점은 조직의 규모에 걸맞게 거대한 권력을 지니게 된다. 즉 조직이나 집단을 거대화시킨다는 것은 '집중'을 의미하고, 그것은 현실적으로 권력의 구심점에서 권력의 바깥을 향해 피라미드와

근대 올림픽의 "보다 빠르게, 보다 높게, 보다 강하게"라는 표어는 올림픽 경기에만 해당하지 않는다. 현대 문명 곳곳에서 이러한 표어는 인간이 추구하는 목표가 되어 있다. 그리고 한편에선 거대함에 대한 숭배를 낳고 있다.

같은 권력 구조를 형성하기 쉽다. 이런 피라미드 구조에선 우리가 역사적으로 겪었던 바대로 맨 아래 계층이 조직의 하중을 견디는 일을 맡는다. 그러니까 현장 노동자들이 조직의 무게를 가장 밑바닥에서 감당하게 된다.

이를 영국의 예를 들어 살펴보자. 〈작은 것이 아름답다〉에서 슈마허는 "영국은 총인구의 약 6분의 1이 현장 노동자이며 평균하면 이 사람들이 혼자 나머지 다섯 명을 기르고 있는 셈"이라고 지적한다. 슈마허가 "혼자 나머지 다섯 명을 기르고 있는 셈"이라고 한 표현이 흥미롭다. 어쨌든 이를 분석하면 6분의 4는 현장 노동자가 아닌 직업^{서비스업, 학생, 각종 사무 전문가 등}에 종사하는 사람들이 피라미드의 상위층을 차곡차곡 채우고 있다는 이야기가 된다. 물론 그 맨 꼭대기에는 정부와 관료들이 있을 것이다. 이어서 슈마허는 파킨슨 법칙^{관리의 수는 일의 양과 관계없이 일정한 비율로 불어난다는 법칙}을 예로 들면서 관리자 또는 관료가 일정한 비율로 존재할 수밖에 없음을 역설하고 있다.

그런데 슈마허는 이런 구조에서는, 조직이 크면 클수록 그 조직의 구성원도 도덕적 존재로서 자유롭게 행동하기가 점점 더 불가능해진다고 꼬집는다. "그들^{관료}이 이렇게 말하는 경우가 점점 더 빈번해진다. '미안합니다. 제가 하는 일이 옳지 않다는 것을 알지만 이건 제게 부여된 지시 사항입니다' 또는 '이 규정은 제가 봉급을 받는 사람으로서 실행에 옮겨야만 하는 것입니다' 같은 말이다. 대체로 마지막 말은 이러하다. '저도 댁과 똑같은 생각을 하고 있습니다. 이 문제는 제 위의 상급자나 댁의 지역구 국회의원에게 가져가시면 되겠습니다.'"

그리고 슈마허는 이런 말을 덧붙인다. "결과적으로 큰 조직들은 아주

불량하고 부도덕하게, 또는 아주 어리석고 비인간적으로 움직이기 마련인데 이는 그 조직 내의 사람들이 본래 그래서가 아니라, 단지 그 조직이 크다는 데서 오는 하중을 받기 때문이다. 그 안에 있는 사람들은 바깥에 있는 사람들에게 비판을 받으며, 물론 그러한 비판이 정당하고도 필요하다. 다만 번지수를 잘못 찾아갔을 따름이다. 잘못은 조직을 이루는 사람들에게 있는 게 아니라 조직의 크기에 있다." ^{〈내가 믿는 세상〉} 관료에 대한 비판은 자칫 자동차가 배기가스를 배출한다고 운전자를 나무라는 것과 같은 꼴이 되기 싶다는 것이 슈마허의 생각이다. 천사라고 하더라도 공기를 더럽히지 않고 차를 운전할 수는 없는 노릇이기에 운전자를 나무라는 것은 비판의 방향이 어긋난 것이다. 우리는 이런 문제를 흔히 구조적 모순 또는 구조적 딜레마라고 한다.

슈마허는 이런 구조적 모순을 드러내는 일화를 하나 소개한다. 동아프리카에 세워진 네덜란드 섬유공장을 방문했을 때의 일이다. 그 공장의 네덜란드 출신 지배인은 정부가 자신의 공장을 이곳에 허가한 것은 현지인들의 실업 해결을 위해서라고 했다. 그러나 실제로는 불량품을 줄이는 자동화 설비를 완전히 가동되도록 하기 위해서 고용 인원을 점차 줄여나가고 있다고 했다. 바로 조직의 생리 탓이다. 이는 거대한 조직일수록 빠지기 쉬운 함정이다. 사람이 살기 위해 조직을 만들었지만, 이젠 조직을 위한 조직이 되어 사람을 밀어내는 상황이 되는 것이다. 이런 현실은 현대 사회에서는 일상이 된 듯싶다.

그런데 이런 행위를 더 냉정하게 행하는 조직이 있는데 바로 국가권력이다. 특히 국가의 안위와 관련된 문제에서는 더욱 그렇다. "국가권력이 행사되는 극단적인 예는 전쟁에서 찾아볼 수 있다. 전쟁이 일어나면 정부를 책임지고 있는 극소수의 사람들이 수백만 명의 생명을 희생시킬 수 있는 결정을 내리며, 텔레비전을 통해 이런 결정을 확정된 정책으로 공표한다.” ^{숀 쉬한 지음, 조준상 옮김, 〈우리 시대의 아나키즘〉, 필맥}

사실 거대한 규모일수록 각 개인의 의사에 상관없거나 반하는 일방통행은 더 빈번하게 더 심각하게 행해질 수밖에 없다. 거대한 조직의 관료가 되는 “그들은 사람 발에 완벽하게 맞는 구두를 만들어내는 일을 즐길 수가 없다. 그들의 직무는 되도록 모든 발에 맞는 복합형 구두를 맞추는 일이다. 실생활의 다양성은 무궁무진하며 모든 개별적인 경우마다 특별한 규칙을 만들 수는 없다. 그들의 임무는 가능한 모든 경우를 예상하고 더욱 최소의 규칙이 모든 경우에 들어맞게끔 하는 것이다.” ^{〈내가 믿는 세상〉} 개개인의 의사를 수용하는 것보다는 관리하기에 편한 구조를 만들고자 하는 것이 관리자들의 속성인 셈이다.

이러한 조직^{또는 사회}의 냉정함과 일방통행을 사회학적으로 규정한 사람이 있다. 신학자 라인홀드 니버는 그의 유명한 〈도덕적 인간과 비도덕적 사회〉라는 책을 통해 이러한 사회 현상을 규명하고 있다. 니버는 국가를 예로 들어 “사회는 도덕적인 요소보다는 정치력, 군사력, 경제력 등의 요인이 주가 된다”고 역설하며 “집단이 클수록 공동의 지성과 공동의 목적을 달성하기 어려워지고, 그럴수록 더욱 어쩔 수 없이 순간적인 충동 및 직접적이고 무반성적인 목적들과 결탁될 것”이라고 분석한다. 거대한 사회 조직이 갖는 비도덕적 성격을 지적하고 있는 것이다. 그러면서 그는 사회의 특성상 “인간은 언제나 목적으로 취급되어야 하고 수단으로 취급되어서는 안 된다”는 칸트의 말이 실현되기 어려운 구조라고 강조한다. 왜냐하면 사회나 조직은 개인들이 중시하는 도덕적인 요소보다는

영화 〈모던 타임스〉의 한 장면. 거대한 대량생산 체제의 부속품이 되어 인간의 가치를 상실한 노동자의 삶을 풍자하고 있다. 사람을 위해 공장이 있는 것이 아니라 공장을 위해 사람이 존재하는 듯하다.

도덕과는 아무 상관이 없는 비도덕적인 것, 예를 들면 정치·군사·경제 등의 집합체이기 때문이라는 것이다.

그는 또 국가나 조직은 내부에서 노골적인 비판이 있더라도 이를 겸허하게 받아들이기 어렵다고 지적한다. 니버에 의하면 나라 안에서 나타나는 자기비판은 보통 지배계급에 의해서 또는 사회 자체의 통일을 향한 본능에 의해 방해를 받는다고 한다. 왜냐하면 자기비판은 일종의 내적 분열로 간주되기 때문이다. 그래서 거대한 구조일수록 '반역'에 제일 민감하게 반응한다는 것이다. 니버의 이야기를 역으로 말하면 사회에서 제일 큰 덕목은 충성심이라고 할 수 있다. 지난 역대 정권들의 행태를 보면 이는 분명하게 나타난다. 우리는 지금까지의 이야기를 토대로 거대한 구조는 필연적으로 '비도덕적인 피라미드'라는 결론을 내려도 무리가 아닐 듯싶다.

거대함의 아픔

거대한 구조가 지니는 자기모순적인 속성은 구성원들에게 희생과 불행을 강요하기도 한다. 물론 이 문제를 살필 때 우리가 염두에 둬야 할 것은 이 둘은 서로 원인이자 결과가 되는 측면이 있다는 점이다. 즉 원인과 결과가 명쾌히 구분되지는 않는다는 것이다.

잠시 트로이전쟁 이야기를 다룬 신화 속으로 들어가 보자. 지금 우리가 갖고 있는 고민들이 상징적으로 잘 드러나기 때문이다.

고대 그리스의 도시국가들은 그리스 연합군을 구성해 에게해를 건너 소아시아 지금의 터키 일대에 있는 도시국가 트로이에 쳐들어간다. 이때 신들의 계획은 트로이와 같은 도시국가를 멸망시키고 로마와 같은 대제국을 건설하는 것이었다. 이러한 신들의 의지는 한편에선 세계사의 방향을 신화적으로 해석한 것이다. 세계사의 흐름은 작은 도시국가 단위를 넘어서서 대제국으로 통폐합되는 과정에 있었다.

신들의 의지를 실현하기 위해 그리스 연합군과 트로이군은 10년이라는 오랜 시간 동안 전쟁을 펼친다. 그리고 바다의 신인 포세이돈은 트로이를 멸망시키기 위해 생각한 최후의 방안 즉 트로이 목마를 이용해 그리스의 정예 병사들을 트로이 성안으로 들여보내는 계책을 오디세우스에 일러준다. 그리고 마침내 긴 전쟁은 끝이 난다.

그러나 그것이 대제국을 향해 가는 세계사의 방향과 관련된 인간들의 이야기였든 신들의 각본에 따라 연기하는 배우들에 불과했든 트로이전쟁에 임했던 개별 인간들은 모두 불행을 맞이한다. 트로이군을 이끄는 헥토르는 아킬레우스에 의해 죽는다. 트로이 목마라는 신들의 음모를 안 트로이의 사제 라오콘은 이 사실을 트로이 시민들에게 알렸다는 죄로 신들의 보복을 당한다. 물론 트로이 시민들은 사제 라오콘의 경고를 무시했지만 말이다. 뿐만 아니라 그리스 연합군을 이끌었던 아가멤논은 그리스로 귀환하자 어이없게도 비참한 죽음을 맞이한다. 전쟁 영웅 아킬레우스도 전투 중에 죽는다. 포세이돈의 도움으로 트로이의 계책을 생각해낸 오디세우스는 전쟁에서 승리한 뒤 고향 그리스의 이타카로 돌아가지만 그 여행은 또 다른 고난과 모험으로 이어진다. 숱한 고비를 넘기고 긴 모험 끝에 이타카에 도착하지만 전쟁 영웅을 기다리고 있는 것은 찬란한 영광도 아니었고, 그가 그토록 만나자고 했던 가족도 아니었다. 그는 옛 자리로 돌아가기 위해 또 다른 전쟁을 치러야만 한다. 그리고 무엇보다도 그리스 여러 도시국가나 트로이의 평범한 주민들, 군사들은 오랜 고통을 감내하거나 희생당해야 했다.

국가라는 거대한 조직이 맞부딪치며 전쟁과 역사라는 큰 물줄기가 만들어지지만 정작 거기에 속한 개별 인간들의 삶에 찾아오는 운명은 비정하기만 하다. 그럼에도 불구하고 사회 구성원들은 자신의 가치관과 상관없이 더 큰 집단의 가치를 가지고 거대한 물결이나 시류에 동참하곤 했다. 그리고 이러한 비정한 사회는 비정한 인간을 양산하곤 하였다. 니버의 말을 빌리자면 비도덕적 사회가 비도덕적 인간을 양산하였다고 할 수 있다.

그렇다면 산업혁명 이후 본격적으로 자본주의 시대로 접어들면서 더 큰 가치관으로 자리를 잡은 것은 무엇일까? 그것은 경제 논리이다. 슈마허의 말대로 "경제학이라는 종교는 거의 전 세계를 정복했다"고 할 수 있는 세상이 되었다. 서구 자본주의 문명이 세계의 주류 문명이 된 현대에는 모든 것이 경제 논리로 설명이 되고 그것은 모든 행동의 기반과 방향이 된 상황이다.

슈마허는 〈내가 믿는 세상〉에서 그 결과로 "개발도상국들, 그리고 나라 밖에서 원조를 제공하는 이들의 주요 과업은 대량 실업과 도시로의 대량 이주라는 쌍둥이 해악과 맞서 싸우는 일"이 일상이 되어버렸다고 한다. 그래서 "한 나라의 어떤 지역이든 발전의 물결이 그냥 지나쳐 가면 그곳은 필연적으로 대량 실업 사태를 맞게 되며, 그 때문에 사람들은 조만간 그 땅을 등지게" 되는 사회적 아픔이 양산된다고 지적한다. "대량생산은 사람보다는 기계와 더 친근하기 때문"이며 그 결과 "생산요소에서 인적 요소를 점진적으로 제거하는" 일이 일어난다는 것이다. 대량

영화 〈트로이〉의 한 장면. 바다의 신 포세이돈의 계책에 따라 오디세우스는 트로이 목마를 만들어 놓고 철수한다. 이에 트로이에서는 승리의 선물로 알고 이를 성안으로 들여온다. 그러나 목마 안에는 그리스 연합군의 병사들이 몰래 타고 있었다. 트로이전쟁은 신들의 각본과 감독에 따라 움직인다. 수많은 영웅들은 승리를 위해 열심히 싸우지만 결국 신들의 거대한 의지를 실현하는 배우의 역할에 불과하게 된다.

실업과 도시로의 대량 이주는 서로 맞물리면서 사회적 악순환으로 자리를 잡고 있다.

이러한 거대한 구조에 꼭 따라붙는 문제가 있는데 바로 불평등과 사회적 약자의 문제이다. 슈마허는 "사람의 이동이 격심하고 침착성이 없는 사회에서는 불균형의 법칙이 균형의 법칙보다 훨씬 강하게 작용하기 때문"에 불평등이나 사회적 약자의 문제가 일어난다고 하면서 이 과정을 다음과 같이 묘사한다. "성공한 사람은 더욱더 성공하고, 패자는 패배를 계속하는 것이다. 그리하여 성공한 주는 패배한 주로부터 활기를 빼앗아 간다. 강자를 막을 방벽을 구축하지 않는 한, 약자에게는 성공할 가망이 없으며, 전혀 싹이 돋아나지 않은 채로 있거나 강자에게 이동하여 흡수되는 수밖에 없다. 약자에게는 자활할 길이 없는 것이다."〈작은 것이 아름답다〉 소위 말하는 '빈익빈 부익부' 현상이 운명처럼 드리워지게 된다는 것이다.

슈마허는 이러한 상황이 거대한 규모로 인해 저절로 그렇게 되는 경우도 있지만, 정치적 입김 때문에 그렇게 되는 경우도 많다고 이야기한다. 말하자면 규모가 큰 시장이라면 자연적 경쟁이 아닌, 정치력의 개입으로 시장이 편성된다고 본 것이다. 그래서 더욱더 '빈익빈 부익부'는 강화되는 것이라고 볼 수 있다. 그래서 그는 〈내가 믿는 세상〉에서 "거대도시화, 광대한 광역 도시권화 추세는 상상을 초월하는 다수 인구의 궁핍화를 전망하게 한다"고 말한다.

인간의 거대함을 향한 끝없는 욕망은 한편에서 무한한 자원을 필요로 한다. 사진은 캐나다의 한 철광산.

　한 사회가 거대화가 되면 자체적인 정화 능력이나 재통합의 능력도 떨어진다. 예를 들자면 2000명이 주민인 섬이 있다고 치자. 그 섬에서 범죄자가 나오더라도 몇 명에게 그에 상응하는 처벌을 한 후 사회구성원들이 노력하여 그들을 사회로 통합할 수 있을 것이다. 하지만 영국과 같은 현대 국가처럼 인구가 5000만 명이라면 이야기는 달라진다. 범죄자들을 가두는 수용소를 크게 지어야 하고, 그들을 감시하는 사람과 교도하는 사람들을 대량으로 투입해야 하는 것이다. 범죄자들은 그 속에서 또 다른 동류 집단을 형성하여 사회와의 재통합의 길은 요원해지기 십상이다. 이것도 역시 한 사회의 크기가 문제가 되어서 일어나는 일이라고 할 수 있다.

　그런데 지금까지의 문제보다 더 아이러니한 문제가 있다. 거대화, 대량화 등을 뒷받침하기 위해선 자원 등이 무한해야 한다는 전제가 필요하다. 산업 경제의 영속성이 논란이 되는 것이다. 슈마허는 〈작은 것이 아름답다〉에서 이 문제를 집중적으로 거론하고 있다. "영속성의 경제학은 과학·기술의 근본적인 재편성을 의미"한다면서 "유한한 환경 밑에서 무한한 성장을 추구하는 유물주의 위에 구축된 생활양식이 오래 계속될 리가 없다. 또 그러한 생활양식이 성장하는 데 성공할수록 붕괴도 빨라질 것임에는 틀림없다"고 단정한다. 한정된 자원을 무작정 사용한 탓에 환경오염이 심각해지고, 자원 고갈도 가속화되었다는 것이다. 이는 경제 논리로 접근해도 남는 장사가 아니었다고 할 수 있다. 경제적이라 하면 지속적인 이윤 추구가 보장되어야 하는데 이제 세계는 이런 부분을 두고 여기저기서 이의를 제기할 뿐만 아니라 실제로 자원의 한계를 통해 석유 파동, 식량 파동과 같은 몸살을 앓고 있다.

슈마허는 "경제성장은 어떠한 질적인 판단도 포함하고 있지 않은 순전히 양적인 개념으로, 정책의 합리적 목적으로 받아들여질 수는 없다" ^{〈내가 믿는 세상〉}고 말한다. 양적인 경제성장을 추구하는 거대한 사회가 경제적이고 합리적인 판단조차 제대로 하지 못하고 있음을 지적하는 말이다.

작은 것이 아름답다고 하는 것은

서두에 말했던 것처럼 아무리 거대함의 폐단을 이야기해도 여전히 성장을 추구해야 한다면, 슈마허의 말대로 건강한 성장을 해야 하지 않을까 싶다. 말하자면 "환경을 오염시키거나 사회 구조와 인간 자체의 질을 떨어뜨리는 과학적 내지 기술적인 해결은, 그것이 아무리 능란해 보이고 매력적으로 보일지라도 쓸모없는 것이다. 경제력의 더 큰 집중을 초래하거나 환경을 더욱 파괴하는 대형 기계는 진보를 가져오는 것이 아니며, 예지를 부정하는 것이다." ^{〈작은 것이 아름답다〉} 앞에서 이야기했던 것처럼 '영속적인 경제학' 즉 지속적인 경제 성장을 위해서라도 우리는 새로운 사회적 합의를 필요로 하는지도 모른다.

환경단체 '에코붓다'의 대표 유정길 박사는 한 환경단체의 환경의 날 기념 강좌에서 주류 가치의 이동에 대해 설파했다. 그에 따르면 지금 우리 사회의 주류 가치는 부유한 것, 거대한 것 등이 좋은 것이라고 생각하고 모두가 그것을 추구하는 사회라는 것이다. 그로 인해 자원, 환경, 경제 등에서 모두 빨간불이 켜졌으며, 이에 우리 사회의 주류 가치인 '경제적인 부에 대한 열망'의 가치를 이동시켜 '골고루 가난하게 사는 세상' 을 만들어야 한다고 역설했다.

이 과제를 장기판 방식이 아닌 바둑판 방식으로 해야 된다는 견해가 있다. 2006년 4월 27일 기독교사회포럼에서 발제자로 나선 이기호 박사는 신자유주의적 세계화를 비판하면서 그런 거대한 물결을 이길 수 있는 길로 바둑판 방식을 권유했다. 장기판 방식은 어떻게 해서라도 왕을 잡아먹으면 이기는 방식으로서 거대함과 거대함이 서로 경쟁해서 수단 방법을 가리지 않고 다른 거대함을 쓰러뜨리는 방식이라고 할 수 있다. 반면에 바둑판 방식은 자신이 처한 자리에서 조금씩 집을 지어나가는, 즉 영역을 조금씩 확대해 나가는 방식으로 소규모 형태의 작은 지역운동들을 말한다.

이런 차원에서 중시되는 기술이나 도구는 값이 싸서 누구나 쉽게 손에 넣을 수 있고, 작은 규모로 응용할 수 있으며, 인간의 창조력을 발휘하게 할 수 있는 것이다.^(작은 것이 아름답다) 간디의 말을 빌리자면 대량생산이 아닌 대중에 의한 생산 체제이다. 대량생산을 위해선 기술집약적이고 자본집약적어야 하기에 인간 다수가 참여할 수 있는 여지는 자연히 줄 수밖에 없다. 현대의 산업은 노동을 절약하기 위한 산업인 것이다. 그에 비하면 슈마허가 주장하는 생산방식은 대중에 의한 생산이 가능하고, 언제든지 인간적 소통이 가능한 규모의 조직을 필요로 한다. 슈마허는 이를 지역 중심의 개발과 중간 기술이라고 정의한다. 즉 대량생산이 가능한 기술이 아닌 많은 대중이 참여할 수 있는 형태의 기술이라는 것이다. 그래서 〈국가의 붕괴〉의 저자 레오폴드 토어 교수는 "규모의 문제는 영속성의 경제학과 통하는 것이다. 소규모의 사업은 아무리 수가 많아도 하나하나의 힘이 자연의 회복력보다 작기 때문에, 언제나 대규모의

간디가 뭄바이(봄베이)에 머물 때 쓰던 물레가 벽 아래쪽에 있다. 거대한 기계에 의해 움직이는 산업이 인간의 탐욕을 부채질하며 노동자의 소외와 가난을 낳는다고 본 간디는 서구 자본주의에 종속되지 않고 명상 생활을 하기 위해 물레를 돌렸다. 그는 기계 자체를 반대한 것이 아니라 인간적 규모의 기계를 원했던 것이다.

사업에 비해 자연환경에 재해를 거의 미치지 않는"다고 역설하면서 인간에 기초한 영속적인 성장을 일러 준다. 물론 작은 지역사회에서도 무지가 원인이 되어 때로는 심각한 재해가 일어나는 수가 있지만, 탐욕과 질투심 및 권력욕에 의해 움직이는 거대한 조직의 재해에 비하면 대수로운 게 아니다. 더욱이 작은 단위로 조직되는 사람들은, 우주 전체가 자신이 소유한 벌채장인 것처럼 여기고 있는 대기업이나 거대 지향적 정부보다는 작지만 소중한 자신들의 토지나 천연자원을 더 잘 돌볼 것이 틀림없다.

이러한 것을 잘 실천하고 있는 나라가 바로 스위스이다. 2007년 통계청 자료에 의하면 우리나라는 서울시만 해도 인구가 1042만 명인데 스위스는 전체 인구가 600만 명이 채 안 된다. 그런데 이를 20개 이상의 주로 나누고 있다. 스위스, 덴마크, 노르웨이 등의 서유럽 국가 중 소규모의 국가들이 세계 전체 국가를 대상으로 실시한 행복지수 조사에서 지속적으로 1위를 차지하는 것은 우연이 아닐 듯싶다.

흥미로운 점은 엄청난 자원과 전기 등을 필요로 하는 초고층 빌딩이 대부분 동남아나 대만, 중국, 한국, 중동과 같은 신흥 개발국을 중심으로 세워지고 있다는 점이다. 임석재 교수는 〈교양으로 읽는 건축〉^{인물과사상사}에서 열강들의 제국주의적 팽창이 한창일 때는 국가의 체면을 걸고 거대한 건축물을 세우려는 경쟁들이 벌어졌지만 1930년대를 종점으로 이러한 경쟁이 거의 사라졌다고 지적한다. 거대 건물이 갖는 비인간적인 속성, 환경 파괴와 자원 낭비 때문이다.

이렇게 놓고 볼 때 작은 것이 아름답다는 것은 단순히 감성적인 차원이나 추상적인 차원의 문제가 아니다. 우리 사회보다 일찌감치 문명의

진보를 이루며 거대함을 추구했던 서구 사회에서 시행착오를 겪고 나서
내놓은 보고서가 바로 〈작은 것이 아름답다〉는 것이다.

작은 것과 거대한 것을 넘어서

그렇다면 거대한 것은 좋지 않
고 작은 것은 무조건 좋은 것일까? 그래서 작은 것을 추구하는 것은 정당
하다고만 할 수 있을까? 슈마허는 이에 대해 아주 적절한 답을 주고 있
다. 그는 "여기서 내가 강조하고자 하는 것은 규모에 관한 인간의 요구
에는 양면성이 있다는 점이다. 단 하나의 해답이라는 것은 있을 수 없다.
목적에 따라 소규모의 것과 대규모의 것, 배타적인 것과 개방적인 것 등
여러 가지 조직이나 구조가 필요하다" ^{〈작은 것이 아름답다〉}고 말한다. 슈마허는
"오늘날 사람들은 거의 예외 없이 '거대신앙'이라는 병에 걸려 있다. 따
라서 필요에 따라 작은 것의 훌륭함을 강조하지 않으면 안 된다. 만일 사
물의 성질이나 목적과는 관계없이 작은 것이 맹목적으로 존중된다면,
이와 반대되는 일을 하지 않으면 안 된다"는 생각으로 작은 것이 아름답
다는 것을 역설했다고 한다. 다시 말하면 이 세상이 작은 것만을 강조하
고 추구했다면 역으로 자신은 큰 것의 필요함을 역설했을 것이라는 이
야기다. "모든 조직에는 그 조직이 조금의 능률이라도 가지기 위해 도달
해야 할 결정적 크기라는 것이 있음을 나는 조금도 의심하지 않는다" <sup>〈내
가 믿는 세상〉</sup>는 것이 슈마허의 생각이다. 즉 "너무 큰 것도, 너무 작은 것도
존재하기가 어렵다"는 것이다.

이런 차원에서 우리는 적절한 크기를 고민할 수밖에 없다. 학교 수업

을 예로 들어보자. 어떤 수업은 소규모로 모여서 대화하고 토론하는 것이 효과적이지만, 어떤 수업^{운동회, 소풍, 강연대회 등}은 많으면 많을수록 그 효과가 클 수 있다. 슈마허에 의하면 도시 규모도 50만 명이 적절하다고 한다. 너무 많으면 인구 집중에 따른 문제가 심각할 것이고, 너무 적어도 도시가 유지되기 힘들다는 것이다.

우리는 지금까지의 이야기를 통해 보다 본질적인 것을 이야기할 수 있을 듯하다. 지금까지 우리가 그토록 문제 삼은 크기의 문제는 상대적이라는 것이다. 지금 세계에서 우리에게 거대한 것도 아름다울 수 있다는 것을 보여주는 것이 바로 유럽연합이 아닐까 싶다. 물론 시각에 따라 찬반의 견해가 있겠지만, 대체로 세계의 시선은 유럽연합에 호의적인 듯싶다. 유럽연합도 두 차례의 세계대전으로 틈이 벌어진 프랑스와 독일 양국이 서로 화해하는 과정에서 시작된 것이지 않은가! 그래서 거대한 구조가 꼭 필요하다고 하면, 앞에서 말한 피라미드 구조, 관료체제 구조, 비도덕적인 구조, 인간소외의 구조, 상명하달식의 구조, 일방통행의 구조 등을 최소화할 수 있는 방안을 찾아야 할 것이다. 지금의 유럽연합은 협의하는 구조이고, 작은 단위를 인정하는 구조이며, 작은 단위의 자율성을 최대한 보장하는 구조이기도 하다. 원활한 소통과 사회적 합의 차원에서 생겨난 '거대함'이라면 크기 때문에 생기는 아픔을 최소화할 수 있을 것이라는 생각이다.

우리는 지금까지 거대함에서 비롯된 위험성을 살피며 작은 것의 아름다움과 적절한 크기의 적합성을 따져 보았다. 그럼에도 우리의 문명은 계속 거대함만을 추구하는 것에 미련을 버리지 못하는 이유는 무엇일까?

　그것은 슈마허가 말한 대로 기술 자체가 갖는 속성 때문이다. 기술은 인간이 만들었지만 독자적인 법칙과 원리에 의해 발전되어 가는 속성을 지닌다. 그러니까 인간은 현대 문명을 만들었지만 인간이 건드릴 수 없는 원리 즉 시장원리, 경제원리, 자본원리, 성장원리, 발전원리 등에 묶여 지금의 방향을 계속 고수하게 된다. 다시 말해 사람이 만든 문명이지만 사람이 어쩔 수 없는 진퇴양난에 빠져 있는 것이 지금의 문명이라는 것이다. 그러나 우리 스스로가 문명을 지혜롭게 조절하지 못한다면 크기 경쟁의 벽에 갇힌 공룡의 신세가 되지 말라는 법이 없다. 이를 위해선 우리가 각 개별 단위로 무한 팽창을 도모하는 경쟁의 이해관계를 넘어서 사회적 합의를 이룰 수 있는 성숙함을 지녀야 할 것이다.

아름다움의 새로운 정의들

미(美)의 권력을 넘어서

~

여성의 아름다움도 권력일 수 있는가? 이 물음에 그렇다고 대답한 책이 있다. 아예 책 제목이 〈아름다움도 권력이다〉^{시부이 마호, 구계원 옮김, 매일경제신문사}이다. 같은 능력을 가진 사람들이라면 호감이 가는 스타일의 사람에게 더 많은 기회가 돌아가게 된다고 이 책은 주장한다. "여성은 일을 통해 더욱 아름다워지고, 그 아름다움은 더 많은 기회를 불러오고, 그 기회는 또 다른 기회와 아름다움을 얻을 수 있게 해 준다"는 것이 책의 메시지이다. 물론 외모의 아름다움만 주장하는 것은 아니지만, 책 곳곳에서는 여성이 자신의 외모를 자신감 있게 그리고 아름답게 가꿀 수 있는 비법들을 소개하고 있다.

이 책은 한편에서 우리 시대의 자화상이라고 할 수 있다. 우리는 실제로 아름다움이 권력으로 작용하는 경우를 종종 목도한다. 여성이 외모로 불이익을 받았다는 것은 놀랄 만한 사건이 아니다. 오죽하면 "성격이 나쁜 것은 용서할 수 있어도, 못생긴 것은 용서할 수 없다"는 속담 아닌 속담이 이 시대의 유행어가 되었을까. 이런 현상이 바람직한가 하는 논쟁은 이미 그 의미를 잃어버린 게 아닌가 싶다. 다만 우리는 아름다움이 개인의 은밀한 감정만의 문제는 아니라는 점을 생각할 수 있을 것이다. 대체 아름다움과 사람들이 모여 부지런히 일하면서 뭔가를 추구하는 문명 사이에는 어떤 관계가 있는 것일까?

예쁘면 다 착하다

"예쁘면 다 착하다"는 말이 있다. 여고 교실에서 나온 말이 아니다. 기원전 600년 년쯤, 그러니까 고대 그리스의 유명한 여류 시인이었던 사포가 한 말이다. 이 말에 예나 지금이나 많은 사람들은 반기를 들 것이다. 진정한 아름다움은 외모가 아니라 내면에 있다는 주장을 하는 사람이 있을 것이고, 외모 지상주의를 부추기는 발언이라고 비판하는 사람도 있을 것이다.

그런데 이러한 아름다움에 대해 과학적인 접근을 시도한 사람이 있다. 독일의 과학자이자 심리학자인 울리히 렌츠가 바로 그 사람이다. 그의 책은 우리나라에서도 〈아름다움의 과학〉^{울리히 렌츠, 박승재 옮김, 프로네시스}으로 번역되어 나왔는데 독일에서 출간되었을 때는 사회에 큰 파장을 던지며 많은 논란에 휩싸이기도 했다. 그 주된 이유는 아름다운 외모야말로 우리의 삶에서 중요한 덕목이라는 과학적 고백 때문이었다. 아름다움이란 보는 사람의 눈에 따라 다른 상대적인 개념이 아니라 그저 슬쩍 보기만 해도 파악할 수 있는 키나 몸무게 혹은 머리색처럼 정량화할 수 있는 객관적인 개념일 수 있다는 주장이었다. 반대론자들은, 아름다움은 권력이며 객관적인 과학이라는 저자의 주장이 외모 지상주의를 부추길 수 있다며 반발했던 것이다. 이 책을 설명하는 '미인 불패', '새로운 권력의 발견'과 같은 용어들이 다수의 평범한 사람들에게 곱게 비쳤을 리가 없을 것이다.

그런데 여기서 우리가 하나 짚고 넘어가야 할 게 있다. 아름다움이라는 말 자체가 다분히 추상적이고, 상대적이고, 감정적이며, 심리적인 용어인데 어떻게 과학과 결부시킬 수 있다는 것일까? 그래서 울리히 렌츠는 여러 가지 구체적인 실험과 객관적인 자료들을 들이대며 아주 세밀하게 자신의 주장을 펼친다.

먼저 1970년대 중반 디트로이트 공항에서 승객 502명이 각각 공중전화 박스에서 투명 서류철 하나를 발견하게 되는 실험부터 소개하겠다. 그 서류철은 어느 여고생이 대학 심리학과에 지원하기 위해 작성한 서류들이었다. 서류철 겉에는 자필로 쓴 메모가 붙어 있었다. "사랑하는 아빠, 좋은 여행이 되길 빌어요. 그리고 비행기 타기 전에 이 신청서 부치는 거 잊지 마세요"라고. 서류철의 내용은 이름, 주소, 날인 모든 것이 똑같았다. 단 한 가지만 예외가 있었는데 그건 바로 그 여고생의 사진이었다. 아름다운 외모의 주인공 사진도 있었고, 전혀 그렇지 않은 사진도 있었다. 그러니까 다른 조건은 똑같이 하고, 사진만 바꿔서 실험을 한 것이다. 그렇다면 서류를 부탁한 여학생의 외모와 이를 발견한 사람들이 대신 서류를 부쳐주는 것 사이에는 어떤 상관관계가 있었을까? 결과는 사진 속 얼굴이 예쁠수록 도와주고 싶은 마음이 커진다는 것이었다.

이건 서막에 불과하다. 이런 예는 이 책에 수두룩하다. 텍사스의 법원이 지난 수 년 동안 판결했던 사건 2235건을 조사한 결과도 흥미롭다. 결론부터 말하면 죄를 지어도 예쁜 여성은 형량이 반밖에 되지 않았다는 것이다. 남성의 경우도 마찬가지여서 험상궂은 남자가 사기나 성범죄를 저지르면 형량은 훨씬 늘어났다고 한다. 1990년대 말 독일의 사례에 의하면 취직 지원자를 선발하는 과정에서 가장 크게 부각되는 것은 이력서 위에 붙은 작은 사진이었다고 한다. 1초도 안 되는 시간 안에 그 사진은 신호를 보내 심사위원의 마음을 조종한다는 것이다. 비슷한 시기에 미국의 한 도시에서는 다른 실험이 있었다. 여자 종업원들이 6주 동안 올린 매상과 팁 수입을 기록하게 했는데 예상대로 팁의 액수는 미모에 의해 결정되었다고 한다.

2004년에 발표된 독일의 한 책은 미모와 임금 사이에는 관계가 깊다고 주장하고 있다. "아름다운 사람들과 그렇지 않은 사람들은 실제 능력 면에서는 차이가 없지만, 조금도 놀랍지 않게도 미인들이 임금을 더 많이 받는다"는 것이다. 이밖에도 두 사람이 좁은 인도에서 마주쳤을 때 양보를 받는 건 대체로 더 아름다운 사람이라는 연구 결과가 있다. 교사가 학생들에게 성적을 줄 때도 외모에 영향을 받는다는 보고도 있다. 돌을 섞어 만든 눈덩이를 던져서 다른 아이를 다치게 한 일곱 살짜리 아이가 만약 예쁜 아이였다면 개구쟁이의 짓궂은 장난 정도로 넘기는 반면, 예쁘지 않은 아이였다면 "범죄자의 싹수가 보인다"는 말까지 듣는다는 예들도 있다. 또한 1960년 미국에서 소년의 얼굴을 한 케네디가 텔레비전에 등장하자 7000만 미국 유권자들이 순식간에 그에게 매료되기도 했다. 케네디의 동안^{童顔}이 단단히 한몫을 했다는 이야기다.

잘생긴 남자나 예쁜 여자는 태어날 때부터 남보다 더 많은 신용 자본을 소지하고 있다고 할 수 있다. 광고에 예쁜 사람들이 나오는 것은 그런 이유 때문이다. 아름다움은 이 세상 그 무엇보다 소비를 자극한다는 것이 울리히 렌츠의 생각이다. 그는 "억울하면 예뻐져라"고 귀띔까지 한다. 말하자면 현대 사회에선 미모가 자본이고 권력이라는 이야기를 대놓고 하고 있다. 다시 말해 우리는 아름다움에 의해 규정되는 계급사회에 살고 있다는 것이다.

아름다움은 객관적이다

울리히 렌츠에 따르면 사람들이 선호하는 미모의 기준이 일반의 생각처럼 사람마다 각각 다른 주관적인 것이 아니라 객관적이고 과학적인 요소를 지닌다고 한다. 렌츠는 그의 책 〈아름다움의 과학〉에서 그 근거로 미국 텍사스대의 발생심리학자 주디스 랭로이스가 1991년에 실시한 실험 결과를 인용한다. 실험은 태어난 지 3~6개월이 지난 젖먹이들을 대상으로 매력의 정도가 다른 여학생들의 얼굴을 보여주는 것이었다. 그런데 아이들은 놀랍게도 어른들이 예쁘고 매력적으로 생각하는 얼굴에 가장 오랫동안 눈길을 주었다. 아기는 자신에게 주어진 시간의 거의 3분의 2를 매력적인 얼굴을 보는 데 할애하였다. 이 결과를 놓고 보면 아름다운 얼굴에 대한 판단 기준이 선천적이라고 할 수 있을지도 모르겠다.

40대라는 나이에 미국의 최연소 대통령이 된 케네디(1917~1963). 미국은 그의 등장에 환호하였는데 거기에는 동안(童顔)의 이미지도 나름 한몫을 했다. 요즘처럼 매스컴이 발전하고 이미지 정치가 성행하는 시대에는 정치인의 외모도 중요한 역할을 한다.

또 다른 실험이 있다. 1980년대 말 주디 랭로이스는 32명의 남녀를 촬영한 후 컴퓨터로 평균적인 모습을 산출해 합성사진을 만들었다. 그 결과 여러 사람의 얼굴을 합성한 얼굴이 더 예쁘게 보였다고 한다. 평균적일수록 얼굴이 더 예뻐 보인다는 결론을 얻게 된 것이다.

그렇다면 왜 이런 평균적인 얼굴이 더 예쁘게 보이는 걸까? 그 이유는 좌우 균형 혹은 대칭 때문이다. 좌우가 균형을 이루고, 대칭이 완벽하게 이루어진 얼굴일수록 사람들은 더 아름다움을 느낀다는 것이다. 이 점이 바로 아름답다고 하는 얼굴의 기본 속성이다. 여러 사람의 평균을 낸 얼굴은 좌우가 보다 균형을 이루고 완벽한 대칭에 가까워지는 것이다.

랭로이스는 균형 잡힌 얼굴이나 몸에서처럼 균형이나 대칭이 중요한 것은 생물학적으로 좋은 유전자를 지녔다는 것을 의미하기 때문이라고 한다. 동물 세계에서 몸의 균형이 잡힌 개체들이 짝으로 선택되는 것도 좋은 유전자를 얻기 위한 동물들의 노력의 증거라는 것이다. 그래서 사람들이 생각하는 미인은 완벽한 좌우 대칭, 동안童顔, 큰 눈, 매끄러운 피부, 큰 키 등의 조건을 갖춘 사람이라고 오래전부터 암묵적인 사회 합의가 이뤄졌다는 것이다. 입과 턱 사이의 간격이 짧아 아이 얼굴처럼 보이는 동안은 그렇다면 어떤 설명이 가능할까? 누구에게나 공격성을 자제하게 만드는 호소력과 매력을 지녔다고 한다.

미국 텍사스대의 데벤드라 싱의 이론에서는 허리 사이즈와 엉덩이 사이즈의 비율이 여성 신체미의 포괄적 판단 근거가 된다고 한다. 비율이 1 이상이면 허리가 엉덩이보다 더 굵고, 1 이하이면 허리가 더 가늘다는 이야기가 되는데 1920년대부터 80년대까지 미스자메이카 우승자들을 측정한 결과 허리와 엉덩이 비율은 0.72에서 0.69 사이였다. 잡지 〈플레이보이〉의 모델들 또한 0.71에서 0.68 사이였다. 매력적 몸매의 황금률은 허리와 엉덩이의 비율이 0.7쯤에 맞춰져 있다는 것이다. 흥미로운 점은 지역, 계층, 나이, 문화 등과 별개로 아름답다고 인식되는 얼굴은 모두 비슷하다는 점이다. 사람들의 표면적인 부인에도 불구하고 아름다운 외모야말로 우리 삶에서 중요한 덕목이고, 아름다움이란 보는 이의 눈에 따라 다른 상대적 개념이 아니라 키·몸무게·머리색처럼 정량화할 수 있는 객관적 개념이라는 주장이다.

그렇다면 사람들이 상대방이 미인인지 아닌지를 구별하는 데 걸리는 시간은 얼마일까? 0.15초밖에 걸리지 않는다는 보고가 있다. 눈 뒤쪽, 뇌 중앙 양쪽에 자리 잡은 '편도 핵'이라는 신경세포가 얼굴을 인식하는 중요한 역할을 하는데, 바라보는 대상이 아름다운지 그렇지 않은지를 순식간에 판단한다는 것이다. 흥미로운 것은 오른손잡이^{좌측 뇌가 발달한 사람}의 경우에는 관찰 대상의 얼굴 오른쪽을 오래 기억한다는 점이다. 무대에선 모델들이 반사적으로 오른쪽 뺨을 카메라에 노출시킨다는 통설이 있는데 이를 뒷받침하는 근거가 된다고도 할 수 있겠다. 울리히 렌츠는 이처럼 사람에 대한 미적 판단 뒤에는 보편적이고 객관적인 기준이 있으며, 이는 과학적으로도 증명이 가능한 것이라고 역설하는 사람이다.

아름다움을 느끼는 세포

울리히 렌츠의 주장을 뒷받침한다 할 수 있는 책이 하나 더 있다. 사람이 아름답다고 느끼는 것은 뇌 활동의 결과이며, 그것은 사람에게 아름다움을 느끼는 세포가 있다는 이론을 내놓은 사람이 한성대 미디어디자인 컨텐츠학부 교수로 있는 지상현이다. 그는 〈뇌, 아름다움을 말하다〉^{해나무}에서 뇌와 아름다움의 관계를 예술 작품들과 결부시켜 설명하고 있다.

지상현 교수는 먼저 우리에게 흥미로운 질문을 던진다. 십자가에 매달린 그리스도의 초상을 보면 십중팔구 왼쪽^{보는 사람의 입장에선 왼쪽이고, 예수의 입장에선 오른쪽이 된다}으로 고개가 기울어져 있다. 왜 그런 것일까?

지상현에 따르면 신경 미학적 측면에서 볼 때 예수의 얼굴이 왼쪽으로 기울어진 것은 오른쪽일 때보다 더 진한 감동을 준다고 한다. 그것은 좌뇌와 우뇌의 기능 차이에서 비롯된다. 사람의 좌뇌는 언어적인 정보를, 우뇌는 얼굴 표정과 같은 비언어적인 정서를 처리한다. 따라서 다른 사람의 정서 상태를 파악하는 기능은 우뇌에 집중되어 있다.

그런데 여기서 주의할 점은 사람의 우뇌는 몸의 좌측 부분의 신경을 관장한다는 점이다. 물론 좌뇌는 사람 몸의 우측 부분의 신경을 관장한다. 뇌와 담당하는 신체는 서로 반대인 셈이다. 따라서 그림을 놓고 볼 때, 우뇌는 화면의 왼쪽 부분의 정보를 처리하고, 좌뇌는 화면의 오른쪽 부분의 정보를 처리하게 된다. 예를 들어 사진 왼쪽의 반쪽 얼굴은 웃고 있는 표정, 오른쪽 반은 무표정한 얼굴을 한 '키메라'를 제시하고 사진에 관한 인상을 물으면 많은 사람들은 웃는 표정이라고 응답한다. 물론 반대로 왼쪽에 무표정한 얼굴을 배치하고, 오른쪽에 웃는 표정을 배치하면 이번에는 무표정하다는 응답이 많이 나온다. 인간의 우뇌는 좌측 눈을 통해 들어온 화면의 좌측 정보를 토대로 전체 표정을 인식하게 된다는 것이다.

따라서 예수의 얼굴이 시야의 왼쪽에 있으면 오른쪽에 있는 것보다

십자가에 매달린 예수의 수난상. 이때 예수는 대부분 화면의 왼쪽으로 고개가 기울어져 있는 것으로 묘사된다. 이는 얼굴의 표정을 인식하는 뇌의 기능과 관련해 보는 사람들로 하여금 예수의 고난을 더 잘 전달하는 효과가 있다.

십자가에 못 박힌 예수의 고통과 고난이 보는 사람에게 더 잘 인식된다. 십자가에 못 박힌 예수 그리스도의 그림들이 하나같이 예수의 얼굴을 화면 왼쪽으로 기울어지게 그린 이유는 여기에 있다.

지상현은 이어서 레오나르도 다빈치의 그림 〈모나리자〉에 대한 흥미로운 감상법도 이야기한다. 모나리자의 경우 화면 왼쪽 얼굴은 무표정에 가깝지만 오른쪽은 약간 웃는 얼굴이다. 멀리서 그림을 보면 얼굴 전체가 왼쪽 시야에 들어와 웃는 표정을 느낄 수 있지만 정상적인 거리라면 무표정한 느낌을 받게 된다. 그것은 화면 왼쪽 얼굴의 무표정한 표정은 우세하게 느껴지는 반면 오른쪽 얼굴의 웃는 표정은 언뜻언뜻 보이기 때문이다. 실제로 그림을 볼 때는 좌우의 뇌가 복합적으로 움직인다고 한다. 이 때문에 모나리자 얼굴을 오른쪽^{감상자 입장에서} 중심으로 보면 웃고 있는 것처럼 보이다가 왼쪽 중심으로 보면 무표정하게 보이고, 결국 감상자에게 웃는 듯 마는 듯 보인다는 것이다. 좌우 뇌의 기능 분담을 모르던 시절에 이런 그림을 그렸다는 것이 가히 경탄할 만하다고 저자는 다빈치에게 찬사를 보낸다.

색채의 마술사라고 불리는 화가 샤갈은 청색을 많이 사용해서 뉴런^{신경계통을 이루는 가장 기본적인 단위의 신경세포}의 활성화를 촉진시켜 더 밝게 보이게 했다는 연구도 있다. 샤갈이 사용한 청색은 곳곳에 검은색이 섞여 있다. 그런데 어두운 색^{검정}과 인접한 색채^{청색}는 원래보다 더 환하게 인간에게 느

레오나르도 다빈치가 그린 〈모나리자〉의 얼굴 부분을 확대한 모습. 신비한 모나리자의 미소는 얼굴의 왼쪽(감상자 입장에서)을 좀 무표정하게 반면 오른쪽을 살짝 웃는 모습으로 묘사한 차이가 주는 효과 때문이라는 이야기가 있다.

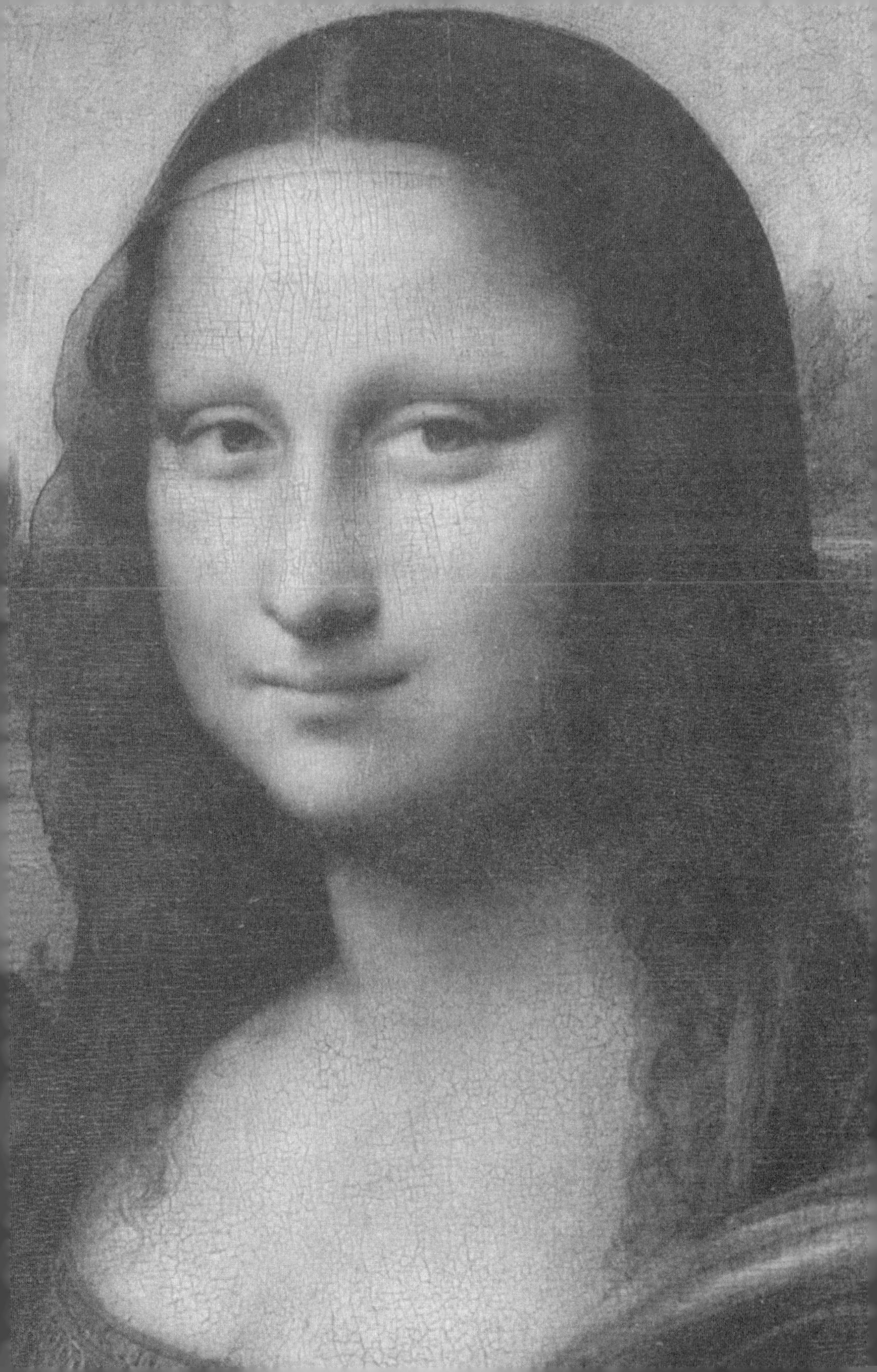

껴지는데 샤갈의 이러한 효과를 이용해 청색이 더 환상적인 감동을 주게 되었다는 것이다. 그밖에도 피카소, 르누아르 등 많은 화가들이 쓴 미술 기법들은 뇌의 구조와 기능을 잘 고려하였기에 사람들에게 큰 감동을 주는 명화가 되었다는 분석이다. 지상현에 따르면 아름다움의 구성 원리인 형식미는 인류 보편의 감성과 신경 구조에 기반을 두고 있다는 것이다.

인간이 아름다움을 추구하는 것을 진화론적인 차원에서 탁월하게 설명한 사람이 있다. 문화비평가 정이창이 그렇다. 그는 "아름다움을 해부하다"라는 글에서 인간이 아름다움을 추구하는 것은 인간의 생존에 이득이 되기 때문이라고 주장하고 있다. 다윈의 성 선택 이론에 의하면 아름다움은 건강과 동의어라고 한다. 앞에서 살펴본 것처럼 대칭형 얼굴, 매끄러운 피부, 바른 자세는 이성에게 자신의 건강 상태가 좋음을 알리는 지표 역할을 한다. 바로 이것이 아름다움을 드러낸다는 것이다. 그에 의하면 아름다움을 추구하는 사람들의 성향은 두 가지 이론으로 설명된다고 한다.

먼저 '모범 이론' 은 사람들의 미의 기준이 평균을 지향한다는 주장이다. 사람들에게 여러 얼굴이 담긴 사진들을 보여주고 호감도 검사를 했을 때, 여러 사진을 합성하여 평균에 가깝게 만든 사진을 가장 많은 사람들이 선택했다는 실험 결과를 앞에서 살펴본 적이 있다. 평균을 지향하는 성향은 진화의 일차적인 방향이 잠재적인 위험을 제거하는 쪽으로 나아갔기 때문이라고 한다. 진화의 과정은 가장 좋은 것을 고르는 것보다 차악의 것을 제외하는 것을 우선시한다는 것이다. 그래서 거미는 99 퍼센트가 무해하지만 인간에게 본능적인 혐오감을 불러일으킨다고 한

다. 이 주장에 따르면 아름다움은 '추함이 없는 상태' 로 정의되며, 사람
들은 평균에서 극단적으로 벗어나는 것을 멀리하고 평균에 가까운 것을
안전하게 여기고 이를 아름답다고 인식하게 된다는 것이다. 이런 설명
을 '나쁜 유전자 가설' 이라고 한다.

또 하나는 '과장 이론' 인데 이것은 공작의 꼬리나 얼룩말 무늬, 수컷
코끼리의 엄니처럼 신체 일부가 화려하거나 크기가 클수록 이성에게 짝
으로 선택될 확률이 높아진다는 주장이다. 인간의 화장도 여기에 포함
될 수 있다. 과장된 것에 매료되는 성향은 이렇게 설명된다. 공작의 꼬리
나 얼룩말 무늬는 자신의 장점을 홍보하기 위한 수단으로서 화려하고
아름다운 장식물을 과시하여 자신의 건강 상태를 드러낸다. 아울러 부
와 여유를 과시하는 표현 수단이 되기도 한다. 이것은 '좋은 유전자 가
설' 이라고 부르며, 사람에게서 이런 성향은 남자의 근육질 몸매와 여자
의 깡마른 몸매에서 드러난다는 것이다.

누드와 네이키드

지금까지 나눈 이야기에 따른다면 우리가 기
존에 알고 있었던 아름다움에 대한 지식, 그러니까 사람마다 시대와 문
화마다 미의 기준이 다르다는 견해가 흔들리지 않을 수 없다. 사람들의
미적 감성이 뉴런의 작용과 유전적인 원인과 진화론적인 요인들의 결합
이라는 것도 아름다움에는 공통적인 부분이 상당히 존재한다는 이론에
힘을 실어 주고 있다.

하지만 이 문제에 답을 내린다는 것이 쉬운 문제만은 아닌 것 같다. 특

히 현대 예술의 여러 장면을 보노라면 더욱 그렇다. 아름다움에 대한 기존 상식을 허무는 예술들이 무수히 존재하기 때문이다. 자신의 팔에 총을 쏴서 피를 뚝뚝 흘리는 장면을 촬영한 사진을 예술이라고 주장하는 사람이 있고, 정기적으로 자신의 몸에서 혈액을 채취해 이를 얼려서 만든 두상도 있다. 구역질이 나는 동물 내장을 쌓아 두고 그 속을 헤집으며 벌이는 예술 퍼포먼스도 있고, 보기만 해도 징그러운 이구아나 같은 파충류를 애완동물이라고 지극히 아끼는 사람도 있다. 커다란 뱀을 몸에 칭칭 감고 다니면서 뱀을 사랑하는 여성도 있다. 사람들이 혐오하고 꺼리는 생명체들 말하자면 거미, 전갈, 바퀴벌레, 기생충, 방울뱀, 쇠똥구리, 하이에나 같은 동물들을 아름답다고 표현한 작가도 있다. 나탈리 앤지어는 그의 책 〈살아 있는 것들의 아름다움〉^{해나무}에서 우리가 평소 징그럽고 추하다고 멀리했던 동물들을 마치 연극의 등장인물처럼 친근하고 드라마틱하게 그려내고 있다. 반면 우리가 아름답다고 생각했던 동물들을 추하게 만들어 버린다. 예컨대 영원한 사랑의 상징인 백조가 간통과 강간을 일삼는다든지, 부지런함의 대명사로 알려진 휘파람새가 실은 하루 중 18시간 이상을 나뭇가지에 가만히 앉아 있기만 한다는 사례 등이다. 평소 우리가 아름답다고 생각하고 있는 이미지의 동물과 추하다고 생각하는 이미지의 동물을 잘 대비시켜 우리의 편견을 깨게 하는 책이라고 할 수 있다.

그런 점에서 한 번 돌아볼 사건이 있다. 현직 교사의 신분으로 인터넷에 누드 사진을 게재했다가 학부모들로부터 심한 비난을 받으며 논란이 되었던 사건이 있는데 그가 바로 김인규 교사다. 그는 〈월간 인물과 사상〉^{2001년 9월호}과의 인터뷰에서 자신의 누드 사진에 대한 학부형들의 반응

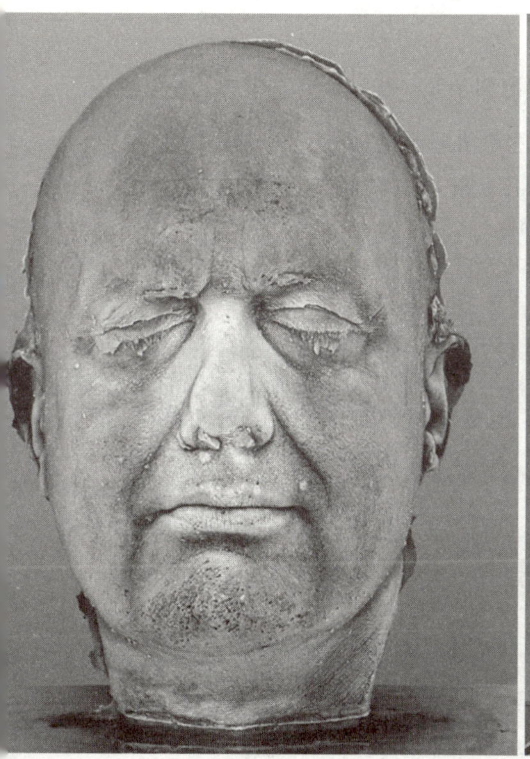

현대 예술은 아름다움에 대한 고전적인 기준을 파괴하며 예술의 미적 정의를 새롭게 만들어
가고 있다. 사진은 마크 퀸의 작품으로 왼쪽은 자신의 피를 조금씩 계속 뽑아 얼려 만든 작품
(제목은 〈Self〉)이다. 오른쪽은 〈임신한 앨리슨 래퍼(Alison Lapper Pregnant)〉.

과 아름다움에 대한 견해를 밝혔다.

그에 의하면 자신의 누드 사진을 본 학부형들의 반응은 크게 네 가지였다고 한다. 첫째 엄마들보다는 아빠들이 더 분노했다는 것이고, 둘째는 아이들은 얼마든지 이해할 수 있다고 한 반면 어른들은 더 부정적이었다는 것이고, 셋째는 여성의 나체 사진보다는 남성의 나체 사진에 더 분노했다는 것이며, 마지막으로 아들을 둔 학부모보다는 딸을 둔 학부모들이 더 분노했다는 것이다. 이런 현상을 두고 김인규는 남성들이 더 권위적이어서 남성의 나체를 보여주면 자신들의 권위가 무너진다고 생각해 분노하고, 딸들이 남성 성기와 나체를 보는 것에 대해 더 분노했다는 것이다.

그에 따르면 현대사회가 아름답다고 규정한 신체란 현실적이지 않다고 한다. 우리들의 관념 속에서만 존재하기 쉬운, 관념적으로 정의된 아름다움이라는 것이다. 그렇게 이상화된 관념에 비추어 보면 실재하는 우리들의 신체는 열등하고 추한 것일 수밖에 없다. 그래서 많은 사람들이 관념적으로 정의된 아름다운 신체에 맞추기 위해 온갖 다이어트와 성형수술, 지방흡입술 같은 것을 하게 된다고 그는 역설한다.

물론 신체의 아름다움에 대한 규격화, 표준화, 상품화가 비단 현대에 들어와서 생긴 일만은 아니다. 거기에는 역사적인 기원이 있는데, 서구의 고전주의 미학에서 이런 시각이 형성되었다. 고전주의 미학에 따르면 예술의 과정은 불완전한 것을 완전한 것으로 만드는 작업이다. 돌과 흙처럼 불완전한 존재를 아름다운 조각상으로 만드는 것이 예술이라는 것이다. 그런 점에서 신체는 누드^{nude}와 네이키드^{naked, 벌거벗은}로 구분되는데, 누드는 아름답게 다듬어진 예술적인 의미로서의 신체이다. 반면에

'네이키드'는 말 그대로 벌거벗은 몸을 뜻하며 비예술적이라는 의미를 지닌다. 그러니까 현대사회가 아름답다고 규정한 신체, 그러나 현실에서 찾아보기는 힘든 신체가 바로 누드이며, 우리의 일상에서 만나는 벌거벗은 몸은 '네이키드'라고 할 수 있겠다. 쉽게 말해서 벌거벗은 몸을 모두 누드라고 하지는 않는다는 것이다.

사람들은 수많은 매스미디어와 정보매체를 통해 이상적인 누드의 관념을 키워 왔다. 그리고 그것에 가까이 가려고 안간힘을 쓰거나 그것을 소유하려고 애를 썼다. 그러나 그러면 그럴수록 콤플렉스는 더 커졌다. 결국 이를 만회하기 위해 등장한 비장의 무기가 성형수술이다. 아름다움을 추구하는 것 같지만, 실상은 아름다움에 대한 콤플렉스만 더 키운 셈이다. 아이러니한 현상이라고 할 것이다. 김인규가 자신의 사진을 인터넷에 게재한 것은 이러한 아이러니한 현상에 대한 성찰의 계기를 제공하자는 차원에서였다고 한다.

아름다움과 사회의 관계

여기서 잠깐 우리의 전통적인 시골 마을로 돌아가 보자. 마을은 그렇게 크지도 않고 대부분의 것을 자급자족하며 외부인과의 접촉도 그리 많지 않다. 보는 사람이 늘 그 사람들이다. 대중매체나 사진도 없다. 마을의 여자라고 해도 100명이 채 안 된다. 거기에는 노약자도 어린아이들도 있다. 그런 마을에서 인생의 대부분을 사는 사람들에게 이상적인 아름다운 몸매와 얼굴은 무엇이었을까? 고작해야 최 진사 댁의 셋째 딸 정도가 아니었을까? 모르긴 해도 그들의 머릿

속에 세계적인 모델의 몸매나 이상적인 누드에 대한 관념이 자리를 잡기는 힘들었을 것이다. 그런 점에서 사람들이 형성한 아름다움에 대한 관념은 한편에서 접촉 빈도의 폭과 빈번함에 있다고도 할 수 있겠다. 아름다움에 대한 관념이 형성되는 데에는 사회적 요인도 큰 작용을 한다는 것이다.

그런 면에서 본다면 앞에서 언급한 〈아름다움의 과학〉에 등장하는 여러 실험들이 한 가지 놓친 게 있지 않을까 싶다. 그것은 저자가 사례로 내놓은 실험에 등장했던 사람들이 이미 어떤 식으로든 수많은 정보에 노출되었던 사람들이라는 것이다. 대중매체, 사진, 책, 인터넷, 사람 등 어떤 경로를 통해서라도 그들은 이미 최소한의 그 무엇이라도 공유했던 점이 있었다는 것이다. 만일 현대 문명의 접촉을 전혀 받지 않은 아마존의 어느 부족이 있다면 그들이 우리와 똑같은 미의 기준을 가지고 있을 것이라고 보기는 쉽지 않을 듯하다. 현대 문명과 동떨어져 고립된 삶을 살고 있는 세계 각 곳의 부족들에서는 그들만이 지닌 독특한 미적 감수성을 볼 수 있다. 옛 시골 마을에 살던 남성이 비키니를 입은 섹시한 미스코리아에게 과연 호감을 느낄 수 있을까?

사람은 시각적 정보를 중시하고 시각 정보에 많이 의존한다. 개미가 정보를 주로 후각으로 인지하듯 사람은 사물을 주로 시각으로 인지하고 그 형상을 마음에 새기게 된다. 설령 냄새나 소리를 들어서 인지하더라

아프리카의 무르시 부족의 여인. 입술에 낀 접시가 클수록 미인 대접을 받는다고 한다. 현대사회와 단절되어 독립된 문화를 유지하고 있는 부족에서는 이처럼 독특하고 개성적인 아름다움의 기준들을 아직도 간직하고 있다.

도 그것을 시각화해서 생각한다. 예를 들자면 사람이 성행위를 할 때 내는 신음 소리만 들어도 흥분하는 것은 그 소리를 통해서 자신의 머릿속에서 시각적으로 상상을 하기 때문이라는 것이다.

그런데 사람이 사물을 보고 판단하는 것은 저절로 되는 것이 아니다. 그건 뇌의 끊임없는 학습과 훈련, 경험, 노력의 소산이다. 이 과정에서 문화는 필연적으로 사람의 뇌에 침입한다. 그런 면에서 사람이 아름답다고 하는 것은 어떤 식으로든 자주 보면서 정보를 접하고 학습되어지고 훈련되어진 결과라고 할 수 있다.

잠시 우리의 과거를 생각해 보기로 하자. 우리 사회에서 여성의 아름다움을 표현하는 대표적인 단어 중의 하나가 '섹시함'이다. 지금은 섹시하다는 말이 칭찬일 수 있는 시대가 되었다. 하지만 그 전에는 섹시함을 아름다움으로 만끽할 여유가 우리 사회에는 허락되지 않았다. 경찰은 심지어 자를 가지고 다니며 미니스커트 길이를 재서 단속을 하곤 했는데 이는 상당 정도 한국인의 평균적인 정서를 대변하는 단속이기도 했다. 당시에는 여성이 비키니 수영복을 입고 해수욕장에서 수영을 한다는 것은 대단한 용기를 필요로 하는 일이었다. 요즘 아이들은 이해조차 못하겠지만 말이다. 그 시대에는 지금 사람들이 말하는 섹시함은 결코 아름답지만은 않은, 흉측하고 외설스럽고 부끄러운 것으로 통하는 시대였다. 그런 시절이 불과 30년 전에 있었다.

아름다움은 일상의 경험이다

이를 좀 더 철학적인 개념으로

살펴보기로 하자. 아이들에게도 쉽게 읽힐 수 있는 철학 책, 〈이지철학〉^{멍원젠, 이영옥 옮김, 책과함께}은 어려운 철학 개념들을 아이들과 어른의 대화체로 풀어가면서 아름다움에 대한 철학을 풀어놓는다. 책에 의하면 플라톤이 생각한 아름다움이란 파르메니데스가 말한 존재처럼 구체적인 낱낱의 사물의 아름다움이 아니다. 플라톤이 말한 것은 아름다움의 로고스라고 할 수 있는데 사물의 아름다움이란 그 사물에 감춰진 아름다운 요소가 드러나서 만드는 것이라는 뜻이다. 말하자면 사물 자체에 아름다움이 존재하는 것이 아니라 그 아름다움을 사람이 개념화^{로고스화}시킨다는 것이다.

사실 사물 자체에는 아름다움과 아름답지 않음의 구분이 없다. 돌멩이는 자기가 아름다운지 어떤지 알지 못한다. 하지만 사람은 그것을 아름답다고 하면서 백옥으로 보고, 어떤 사람은 표면에 흠이 있다면서 아름답지 않다고 한다. 아름다움은 하나의 개념으로, 사람들은 아름답다고 하는 모든 사물들에서 공통의 형식이나 성질을 찾아내서 그것을 아름다움이라고 부른다는 것이다. 그러면서 저자는 아름다움은 일종의 경험이라고 말하는 것이 더 적절하다고 한다. 다시 말해서 사물을 아름답다고 받아들이는 과정에서 사람들에 의해 아름다움이 개념화되고 그 개념은 아름다움이란 이름으로 불린다는 것이다. 결국 여기에서 말하는 아름다움은 일종의 경험이라고 할 수 있다. 아름다움이란 경험을 바탕으로 사람의 내면에 이루어진 개념이라고 할 수 있다는 것이다.

'아름다움' 이라는 말의 어원과 관련해서도 흥미로운 설명이 있다. 신용복은 〈강의〉^{돌베개}에서 " '아름다움' 이란 우리말의 뜻은 '알만하다' 는 숙지성^{熟知性}을 의미한다는 사실입니다. '모름다움' 의 반대가 아름다움입니다. 오래되고, 잘 아는 것이 아름답다는 뜻입니다”라고 이야기한다. 아름다움의 원 어원이 경험하고 익숙한 것에 아름다움을 느낀다는 의미라는 것이다. 이는 앞에서 말한 것처럼 아름다움이 경험되고 학습되며 익숙해진 결과라고 하는 것과 통하는 말이다. 현대사회에서는 이러한 아름다움의 학습 과정에 대중매체나 정보매체가 깊이 관여될 것이다.

신영복은 이어서 한자의 미^美라는 말도 풀이한다. “미^美는 글자 그대로 양^羊자와 대^大자의 회의^{會意}입니다. 양이 큰 것이 아름다움이라는 것입니다. 고대인들의 생활에 있어서 양은 생활의 모든 것입니다. 생활의 물질적 총체라고 할 수 있습니다. 그 고기는 먹고, 그 털과 가죽은 입기도 하고 신기도 하고, 그 기름은 연료로 사용하고, 그 뼈는 도구로 사용합니다. 한마디로 양은 물질적 토대 그 자체입니다. 그러한 양이 무럭무럭 크는 것을 바라볼 때의 심정이 바로 아름다움입니다. 그 흐뭇한 마음, 안도의 마음이 바로 미의 본질이라 할 수 있습니다.”

우리에게 많은 것을 생각하게 해주는 대목이라 할 것이다. 즉 아름다움은 ‘누드’ 처럼 이상화된 관념이 아니라 일상 속에서 우리가 만나는 사물에 있다는 것이다. 앞서 〈아름다움의 과학〉이라는 책에서도, 모니터를 통해 매력적인 얼굴을 구별해 쳐다보던 아기조차도 자신의 엄마에게는 엄마의 외모와 상관없이 계속 얼굴을 쳐다봤다고 하는 언급이 나오는데 많은 것을 생각하게 하는 것 같다. 사실 아이에게 있어서 세상에서 제일 아름다운 모습은 엄마의 얼굴이며 품일 테니까 말이다. 사람들이 느끼는 아름다움, 그것은 과연 무엇일까?

왜 문명은 섹스에 관대하지 않은가

금기와 억압의 역사 너머에서

강원대 이성기 교수가 벨기에에서 겪었던 이야기다. 이성기는 벨기에의 한 대학에서 연구원으로 있던 시절에 겪었던 경험담을 소재로 벨기에 문화를 소개하는 〈벨기에 이야기〉학민사를 썼다. "사우나 이야기"는 거기에 있는 글 중의 하나이다.

이성기는 동료 벨기에 교수, 그리고 그의 여자 친구와 함께 남녀 공용 사우나를 가게 되었다. 처음에는 남녀 공용 사우나인 줄 모르고 갔는데 곧 진땀을 흘려야 하는 상황에 직면했다. 조금 전에 처음 만나 악수하고 인사했던 동료 교수의 여자 친구가 실오라기 하나 걸치지 않고 옷을 벗고 마주 대하고 있었던 것이다. 아예 모르는 사람이거나 가족이라면 모를까, 우리나라의 통념으로는 받아들이기 힘든 상황이었다. 그럼에도 그 여성은 그가 미안해하고 불편해할까 봐 오히려 먼저 악수를 건네더라는 것이다. 몇 시간 동안 남녀 공용 사우나에서 나체 여성들과 함께했던 경험은 많은 것을 느끼게 했다고 이성기는 이야기하고 있다.

위의 장면은 각기 독특한 성 문화 사이의 충돌을 보여 주고 있다. 각 문명권은 물론 지역이나 사람마다 오랜 성적 금기와 억압의 역사가 존재한다. 비교적 성적 금기로부터 자유롭다고 하는 서구 사회도 이런 금기의 역사로부터 예외인 것은 아니다. 그리고 이러한 금기는 지금도 서구 사회에 존재하고 있다. 생각하면 인간의 가장 큰 금기는 섹스보다는 당연히 동족 살해가 되어야 할 것 같다. 살해가 인간의 생명을 박탈하는 일이라면 섹스는 생명을 잉태하는 데 관계되는 일이기 때문이다. 그런데 인류 역사를 보면 같은 인간을 향해 적대감을 키우며 동족을 살해하는 일이 오히려 국가 등을 통해 장려된 적이 많다. 내 개인적인 생각으로는 동족 살해보다도 성적인 금기와 억압이 오히려 인류 역사에서 더 강했던 것이 아닐까 하는 추측마저 든다. 그만큼 지나간 동서양의 문명은 섹스에 대해서 관대하지 않았다는 것이다. 우리는 지금부터 이러한 미스터리를 살펴보기로 하자.

성적 억압과 금기의 역사

"서양에서는 왜 성을 적대시하는가?"라는 질문에 조목조목 답을 한 책이 있다. 그 책이 바로 〈섹스와 편견〉번 벌로 · 보니 벌로, 정신세계사 이다. 책의 부제가 "성적 억압과 금기의 역사"라는 것을 보면 이 책이 무엇을 말하려는지 한눈에 들어온다.

책은 먼저 "성을 적대시하는 서양적 태도를 이해하는 열쇠는 고대 그리스의 이원론에 있다"고 이야기한다. 이원론은 세상을 정신적인 것과 물질적인 것, 영혼과 육체, 고급한 것과 저급한 것 등으로 나누면서 성을 저급하고 육체적이고 물질적인 것으로 치부하게 되었다는 것이다. 피타고라스는 "사람은 육체의 노예가 되지 말고, 육체의 지배에서 벗어나 영혼을 구제하고 향상시켜야 한다"는 학설을 폈고, 플라톤도 사랑을 이원론의 입장에서 바라보며 신성한 사랑과 세속적인 사랑으로 나누었다. "신성한 사랑은 사랑하는 대상의 정신과 인격에 관심을 가지는 반면 세속적인 사랑은 육체에 관심을 갖는 것"이라고 플라톤은 말했는데 육체적 섹스를 세속적인 것으로 간주한 것이다. 이어서 중세의 가톨릭 신학자 아우구스티누스는 "아내를 가지면 여자와 몸을 섞지 않을 수 없는데, 여자의 애무와 육체의 결합만큼 남자의 마음을 높은 곳에서 끌어내리는 것은 없다"고 역설하기도 했다. 이러한 주장은 기독교 교부들이 성을 기껏해야 관용의 대상으로 여기며 "성은 출산이라는 결과를 얻기 위해 어쩔 수 없이 관용해야 하는 필요악"으로 생각했던 것과도 연결된다. 이는 중세 서양에서 섹스를 바라보는 가장 일반적이고 널리 받아들여진 시각이기도 했다.

그렇다면 동양은 어떠한가? 〈섹스와 편견〉에 따르면 "고대 중국인들은 그리스인들처럼 세계를 이원적으로 파악하여 남성과 여성을 정반대의 것으로 보았지만, 서양인들이 정신적인 것과 물질적인 것의 대립을 강조한 데 비해 이들은 대립하는 요소의 본래적인 합일을 강조했다"고 한다. 남성을 양, 여성을 음이라고 칭하는 것은 남성을 하늘, 여성을 땅이라고 칭하는 것의 다른 이름이었다. 여기서 음양오행설이 나와 성을 설명하는 대표적인 시각을 제공해 주기도 하였다.

그러나 서양과 비교할 때 동양이 '본래적인 합일'을 강조했다지만 이분법적인 사고에서 근본적으로 벗어난 것은 아니었다. 그렇기에 남녀칠세부동석이라는 사회적 합의가 오랫동안 지속될 수 있었을 것이다. 뿐만 아니라 예의와 체면을 중시하는 유교적 문화로 인해 성은 밝은 곳으로 나오지 못하고 억압을 받아야 했다. 동양에서도 성은 부끄러운 것, 수치스러운 것, 감추어져야 할 것이었던 셈이다. 그리고 이런 정서는 지금도 우리에게 많이 남아 있다. 벨기에에서 이성기 교수가 체험했다는 앞의 상황이 우리 사회의 모습을 잘 드러내고 있다고 할 것이다.

성적인 노출에 관대하지 못한 이유를 설명하는 연구도 있다. 맨드릴 원숭이 수컷을 보면 성기가 선홍빛이고 그 양편 음낭은 푸른빛이다. 그런데 이 원숭이의 코를 보면 선홍빛이고 양 뺨은 푸른색이다. 다른 예도 있다. 젤라다비비의 암컷 성기를 보면 흰 돌기가 있고 그 주위로 선홍빛 피부가 있는데 암컷 가슴을 보면 역시 하얀 돌기가 있고 그 주변에 노출된 빨간 피부가 있다. 이런 몸의 생김을 '자기모방 장치'라고 한다. 이것은 이성을 유혹하기 위해 생식기 모양을 노출된 곳에 드러내는 것을 뜻한다. 데즈먼드 모리스, 김석희 옮김, 〈털없는 원숭이〉, 문예춘추사

그렇다면 인간에게는 자기모방 장치가 없는 것일까? 인간의 코와 귓바퀴, 입술 그리고 여자의 가슴은 바로 그런 자기모방 장치라는 강력한 주장이 있다. 그 때문인지 성을 억압하는 사회에서는 여자들 얼굴이나 가슴을 가리도록 했다. 이슬람권의 부르카나 차도르가 그 예이다. 이러한 얼굴 가리개는 조선조에도 있었는데 당시의 여인들은 너울과 쓰개치

고대 그리스의 철학자 플라톤(기원전 428(?)~기원전 348(?)). 아테네의 명문가에서 출생한 그는 젊었을 때 정치를 지망하였으나 소크라테스가 사형되는 것을 보고 정계에 대한 미련을 버린다. 이후 소크라테스만이 진정한 철학자라고 생각한 그는 인간 존재의 참뜻이 될 수 있는 것을 추구하며 영원불변의 개념인 이데아(idea)를 통해 존재의 근원을 밝히고자 했다. 영원한 가치에 대한 정신적인 사랑을 예찬했던 플라톤은 소년과 사랑을 나눈 동성애자이기도 했는데 이러한 동성애는 당시 그리스 사회에서는 특수한 일이 아니었다.

마 등을 쓰고 다녀야 했다. 얼굴을 다른 남정네에게 보여 주는 일은 물론 목소리를 들려주는 일조차 안 되었다. 심지어는 아파서 진맥을 받을 때에도 남자 의사가 부녀자의 손목을 직접 만지게 하는 일은 없었다고 한다. 이러한 모습들은 과거 성을 보는 사회적 분위기를 잘 말해 준다고 할 것이다.

섹스만큼 자연스러운 것도 없다

아무리 금기의 역사의 골이 깊다고 할지라도 섹스는 역시 자연스러운 인간의 행위가 아닐까? 18세기의 한 의사가 죽음과 욕망에 대해 이야기하는 책^{토머스 라커, 〈섹스의 역사〉, 황금가지}이 있다. 이 책은 한 젊은이의 이야기를 소개하고 있는데 집안 분위기 때문에 어쩔 수 없이 수도사가 된 젊은이였다. 그 수도사가 우연히 시골의 한 여관에 갔는데 그 집의 외동딸이 죽어 있었다. 여관집 주인 내외는 수도사에게 그 시체를 지켜달라고 했고, 그는 밤새 시체를 지켰다. 그런데 그의 눈에 비친 죽은 여인의 모습은 너무도 아름다웠다. 결국 젊은 수도사는 시체와 섹스를 하고 만다. 그리고 황급히 도망을 친다. 하지만 그 시체는 죽어 있었던 것이 아니라 잠시 기절해 있었을 뿐이다. 설상가상으로 그 처녀는 임신까지 한다. 여관 주인은 처녀가 아이를 낳자마자 수

암컷 젤라다비비. 가슴을 보면 흰 돌기와 그 주변의 빨간 피부가 털에 덮이지 않고 노출되어 있는데 일종의 자기모방 장치로 본다. 즉 이성을 유혹하기 위해 눈에 잘 보이는 곳에 생식기 모양을 드러내고 있는 것이다.

도원으로 보내버렸고, 그 후에 아무것도 모르는 수도사가 그 여관을 다시 찾아온다. 사실을 알게 된 수도사는 수도원으로 가서 그 여인과 결혼을 한다는 것이 이야기의 골자이다. 금욕을 철칙으로 알고 지켜야 했던 수도사라고 할지라도 성욕에 대해서는 자유로울 수 없었음을 이야기하는데 이는 그 젊은 수도사에게만 해당하는 일은 아니었다.

동물이 섹스를 한다는 것은 놀랄 일이 전혀 아니다. 그런데 최근 생물학계에선 동물뿐만 아니라 식물의 섹스에 대해서도 논의가 활발하다. 남효창 숲연구소 소장은 그의 글 "숲이 사라진다는 것은 전쟁보다 무서운 일"에서 식물의 섹스에 대해 구체적으로 언급하고 있다. 그는 식물이 동물보다 더 다양한 방법으로 섹스를 한다고 주장한다. 동물보다 더 오래전부터 식물들은 암꽃과 수꽃이 만날 수 있도록 다양한 전략을 발전시켜 왔다는 것이다. 그렇게 수천만 년의 시간이 흐르면서 식물들이 발전시킨 매우 탁월한 기능의 성기를 사람들은 꽃이라고 부르게 되었다.

수꽃의 꽃가루는 암꽃 속으로 가기 위해 대단한 노력을 기울이는데, 때로는 몸을 매우 가볍고 섬세하게 만들어서 바람에 쉽게 날리도록 한다. 꽃가루에는 꼬리를 달아 손쉽게 헤엄칠 수 있도록 한 경우도 있다. 식물들은 스스로 섹스를 하지 못하는 경우가 많은데, 그때는 교묘하게 다른 동물들을 이용한다. 식물들이 꽃을 피우면 수많은 곤충이나 동물들이 분주해지면서 그들도 덩달아 서로의 파트너를 찾는다. 그러니까 대부분의 식물들이 꽃을 피우는 봄은 혼인의 계절이 된다. 이때가 되면 숲은 그야말로 역동적인 상황이 된다.

아무튼 식물들의 섹스는 공개적이고 자유롭게 온 천지를 이용해 매우 개방적으로 이루어진다는 특징이 있다. 이러한 식물들의 짝짓기 세계를

거울난초의 꽃. 식물의 세계에서도 동물 이상의 다양하고 교묘한 방법으로 섹스가 이루어지는데 거울난초도 그중의 하나이다. 거울난초의 꽃은 수컷 말벌에 의해 수정이 된다. 꽃에서는 성적 유인 물질인 페로몬이 분비되는데 그 향기가 암컷 말벌에서 분비되는 것과 비슷하다. 꽃이 시각과 후각을 동시에 이용해 유인하면, 수컷 말벌은 거울난초의 꽃을 암컷으로 잘못 알고 내려앉는다. 이러한 수컷 말벌이 같은 종의 다른 꽃으로 옮겨가면서 수정이 이루어진다. 거울난초의 경우처럼 꽃은 오랜 경험과 진화를 통해 발전된 식물의 생식기라고 할 수 있다.

잘 드러내는 책이 〈식물의 섹스: 알려지지 않은 성의 세계〉^{이아나미 요오조오,} ^{전파과학사}이다. 이 책에서는 동물과는 다른 식물의 생식 모습을 비롯하여 꽃가루의 신비로운 세계를 풍부한 자료를 통해 흥미진진하게 소개하고 있다.

그런데 우리 사회에서 정작 놓치고 있는 성의 세계가 있다. 바로 장애 인들의 성의 세계이다. 〈섹스 자원봉사〉^{가와이 가오리, 육민혜 옮김, 아롬미디어}라는 책은 이 문제를 다루고 있는데, 하반신이 자유롭지 못한 장애인들의 자 위를 도와주거나 함께 섹스를 하는 자원봉사자와 장애인들의 이야기를 다루고 있다. 책에는 24시간 산소통에 의지해야 하는 70대의 중증 뇌성 마비 장애인의 이야기가 등장한다. 그는 윤락업소에 들어갈 때만큼은 산소통을 떼어낸다고 한다. 숨쉬기가 힘들고 괴로워서 자칫 죽을 수도 있지만 여자 가슴에 파묻혀 있는 그 순간만큼은 죽음을 감내할 정도로 행복하다는 것이다. 뇌성마비를 앓은 한 여류 작가의 이야기도 있다. 그 녀는 자기의 손이 닿지 않아서 비데에서 나오는 미지근한 물로 자위를 한다고 한다. 장애인의 성욕을 위해 섹스를 해주는 네덜란드 섹스 자원 봉사자들의 이야기도 등장한다.

이 책은 전신이나 하반신 마비가 된 사람도 섹스를 원한다는 사실을 역설하고 있다. 물론 그들은 성기를 통해서는 아무런 감각을 느낄 수 없 다. 그러나 감각이 남아 있는 다른 부분으로 기쁨을 느낄 수 있으며, 그 렇기에 자신이 느낄 수 있는 신체 부위를 분명하게 말한 후 애무를 요구 하기도 하면서 서로를 더욱 배려한다고 한다.

섹스가 인류 역사의 근원이라는 주장을 한 책도 있다. 〈모든 것은 섹 스로부터 시작되었다〉^{리차드 아머, 서현정 옮김, 시공사}라는 책에서 하버드대학의 아머 교수는 아담과 이브의 역사에서 시작해 토플리스와 음란영화의 시대로 이어지는 인간의 최대 관심사인 섹스의 세계를 풍부한 지식 속에 진담과 농담 등의 패러디로 풀어가고 있다. 이 책에서는 석기시대인과 고대 이집트인, 그리스인, 로마인의 성생활을 소개하면서 중세와 엘리자베스 1세 시대, 애인의 시대인 17세기와 18세기, 빅토리아 여왕과 프로이트 및 오스카 와일드가 탄생한 19세기 등의 시대를 통해 섹스가 어떻게 사회와 예술의 모든 것이 되었는지를 흥미롭게 그리고 있다. 그의 말대로 모든 것이 섹스로부터 시작되었다는 것은 아주 흥미로운 발상이라고 할 수 있다.

가톨릭대 강남성모병원 산부인과 팀의 연구 결과에 따르면 섹스는 우리 인간에게 대략 열 가지의 건강상 혜택을 준다고 한다. "섹스는 그 자체가 좋은 운동이라는 것, 많은 칼로리를 소모하므로 다이어트 효과가 있다는 것, 마사지 효과와 같이 통증을 완화해 준다는 것, 성행위 중 나오는 호르몬이 면역을 강화시켜 준다는 것, 순환기 질환을 예방해 준다는 것, 피부와 미용에도 좋다는 것, 노화를 방지시켜 준다는 것, 전립선 질환을 예방해 준다는 것, 자궁 질환을 예방시켜 준다는 것, 정신 건강 회복과 치료에 좋다는 것" 등이 바로 그것이다. 이렇게 놓고 본다면 섹스는 인간에게 너무도 자연스러운 일일 뿐만 아니라 어쩌면 하지 않으면 안 되는 것인지도 모를 일이다. 물론 그것이 꼭 수태와 상관없는 성행위일지라도 말이다.

자연스럽지 않은 섹스는 있는가

지금까지의 이야기를 듣고 혹자는 이렇게 말할 것이다. "누가 섹스가 자연스럽지 않다고 했으며, 모든 섹스를 금기시했단 말인가. 다만 비정상적이고 비도덕적인 섹스는 금지되어야 한다는 것이다." 그렇다. 이런 주장은 일면 정당하다고 볼 수 있다. 하지만 이 주장의 한계가 있다. 그것을 지금부터 풀어보자.

비정상적이고 비도덕적인 섹스라는 말을 학문적으로 정의한 책이 있다. 앞에서 소개한 〈섹스와 편견〉에 있는 내용이다.

교회와 속세의 여러 권위자들이 성행위를 분류하는 데 사용한 판단 기준 가운데 중요한 것 하나는, 일부 성행위는 부자연스럽다^{unnatural}는 믿음이었다. 사실 20세기에 접어든 뒤에도 영미법은 많은 성행위를 자연에 어긋나는$^{against\ nature}$ 것으로 분류했다. 그런 성행위는 자연에 어긋나기 때문에, 일찌감치 도덕적$^{또는\ 종교적}$으로 죄악^{sin}의 범주에서 법률적 범죄^{crime}의 범주로 옮아갔고, 그것을 직접 언급하지 않기 위해 '거론하기에 부적당한 범죄'로 지칭하는 경우가 많았다.

〈섹스와 편견〉을 중심으로 계속 이야기를 하기로 하자. 자연스럽지 않은 섹스의 판별 기준은 과연 무엇일까? "알렉산드리아의 필론은 수태로 이어지지 않는 모든 성행위는 '자연이라는 금화'의 품질을 떨어뜨린다고 생각했다"고 한다. 말하자면 남녀 사이의 성교가 수태를 목적으로 하지 않으면 그것은 자연스럽지 못한 것, 자연을 거슬리는 것이라고 했다는 것이다. 이러한 생각은 더 구속력을 갖추며 강화된다. 다시 말해 "육체의 욕망에 굴복하여 자연의 법칙을 위배한 사람, 즉 수태와는 관계

없는 성교를 한 사람은 단순한 죄가 아니라 '극악무도한 짓' 을 저질렀기 때문에 교회라는 피난처에서 추방되는 것은 물론, 기독교 교단에서도 추방되어야 마땅했다"는 식으로 강화되어 갔다.

중세 가톨릭 신학자 아우구스티누스는 부부 사이의 성관계가 아닌 성행위를 모두 자연에 어긋나는 행위로 간주했을 뿐만 아니라 부부 사이에 이루어지는 성관계조차 그 대부분을 부자연스러운 것으로 분류해야 한다고 생각했다. 그 말은 곧 "여자 위에 올라타는 남성 상위 체위를 제외한 모든 체위의 성교를 금지한다는 의미였고, 나아가서 수태를 피하려는 어떤 노력도 금지한 것이었으며, 음문과 음경을 제외한 어떤 구멍과 연장도 교접에 이용하는 것을 금지하는 것으로 해석되기에 이르렀다."

이것은 토마스 아퀴나스의 〈신학대전〉에서 보다 구체적으로 명문화된다. "성적 죄악을 일반적인 정욕의 범주로 분류했는데 여기에는 간음, 간통, 부녀자 납치, 강간, 근친상간, 자연에 어긋나는 행위가 포함되었다. 자연에 어긋나는 행위에는 수음, 수간, 동성애, 자연스러운 성교 법에서 벗어나는 행위 즉 남성 상위를 제외한 모든 체위가 포함된다."

이렇게 놓고 본다면 자연스럽지 못한 섹스를 금기로 여기는 것에 상당히 정당성이 부여된다고 볼 것이다. 하지만 여기서 우리가 놓쳐서는 안 되는 것이 있다. 자연스러운 것인지 아닌지를 누가 과연 결정할 것인가, 그리고 그 기준은 절대적인가 하는 문제이다. 금기가 되었던 섹스를 보더라도 필론 등은 수태를 목적으로 하지 않은 섹스는 자연스럽지 않은 것이라고 했는데 시간이 지나면서 조금씩 바뀌는 것을 볼 수 있다. 즉 부부 사이의 섹스 중에서도 남성 상위 체위가 아니면 자연스럽지 못한 것이라고 변화하고 있는 것이다. 그리고 요즘에는 남성 상위 체위가 아닌 것은 자연스럽지 못한, 말하자면 비도덕적이고 비정상적인 섹스라고 말하는 사람은 아무도 없게 되었다.

〈구약성서〉를 보면 소돔성 이야기가 등장한다. 소돔성은 동성연애 등이 횡행하며 성이 문란해지자 신의 벌을 받아 파괴되었다고 전해지는 성이다. 거기에서 소돔의 백성 즉 동성연애를 지칭하는 소도미라는 용어가 생기며 동성연애자들을 죄악시하거나 병적인 현상으로 치부했다. 그런데 보수적인 기독교 국가인 미국의 정신의학협회에서도 1973년에는 동성애를 정신질환 목록에서 삭제했다.

성적인 금기와 관련해 논의가 여기에서 끝난 것은 아니다. 지금도 문명사회에서는 간음, 간통, 근친상간, 수음 등의 문제와 관련해 다각도로 논의가 되고 있으며 절대적인 해답이 없다는 이야기들이 나오고 있다. 이로 보건대 부자연스러운 섹스, 비도덕적인 섹스, 비정상적인 섹스라는 것은 원천적으로 존재하는 것이 아니라 한 사회에서 학습되고 전이된 결과라고 조심스럽게 말할 수 있을 것이다.

억압의 진정한 피해자

그런데 동서양 문명을 막론하고 성을 금기시했던 지난 역사를 들추어 보면 한 가지 공통적인 사실을 발견할 수 있다. 그것은 성을 지나치게 금기시하는 사회일수록 수태 이외의 성을 죄악시했다는 것이다. 말하자면 종족 보전의 목적이 아닌 섹스를 부자연스러운 섹스로 규정했다는 것이다. 또한 이런 금기와 제약들의 약자와 피해자가 항상 여성이었다는 공통점이 있다는 것이다. 그렇다면

소돔성에서 도망치는 롯과 그의 가족. 〈구약성서〉에 따르면 소돔성은 성이 극히 문란했다. 하나님이 소돔성을 불바다로 만들 결심을 했는데 아브라함은 하나님으로부터 소돔성에 의인 열 명만 있어도 벌하지 않겠다는 약속을 얻어낸다. 하지만 아브라함은 '롯' 이라는 사람 하나만을 찾아낼 수 있었다. 아브라함은 롯을 피난시키면서 절대로 뒤를 돌아보지 말라고 이른다. 그러나 아브라함의 신신당부에도 불구하고 롯의 아내는 소돔성이 어떻게 되는지 호기심을 이기지 못해 뒤를 돌아보았고, 순간 그 자리에서 소금 기둥으로 변하고 만다. 소돔성은 지금의 사해(死海) 근방에 있던 도시로, 지금도 죄악의 도시를 뜻하는 말로 쓰인다. 영어 소도미(sodomy)는 이 소돔 사람들이 행했던 죄악이란 뜻에서 유래한 말로 동성연애나 수간 등을 의미한다.

이러한 금기들은 남성의 동물적 본능, 즉 한 여성을 혼자 차지하고 싶은 정복 욕구와 자기를 닮은 종족을 번식시키고자 하는 욕구가 작용했던 탓은 아닐까? 남성의 힘이 우위가 되던 남성 중심의 문명에서 이중적인 잣대 그러니까 남성의 외도와 여성의 외도가 다르게 처리되는 관행이 횡행하게 된 것은 어쩌면 자연스러운 일이라고 할 수 있을 것 같다. 똑같은 논리로 우리 시대의 권력을 차지하고 있는 어른들이 청소년들의 성에 대해 '19금'이라는 금기 사항을 강요하고 있는 면은 없는지 생각해 볼 일이다. 마지막으로 우리가 하고 있는 논의에 대해 아주 적합한 메시지가 될 것 같아 소개하고 싶은 글이 하나 있다.

분명히 사회는 성에 대한 과거의 태도를 진지하게 재평가할 필요가 있다. 이 책에 메시지가 담겨 있다면, 그것은 서구 사회가 아직까지 편안한 마음으로 성 관념을 받아들이지 못했고, 남성이든 여성이든 사람들은 성에 대한 수치심과 불안감으로 가득 차 있었다는 것이다. 성적 태도와 관련하여 과거를 돌이켜 보면 우리는 우리 자신을 끊임없는 욕구불만 속에 빠뜨려 좌절감에 시달리게 만들고, 그 앙갚음으로 남을 적대시하는 태도를 거의 의식적으로 채택해온 것 같다. 우리가 우리 자신의 성 관념을 솔직히 인정하고 받아들이면, 이런 좌절감의 원인은 사라지리라 생각한다.

〈섹스와 편견〉

진화는 없다

인간의 편견을 거부하는 자연

왜 항상 초식동물은 육식동물의 먹이가 될까? 모든 동물은 진화하는데 왜 초식동물은 육식동물에 맞서 싸우는 쪽으로 진화하지 않는 것일까? 초식동물들은 육식동물의 강력한 턱과 날카로운 송곳니 등이 부럽지 않은 것일까? 동물의 세계를 다루는 다큐멘터리를 볼 때마다 드는 생각이다.

이 문제를 생각하기 전에 우리가 초식동물에 대해 가지고 있는 상식들부터 점검해 보자. 먼저 하마라고 하는 초식동물의 이야기다. 하마는 당연히 풀을 먹고살아야 한다. 물론 이것은 하마가 정한 원리가 아니라 인간이 발견한 상식이다. 오랜 세월 동안 쌓인 연구 자료와 실험과 통계를 통해서 검증된 것이다. 그래서 하마를 초식동물로 분류하는 인간은 과학적인 인간이라고 할 수 있다. 우리는 이러한 자료들을 주섬주섬 모아 한 다발로 묶어서 진화론이라는 탑을 쌓아 왔다.

그런데 인간이 만든 진화론을 거부하는 동물들의 모습이 심심찮게 뉴스의 한자리를 차지할 때가 있다. 그중에는 하마가 영국의 BBC 다큐멘터리의 주인공이 된 적이 있었다. 케냐가 무대였는데 초식동물인 하마가 얼룩말을 포식하려 해 얼룩말이 필사적으로 도망치려 했지만 결국 잡아먹히는 장면이었다. 현장에 있었던 현지 밀림 가이드는 하마들이 강을 건너는 누를 공격하는 것을 다섯 번이나 본 적이 있다고 고백해 그 충격을 더했다고 한다. _{이상범 기자, 〈팝뉴스〉, 2007년 1월 22일}

우리의 고정관념을 깬 하마의 이야기는 "얼룩말 사냥하는 하마, 최초 포착"이라는 제목으로 하마가 얼룩말을 실제 잡아먹는 장면과 함께 영국의 영상물 사이트인 〈더선〉^(The sun)에 2007년 1월 20일 실렸다. 그런데 이런 이야기는 여기에서 그치지 않는다. "소는 초식동물이 아니다"라는 제목의 인터넷 동영상에서는 인도의 한 농가에서 소가 병아리를 맛있게 잡아먹는 장면이 공개되었다. 또 "낙타가 초식동물? 육식동물?"이라는 제목의 인터넷 동영상에서는 사막에서 어미 낙타가 새끼 낙타의 시체를 뜯어먹고 있는 장면이 포착되어 사람들의 이목을 집중시키기도 했다.

초식동물을 약자라고 생각하는 우리들의 관념을 깨는 예도 있다. 인간이 동물들의 왕이라는 별명을 붙여준 사자가 초식동물인 코끼리가 무서워서 맞서려고 하지 않고 피해 다니는 모습은 희귀한 장면이 아니다. 들소를 사냥하다가 도리어 들소 뿔에 받혀서 죽은 아프리카의 사자들도 꽤 많다.

인간이 만든 먹이피라미드

우리는 흔히 먹이사슬이니 먹이피라미드니 하는 틀 속에서 생태계를 본다. 그리고 그 피라미드의 정점에 인간을 위치시킨다. 인간은 그야말로 온갖 미생물과 벌레와 식물과 초식동물, 그리고 육식동물의 위에 있는 최후의 포식자이자 만물의 영장이라는 것이다. 그런데 이러한 위엄을 자랑하며 분류하기를 좋아하는 우리의 생각을 뒤흔드는 사건이 일본에서 일어났다. 인간보다 머리가 더 좋은 침팬지 이야기다. 일본 교토대학 연구팀에서 대학생 12명과 침팬지 세 마리를 대상으로 행한 실험이었다.

침팬지의 단기 기억력이 사람보다 뛰어나다는 연구 결과가 나왔다고 AP통신이 3일 보도했다. 일본 교토대학 연구팀은 1부터 9까지 아라비아 숫자를 익힌 다섯 살짜리 침팬지 세 마리와 12명의 대학생을 대상으로 연구를 했다. 그중 가장 뛰어난 '아유무' 라는 침팬지와 아홉 명의 대학생들의 두 번째 실험에 참가했다. 이번에는 다섯 개 숫자를 잠깐씩 보여 준 뒤 흰 네모로 바꾸고, 다시 순서대로 네모를 만지게 했다. 숫자를 0.7초 보여 줬을 때 '아유무' 와 대학생들의 정답률은 80퍼센트로 같았다. 그러나 0.4초 또는 0.2초 보여 줬을 때는 침팬지의 승리. '아유무' 는 80퍼센트를 유지했지만, 대학생들의 정답률은 40퍼센트로 뚝 떨어졌다. 연구진은 이번 실험 결과가 여러 숫자를 하나의 패턴으로 인식하는 침팬지의 능력이 인간보다 더 뛰어난 사실을 보여 준다고 설명했다.

〈연합뉴스〉, 2007년 12월 4일

인간보다 더 뛰어난 능력을 보여 주는 동물들의 이야기는 끝이 없다.

우리가 관점과 기준만 약간 바꾸면 말이다. 개미는 자신의 수십 배의 무게를 옮길 수 있지만 사람은 자신의 몸무게만큼의 무게를 드는 것도 힘들다. 메뚜기와 벼룩들은 자신의 키의 수십 배에서 수백 배의 높이로 뛸 수 있지만, 사람은 자신의 키만큼도 뛰기 힘들다. 고양이는 자신들의 키의 수십 배인 곳에서 떨어져도 아무렇지 않지만, 사람은 그렇지 못하다. 새들은 인간에 비해 수십 배나 뛰어난 시력을 가지고 있고 인간들에 비해 수백 배나 뛰어난 근육으로 하늘을 당당하게 날아다닌다.

혹자는 이러한 동물들의 능력이 인간이 지닌 위엄과 능력을 능가하지는 못한다고 이야기할 것이다. 지금도 지구를 지배하는 건 인간이라고 하면서 다른 동물들에 비해 갖춘 것은 없지만 다른 동물에는 없는 인간만의 능력을 거론할 것이다. 하지만 인간만이 가진 능력을 거론하며 생물 중에서 가장 뛰어난 존재라고 할 수 있는 근거는 또 어디에 있는 것일까? 그 무엇이 이를 확인해 줄 수 있을 것인가? 이를 위해선 우리가 설정한 근거들을 다시 음미해 보기로 하자.

지질 시대는 크게 선캄브리아대, 고생대, 중생대, 신생대로 나눈다. 그 중에서 중생대는 다시 트라이아스기, 쥐라기, 백악기 등 3기로 나뉘는데 우리는 중생대의 두 번째 시기인 쥐라기를 흔히 공룡이 지배했던 시대로 알고 있다. 쥐라기에는 거대한 파충류 외에도 바다에는 암모나이트가 있었고, 식물 중에선 겉씨식물이 번성했고, 조류와 속씨식물도 출현했었지만 우리는 쥐라기의 주인공으로 망설이지 않고 공룡을 지목하며 이어서 현대는 인류가 지구를 지배하고 있다고 생각한다. 쥐라기를 지배하는 공룡과 지금을 지배하는 인류는 동일한 논리적 연장선상에 있는 셈이다. 물론 진화의 마지막 정점에는 인간이 있다는 논리가 대미를

쥐라기 하면 우리는 거대한 몸집을 한 공룡들이 활보하는 장면을 떠올린다. 그리고 쥐라기의 지배자로 주저 없이 공룡을 지목한다. 이러한 생각은 생물 진화의 최종 단계인 현 시대를 인간이 지배하고 있다는 논리로 이어진다. 그러나 동물계만 보더라도 당시 바다에는 암모나이트류가 번성했고, 시조새가 출현하는가 하면 포유류도 발달했으며 곤충도 매우 번성했다.

장식하지만 말이다. 이러한 논리는 두 가지 생각을 배경으로 한 것인데 바로 인간 중심 사상과 생존경쟁 사상이다.

털 없는 원숭이

털 없는 원숭이는 인간을 일컫는다. 영국의 동물학 박사, 데스몬드 모리스가 그의 책^{김석희 옮김, 〈털 없는 원숭이〉, 문예춘추}에서 표현한 말이다. 그는 이 책에서 "4237종의 포유류 가운데 털가죽이 없이도 생존할 수 있는 동물은 거의 없다"고 말하면서 인간이야말로 유일하게 털이 없는 포유류 중 하나라고 부른다. 그는 인간을 이렇게 지칭하는 이유로 "인간을 털 없는 원숭이라고 부르면, 우리가 균형 감각과 객관성을 유지하는 데 도움이 될 것"이라는 이유를 들고 있다. 그는 인간을 별다른 존재라고 생각하는 인간들에게 다음과 같은 메스를 들이댄다.

인간이라는 동물을 연구하고자 할 때는 불행히도 사정이 전혀 달라진다. 동물을 동물이라고 부르는데 익숙해져 있는 동물학자들조차 인간을 연구할 때는 주관을 개입시키는 오만함을 피하기 어렵다. 인간이 마치 우리와는 다른 종인 것처럼, 즉 메스가 닿기를 기다리며 해부대 위에 누워 있는 낯선 생명체인 것처럼 신중하고 조심스럽게 접근하면, 이런 어려움을 어느 정도는 극복할 수 있다.

데스몬드 모리스의 대표작이자 세계적인 베스트셀러이기도 한 〈털 없는 원숭이〉는 현대 인류를 진화론에 근거하여 동물학적 생태를 분석하고 있다. 이 책이 인간을 다른 동물과 같은 입장에서 접근했다는 점,

인간의 기원과 진화 과정에서부터 지금의 현대 문화까지 정신이 아닌 몸이라는 코드로 접근하여 성찰했다는 점 등에서 가치를 갖는다. 하지만 여전히 진화론을 배경으로 한 인간 중심적 세계관을 벗어나지는 않았다는 점에서는 아쉬움이 남는 작품이다. 그러니까 인간이 진화의 최고 정점에 있다는 것, 털 없는 원숭이가 만물의 우두머리라는 점을 데스몬드 모리스는 다시 한 번 더 그의 책에서 확인하고 있다.

45억 년 전 지구가 생겨나고 300만 년 전 인류가 출현했다. 그리고 현재 지구상에 살고 있는 생물들 가운데에서 약 170여만 종이 알려져 있는데, 살고 있을 것으로 추정하는 생물은 무려 약 3000~5000만 종에 이른다. 그중에서 현생 영장류는 11과 약 170종이 알려져 있으며 매우 원시적인 '나무타기쥐'에서 시작해 동물계에서 가장 진화의 정도가 높다는 인류에 이르기까지 여러 가지 진화 단계를 나타내는 것들이 포함되어 있다. 이처럼 영장류는 매우 변이성이 크다는 것이 특징이기도 하다. 물론 그 영장류 중에서도 인간은 영장류 중의 영장류여서 만물의 영장^{우두머리}이라고 표현하고 있다.

인간이 스스로를 만물의 영장이라고 자처하는 이론적 근거는 상당히 다양하지만 가장 현실적인 이유는 이렇다. 대부분의 생물들이 그들의 삶의 터전인 자연의 변화에 적응하여 생활하는 생존 전략을 가지고 있는 반면 인간이라는 생물은 거의 유일하게 자연의 변화에 적응하지 않고 역으로 자연을 인간의 삶에 맞게 바꾸는 생존 전략을 가지고 있다는 것이다. 그러니까 자연에 맞서는 탁월한 능력을 가진 존재로서 지구별에서는 유일한 존재라는 이야기다. 이렇게 놓고 보면 인간 입장에서는 얼마든지 자신을 만물의 영장이라고 자처해도 문제가 없을 듯하다.

신이 내세운 인간이라는 대리 통치자

이처럼 인간이 만물의 영장이라는 사상의 근원에는 기독교 〈구약성서〉도 한몫 단단히 하고 있다. 세상을 정복하라는 명령을 인간이 받았다고 하는 정당성을 서구인들은 〈구약성서〉의 신의 말씀으로부터 확보했던 것이다. 하지만 이런 세계관을 통렬하게 분석한 사람이 있다. 바로 독일의 생물학자 프란츠 부케티츠이다.

기독교적 세계관에는 인간이 만물의 영장이고, 신이 인간을 위해 세상 만물을 창조했다는 사고가 깔려 있다. 이 같은 인간중심주의는 인류 역사가 어떤 특정 법칙에 따라 발전한다는 이념과 일치한다. 그리고 이 이념은 인간이 결국 구원을 받을 것이라는 희망과 결부되어 있었다.

프란츠 부케티츠, 박종대 옮김, 〈자연의 재앙, 인간〉, 시아출판사

인간이 만물의 영장이라고 하는 세계관은 결국 인간이 구원받기를 희망하는 데서 비롯된 세계관이라는 것이다. 그는 자신의 주장을 더 구체적으로 밝힌다.

사람들은 생명체에 그다지 우호적이지 않은 이 세계에서 자신의 위치를 확인하고 희망을 끌어내기 위해 그리고 스스로를 자연의 목적으로 이해하려는 지극히 세속적인 이유에서 이러한 이념_{앞에서 말한 기독교적 자연관}을 필요로 했다. 이 이념은 한마디로 세상이 어떤 설계자에 의해 처음부터 계획되었다는 것이다. 그 설계자가 반드시 인간의 특성을 지닐 필요는 없고, 예를 들어 '자연이라는 막연한

존재'처럼 추상적이어도 무방하다. 세계 설계자에 대한 이념은 각 민족과 문화의 정신사에서 중심적인 사고의 축으로 자리 잡았고, 오랫동안 없어서는 안 될 것으로 인식되어 왔다. 이러한 사고의 축은 오늘날까지도 완전히 사라지지 않은 채 여러 종교와 이데올로기 속에 갖가지 형식으로 남아 있고, 어떤 형태로는 좀 더 높은 존재가 없는 세계를 상상하지 못하는 수많은 사람들의 사고를 지배하는 기본 요소로 자리 잡고 있다.

부케티츠의 생각을 다시 정리하면 사람들이 자신의 구원을 위해 세계 설계자에 대한 신앙을 가졌다는 것이다. 또한 그 세계 설계자는 기독교 유일신에서와 같은 인격적인 신이 아니어도 무방하다고 주장하고 있다. 동서양을 막론하고 세계 설계자의 이념은 결국 인간이 세계 설계자에게 구원을 받으려는 희망이 깔려 있다는 주장이다. 그는 이런 염원은, 일찍이 동서양 특히 메소포타미아 등에서 점성술이 발달하게 한 원인이 되었다고 말하고 있다.

여기서 세계 설계자에 대한 믿음을 언급한 주된 이유는 이 믿음이 진보 사상의 진원지이기도 한 환상적 사고를 가장 극명하게 잘 드러내고 있기 때문이다. 모든 개인이 우주와 운명적으로 결합되어 있다는 믿음은 인류의 가장 오랜 환상들 가운데 하나였다. 그래서 신에 대한 믿음과 함께 천체가 인간의 삶에 미치는 영향을 해석한 점성술은 매우 일찍부터 확립되었다. 고대 메소포타미아가 이에 대한 아주 인상적인 증거들을 제시했고 동시에 하나의 문명이 스스로를 어떻게 우주의 중심으로 해석하는지 잘 보여 주었다. 자신의 문화가 세계의 중심이라는 가정은 문화 중심주의 혹은 자문화 중심주의로서 사실상 거의 모든 시대, 모든 민족들에게 나타나는 현상이었는데, 이러한 자기중심주의는 오늘날에 이르기까지 인류에게 치명적인 결과들을 불러일으켰다. 나중에 다시 언급하겠지만 진보 사상은 이러한 현상과 숙명적으로 관련되어 있었다.

그래서 인간의 세계 설계자에 대한 믿음, 인간 자신과 인간이 속한 문화가 세계의 중심이라는 믿음, 진보와 구원에 대한 믿음 등은 근본적으로 일정한 법칙에 따라 무한하게 구축된 우주에서 피난처를 찾고자 하는 갈망에서 비롯되었다고 그는 역설하고 있다. 말하자면 인간 중심의 진보 사상은 각 시대의 생존 조건에 대한 불만족의 표현이자 언젠가는 더 나아질 것이라는 희망의 표출이었다는 것이다. 이것이 바로 에나 지금이나 진보 사상^{또는 진화 사상}의 타당한 존재 이유라고 밝힌다. 나아가서 과거 인류가 줄곧 발전해 왔기 때문에 앞으로도 계속 그럴 것이라고 주장하는 것은 미래가 그렇게 되었으면 하고 바라는 환상에 지나지 않는다고 그는 꼬집는다.

부케티츠는 이러한 이유들로 인해 사람들은 사람을 모든 것의 중심에 놓게 되었다는 것을, 그래서 다른 피조물들은 부수적인 존재로 전락시켰다는 것을 다음과 같이 명쾌하게 설명하고 있다.

생명의 발전사를 오로지 호모사피엔스를 중심에 놓고 이해하고자 하는 사람들이 많다. 이 기나긴 과정의 끝에는 당연히 현대인이 만물의 영장이나 진화의 완성자로 등장한다. 이런 관점에서 세상을 바라보게 되면 지난 수십억 년 동안 지구상에 출현했던 그 밖의 다른 생명체들은 모두 진화의 '부수적인 존재', 혹은 우리가 최고의 피조물로 발전하는 과정에서 불가피하게 등장하는 전 단계로

로마 바티칸의 시스티나성당에 미켈란젤로가 그린 천장화 중 하나님이 아담을 창조하는 장면.
인간인 아담은 하나님의 형상과 비슷하게 창조되었다. 하나님은 아담과 이브를 창조한 뒤 "너
희는 자손을 많이 낳아 땅을 정복하라. 바다에 사는 물고기와 하늘을 나는 새와 땅 위의 온갖
짐승들을 다스릴 권한을 너희에게 주마. 너희는 그것들을 잘 다스리고 관리하라"는 말씀을 내
린다. 이는 인간에게 신을 대리한 지상의 통치자로서의 위치와 함께 인간의 존재 의미를 부여
하는 것이었다. 이는 한편에서 인간중심주의를 낳는 근거가 되기도 하였다.

이해될 뿐이다.

인간 위주의 서구 철학

사실 그동안 인류사에서 인간을 만물의 영장으로 끌어올리는데 기여한 사상은 수도 없이 많다. 파스칼은 〈팡세〉에서 "인간은 생각하는 갈대"라고 말하면서 인간을 우주보다 강한 존재라고 설파했다. 그가 인간의 존엄성을 강조한 것에 그 누가 반대할 수 있었을까. 그의 이런 지적에 수많은 사람들의 사기가 진작되었을 것이다. 하지만 문제는 사람들의 생각이 거기에 그치지 않았다는 것이다. 인간은 생각하는 힘, 즉 이성이라는 무기를 휘두르며 자신을 우주의 중심이라는 배타적인 위치로 격상시켜 버린 것이다. 철학자 프로타고라스는 아예 노골적으로 인간이 세계의 중심이며, 궁극적인 목적이라고 보았고, 인간이 모든 가치의 척도라고 주장했다.

계몽주의의 선두 주자인 칸트도 "만일 종속적인 존재일 수밖에 없는 세상 만물에, 목적에 따라 행동하는 최고의 원인이 있다면 창조의 최종 목적은 바로 인간이다. 인간이 없으면서 서로 종속된 목적의 고리가 완전하게 이어질 수 없기 때문이다. 목적과 관련된 절대적 법칙은 오로지 인간에게만, 즉 도덕성의 주체로서의 인간에게만 부여된다. 바로 이 절대적 법칙 부여로 인해 오로지 인간만이 전체 자연을 합목적적으로 지배하는 최종 목적이 될 수 있다"고 밝혀 세상 만물의 정점에 인간이 있음을 확고히 하였다.

그리고 보면 플라톤의 이분법은 서양의 정신과 종교 등 문화의 모든 면에 침투해 있는 걸 볼 수 있다. 동양에서처럼 인간을 자연의 일부라고 보지 않고, 자연을 정복의 대상으로 보며 인간을 자연과 분리시키고 있으니까 말이다. 이런 이분법은 근세에 들어와 신 중심의 세계관 대신 인간 중심의 세계관을 낳으면서 인간과 자연의 분리를 가속화시켰다. 자연을 객관적으로 바라보게 되면서 인간은 과학적 지식을 바탕으로 자연을 정복하고 지배할 대상으로 삼기에 이른 것이다. 자연과 인간의 관계에서 본격적으로 인간중심주의가 가속화된 것이다.

이런 세계관에서 자연은 인간과 관계가 없는 객관적인 대상, 그리고 대립적인 존재가 되기 쉽다. 자연은 오로지 크기, 모양, 운동, 무게 등의 요소로 분석되고 수학적으로 해석될 수 있는 기계와 같다는 근대의 기계론적 자연관도 이러한 세계관을 배경으로 탄생했다. 근대적 세계관의 출발점에 위치한 철학자 데카르트에 의하면 물체는 '실체형상'이라는 생명원리가 없는 것으로 간주되었고, 영혼과 마음 같은 형이상학적인 것은 '순수사유'純粹思惟로서 순화된다고 하였다. 철저한 이원론 속에서 자연은 단순한 연장으로서 모든 생명적인 것이 빠진, 단순한 수학적 대상으로 전락하게 되었다.

자연에 대한 이러한 생각을 이어간 이는 철학자 베이컨이었다. 그의 "아는 것이 힘이다"라는 말은 앎을 통해 자연을 지배할 권리를 신으로부터 부여받았다는 뜻이었다. 역시 자연을 정복의 대상으로 바라보는 시각이었음은 물론이다. 근대 서유럽의 자연관의 맥을 이어갔던 데카르트와 베이컨의 자연관은 17세기를 지나 18세기에 이르러 꽃을 피운 계몽주의 사상을 통해 더욱 당연하게 받아들여졌다.

인간 중심 사상을 떠받드는 서양의 사상을 나열하자면 끝이 없다. 개성이 뚜렷한 수많은 사상들이 인간이 중심이라는 생각에 이르기만 하면 어찌나 서로 죽이 잘 맞는지 신기할 정도이다. 지금도 논쟁이 계속되며 평행선을 달리고 있는 진화론과 창조론조차도 인간 중심 사상이라는 점에서는 거리낌 없이 악수를 나누고 있다. 창조론을 보면 세계 설계자인 신이 인간에게 만물을 다스리고 정복하라는 권한을 주었다는 믿음, 세계 설계자가 인간을 구원해 줄 것이라는 믿음, 그리고 우주와 세계 설계자 사이를 인간만이 연결하고 있다는 믿음이라는 인간중심주의가 드러난다. 진화론에서도 마찬가지이다. 하등동물에서 고등동물로의 진화를 기정사실화하면서 진화의 마지막 정점에 인간을 두는 것, 지나간 모든 시대를 인류의 번영을 예비하는 조연자의 시대로 보는 것 등이 바로 그것이다. 그런 점에서 인간을 만물의 우두머리로 보는 인간중심주의는 그야말로 인간의 틀에 갇힌 인간적인 시각으로, 인간이 인간의 틀을 떠나서 세상을 보기 힘들다는, 어떤 면에서는 인간의 자기 위안일 수도 있다.

생존경쟁의 진화론

이번에는 인간중심주의와 함께 진화론의 또 다른 축을 형성하는 생존경쟁 원리에 대해 살펴보기로 하자. 찰스 다윈의 적자생존과 생존경쟁의 원리는 인류의 지적 역사에 충격을 준 사

18세기 영국 낭만주의 시대의 시인이자 화가이자 판화가였던 윌리엄 블레이크(1757~1827)의 작품인 〈태고의 나날들〉. 신으로 보이는 세계 설계자가 커다란 컴퍼스를 들고 세상의 공간을 측정하고 설계하며 통제하는 장면이다. 세계 설계자라는 개념은 신의 모습이나 과학과 같은 이론의 모습으로 서구 사상에서 단골로 등장하곤 한다.

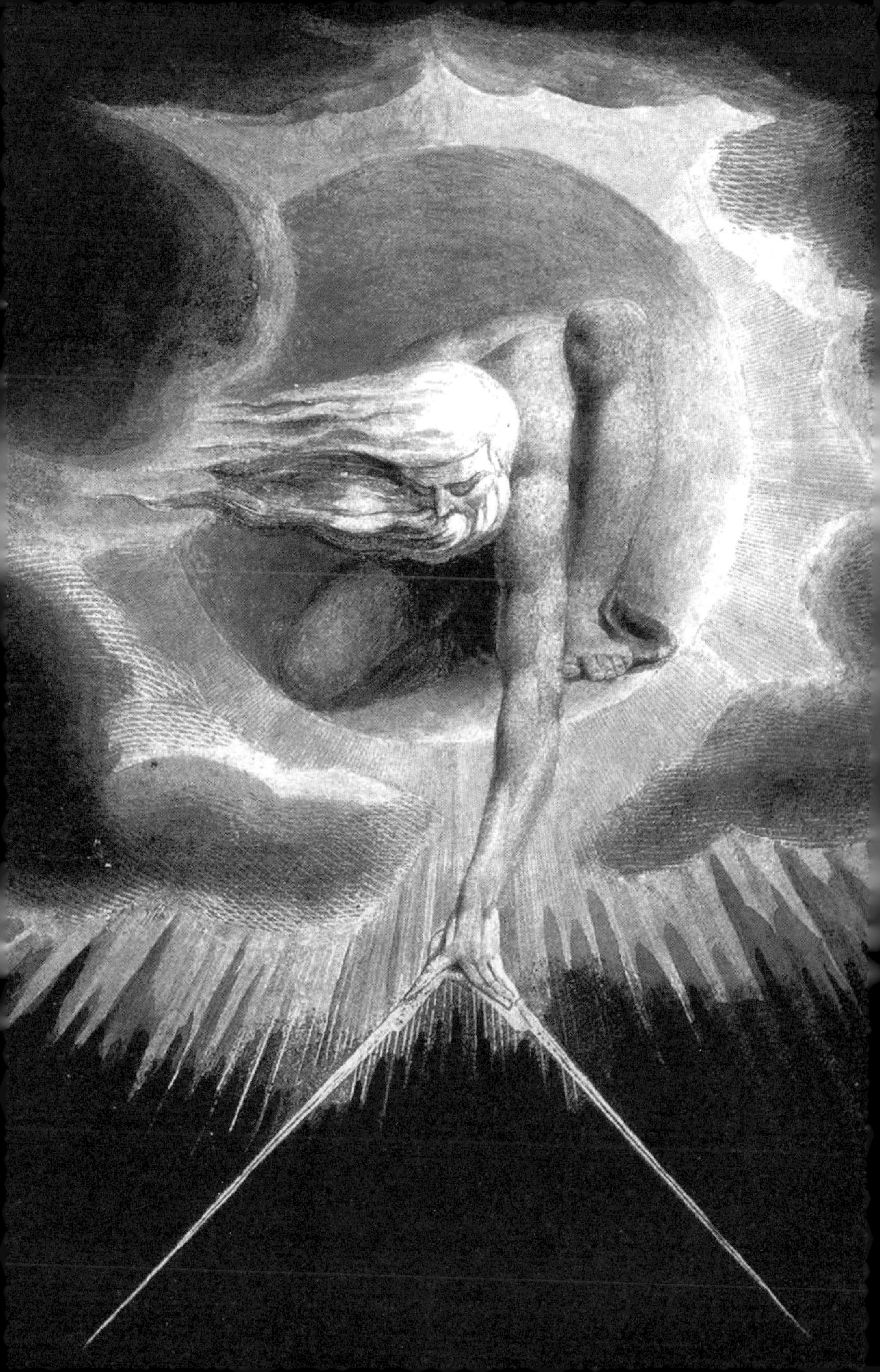

건이다. 우리는 이들 원리를 굳이 들먹이지 않더라도 주위에서 이를 연상시키는 사실들을 많이 발견하게 된다. 그래서 다윈의 진화론을 현실로 받아들이며, 생존경쟁의 의지를 불태우기도 한다.

그런데 여기에 정면으로 맞서서 그 반대의 이론을 세상에 내놓은 사람이 있다. 그가 바로 러시아의 사상가 크로포트킨이다. 그는 13년 동안 수많은 동물과 인류사를 관찰한 끝에 다윈의 생존경쟁의 진화론에 맞서서 '상호부조론'을 펼쳤다. 지금부터 크로포트킨의 상호부조론^{크로포트킨, 김영범 옮김, 〈만물은 서로 돕는다〉, 르네상스}을 만나보기로 하자.

수많은 다윈 추종자들은 생존경쟁이라는 개념을 가장 협소하게 제한해 버렸다. 그들은 동물의 세계를 반쯤 굶어 서로 피에 주린 개체들이 벌이는 끝없는 투쟁의 세계로 여기게 되었다. 그들의 영향을 받은 근대의 저작물들은 정복당한 자의 비애라는 슬로건을 마치 근대 생물학의 결정판인 양 퍼뜨렸다. 이들은 개인의 이익을 위한 무자비한 투쟁을 인간도 따를 수밖에 없는 생물학 원리로까지 끌어올렸다. 상호멸절이 지배하는 이 세계에서는 투쟁하지 않으면 굴복할 수밖에 없는 위협에 놓여 있다는 것이다. 자연과학에 대해서 몇 마디 간접적으로 주워들은 것밖에 알고 있지 못한 경제학자들은 논외로 하더라도, 다윈의 견해에 대한 가장 권위 있는 옹호자라고 하는 이들조차도 최선을 다해 이런 잘못된 생각을 견지했다는 사실을 우리는 반드시 알아야만 한다.

다윈 이후 간헐적으로 생존경쟁 논리에 대해 반박하는 글들은 있었지만 크로포트킨처럼 대놓고 그런 사람은 드물다. 크로포트킨에 따르면 자연에는 생존경쟁의 법칙과 병행해 상호부조의 법칙이 있고, 상호부조의 법칙은 생존이나 종의 진화에 있어서 생존경쟁의 법칙보다는 월등히 중요하다고 한다. 왜냐하면 이는 최소한의 에너지를 소비하면서도 생물 개체의 행복과 즐거움은 물론 종의 지속과 더 나은 발전을 보증하는 습관과 성격의 발달에 유효하기 때문이다. 개체들이 함께하면 할수록 종에 있어 살아남는 기회는 많아지고, 또 지적 발달을 한층 촉진하는 기회도 많아진다는 것이다.

그의 발언은 요란한 빈 수레나 선언적인 말에 그치지 않는다. 이를 뒷받침하는 무수한 예와 설명들이 그의 책에는 가득하다. 먼저 동물들의 상호부조의 세계이다.

옥수수 밭을 약탈하러 가기 전에 흰벼슬앵무새들은 먼저 정찰대를 보내 들판 근처에서 제일 높은 나무를 차지한다. 다른 정찰병들은 들판과 숲 사이의 중간에 있는 나무에 올라앉아 신호를 전달한다. "괜찮다"라는 보고가 들어오면 수십 마리의 흰벼슬앵무새들이 큰 무리에서 떨어져 나와 공중으로 비행을 한 후에 들판에서 가장 가까운 나무를 향해 날아간다. 그리고 한참 동안 주변을 세밀히 관찰하고 나서야 전면적인 진격의 신호를 보낸다. 그러면 그제야 무리 전체가 동시에 출발해서 순식간에 들판을 약탈한다. 호주 정착민들은 조심스럽게 행동하는 이들 앵무새를 속이느라 애를 먹었다. 그러나 사람들이 온갖 술수와 무기를 가지고 용케도 그들 중 몇 마리를 죽이는데 성공하면 흰벼슬앵무새들은 더욱 신중하게 경계를 해서 다음부터는 사람들의 모든 술책을 무용지물로 만든다. 우리가 알고 있는 바대로 앵무새들이 거의 인간의 지능과 감정에 필적할 정도로 높은 수준에 이를 수 있는 이유는 바로 상호부조의 사회생활을 실천하기 때문이라는 데 의심할 여지가 없다.

이밖에도 사자가 등장하면 들소들이 돌아가면서 사자를 경계하고 조직적으로 사자를 괴롭혀 사자가 지쳐서 나가떨어지게 하는 것, 말들이 늑대의 공격에 맞서 둥근 원을 형성하는 것, 개미들의 군집생활, 겨울이 오면 철새들이 혼자가 아니라 무리를 지어 남쪽으로 긴 여행을 떠나는 것, 비버의 개체수가 늘어나면 무리가 분화되어 이동을 하는 것, 순록과 버펄로의 대규모 이동, 프랑스만한 땅덩어리에 흩어져 살던 '다마' 라는 사슴들이 이동을 위해 모이는 것 등 동물 세계에서도 살아남기 위하여 동종끼리 상호 경쟁보다는 상호 연대를 취한다는 것을 이 책은 이야기하고 있다. 크로포트킨은 동물의 세계에서는 경쟁과 투쟁이 아니라 상호부조와 연대를 꾀한 종들이 더 많이 살아남았다고 말한다. 말하자면 개별적인 투쟁을 최소화하면서 상호부조를 최고조로 발전시킨 동물들이야말로 늘 수적으로 가장 우세하며 가장 번성하고 앞으로도 더욱 발전할 가능성을 가지고 있다는 것이다. 이를 통해 확보된 상호 방어, 경험 축적의 가능성, 지능 발달, 발전하는 사회적인 습속 등은 바로 종족이 유지되고, 번성하고, 더 높은 수준으로 점진적으로 진화하게 한다는 것이다. 그런 점에서 우리는 이 글의 머리에서 말한 초식동물이 육식동물에 당하면서도 날카로운 송곳니와 억센 턱을 지닌 육식동물로 진화하지 않는 이유를 조금은 헤아릴 수 있을 듯하다.

인간 세계에서의 상호부조론

크로포트킨은 상호부조의 원리를 자연계에서만 확인하지 않는다. 그는 인간 역사를 보는 역사가들의 접근법에 대해서도 다음과 같이 지적하며 현재까지 주류를 이루고 있는 역사관에 비판의 메스를 댄다.

역사가들은 평소에 인간의 삶을 투쟁 일변도로 과장하고 평화로운 분위기를 폄하하는 문헌들을 연구한다. 맑고 빛나는 날들은 강풍과 폭풍에 가려진다. …… 그들은 모든 전쟁이나 분쟁, 사소한 충돌, 모든 항쟁과 폭력행위, 모든 종류의 개인적인 고통 등을 매우 세밀하게 묘사해서 후손들에게 전한다. 하지만 그들은 스스로의 경험을 통해 우리 모두가 아는 무수한 상호 지지와 헌신 행위에 대해서는 자그마한 흔적도 좀처럼 전하려 하지 않는다. 그들은 우리 일상생활의 본질이 되어버린 것, 즉 우리들의 사회적인 본능과 예절에 대해서는 좀처럼 주목하지 않는다.

그러면서 그는 "인류는 놀라울 정도로 유사한 진화의 과정을 동일하게 겪었다. 안으로는 독립된 가족으로부터, 밖으로는 다른 혈통의 외부인들을 받아들여야 하는 이유로 씨족 조직이 위협을 받을 때 지역적인 개념을 바탕으로 하는 촌락공동체가 나타나게 되었다. 이전의 형태^{씨족}에서 자연스럽게 발전하게 된 이 새로운 제도 덕분에 미개인들은 역사상 가장 혼란스러운 시기에 독립된 가족으로 분열되지 않고 생존경쟁에서 살아남을 수 있었다. 새로운 조직 속에서 새로운 형태의 문화가 발전하였다"고 이야기한다. 핏줄을 매개로 한 씨족사회가 다른 혈통의 외부인이 이주해 오는 등의 이유로 위기를 겪자 인류는 지역을 중심으로 하는 촌락공동체로 제도를 바꾸며 새로운 외부인들과 공생의 길을 가는데 이는 인류 역사가 공통적으로 보여 주는 지혜였다는 것이다. 인류의 원시 문명도 상호 연대의 과정을 통해 발전하여 왔음을 역설하고 있다.

크로포트킨은 상호부조가 인간 사회에서 실현되고 있는 무수한 구체적인 증거들을 제시한다. '호텐토트' 사람들이 먹을 것을 나누어 먹고 싶은 자가 있는지 세 번 큰소리로 외치지 않고 먹으면 큰 수치로 여기는 것, 미개 부족에서 살인을 하게 될 경우 피해자의 양자가 되거나 피해자에게 딸을 보내어 사과를 하는 것, 부족의 생존을 위해 일정한 나이가 되면 스스로 죽음을 선택하는 행위 등 소위 우리가 말하는 미개인이나 야만인들도 생존을 위해서 무한 경쟁보다는 다수가 살아남는 방식을 선택했다는 설명을 곁들이면서 말이다.

그에 의하면 서구의 중세에도 상호부조의 전통은 존재했다. 종교의 지배에 들어가며 문명의 암흑기로 불리는 중세였지만 사회 곳곳에는 상호부조에 입각한 장인들의 조직인 길드와 촌락공동체가 있었기에 르네상스가 가능했다는 것이다. 물론 산업혁명이 시작된 근대 이후에도 노동자들의 연대는 지금까지 계속되고 있는데 크로포트킨은 인간 사회가 지속되는 한 약자들의 상호 연대에 의한 상호부조는 끝나지 않을 것이라고 주장하고 있다.

그런 점에서 그는 근대 이후의 역사를 생존경쟁이라는 경제 논리로만 설명하고자 하는 학자들의 입장에 반대하면서 이렇게 말한다. "경제적인 법칙에 의해 촌락공동체가 자연스럽게 소멸되었다고 말한다면 전쟁터에서 학살당한 병사들이 자연사했다고 말하는 것처럼 불쾌하기 짝이 없는 농담이다. 사실은 이렇다. 촌락공동체는 1000년 이상 지속되어 왔다. 언제 어디서고 농민들은 전쟁이나 강제징수 때문에 멸망하지는 않았고 꾸준하게 자신들의 경작 법을 개량해 왔다. 하지만 산업의 발달로

크로포트킨(1842~1921). 지리학·동물학·사회학·역사학 등 다양한 분야에서 명성을 얻었지만 세속적인 출세의 길을 버리고 혁명가의 생애를 택했다. 무정부주의를 신봉하여, 평등한 이상 사회의 건설을 역설하였으며 러시아 혁명 운동에 투신하였다. 주요 저서로는 〈상호부조론〉, 〈현대 과학과 무정부주의〉 등이 있는데 〈상호부조론〉은 생존경쟁적인 입장을 중시하는 진화론에서 벗어나 같은 종끼리의 협동과 연대가 오히려 생존과 번영에 유리하다는 주장을 전개하였다.

땅의 가치가 증가하면서 귀족들은 봉건제도를 통해서는 가져본 적이 없던 권력을 국가조직을 통해 획득하게 되자, 공유지 가운데 가장 좋은 부분을 차지했고, 공유 제도를 파괴하려고 전력을 다했다.”

크로포트킨은 인간이 전혀 알지도 못하는 이웃이 어려움에 처했을 때 무의식적으로 도우려는 행위는 이웃에 대한 사랑의 발로가 아니라 인간이 지닌 연대와 사회성이라는 감정과 본능에서 우러나온 것이라고 주장한다. 그는 생존경쟁이나 약육강식이 본능이 아니라 상호부조와 상호연대가 인간의 본능이라고 주장하고 있다. 우리가 놓치고 있던 인간 본성을 그는 여러 다양한 예들을 통해 다시 한 번 더 일깨우고 있는 것이다.

사실 크로포트킨은 진화론 자체를 전면 거부하지는 않았다. 대신 그는 생물학자들이 진화에 있어서 내적인 전쟁이 벌어지는 범위와 그것이 진화에서 차지하는 중요성을 과장했다고 지적하고 있다. 다윈은 종의 번영을 성취하는데 동물의 사회성이나 사회적 본능이 중요하다는 사실을 인정했으나 후계자들은 그의 뜻과는 달리 그 부분을 과소평가했다는 것이다. 앞서 말한 대로 수많은 다윈 추종자들은 생존경쟁이라는 개념을 가장 협소하게 제한해 버렸다는 것이다. 크로포트킨은 이에 대항해 진화의 요인에는 생존경쟁과 함께 상호부조의 원칙이 있다는 것을 실증한 셈이다. 그동안 진화의 요인으로 생존경쟁의 원리만 강조하던 상황에서 상호부조의 원리도 있음을 반증한 것이라 할 수 있다.

아무튼 크로포트킨의 상호부조론은 생존경쟁만을 중심으로 한 진화론의 허점을 보완하며 문명을 바라보는 또 다른 논리적이고 과학적인 시각을 접하게 하고 있다. 그의 생각은 그동안 한쪽으로만 치우쳤던 진화론의 균형을 잡아 주고 있다고 할 수 있다.

기존의 진화론이 갖는 문제

생존경쟁의 진화론, 인간 중심적 진화론 등이 왜 그토록 문제가 되는 것일까? 일면 그 두 개의 원리는 상당 부분 진실이지 않은가?

물론 그 진화론이 현대 문명을 좀 더 화려하게 발전시켜 왔다는 것은 부인할 수 없을 것이다. 진보와 발전을 중심으로 하는 패러다임에서 보면 진화론은 어쩌면 필연적으로 도입될 수밖에 없다고 할 것이다. 하지만 우리는 이제 그러한 진화론이 추구한 현대 문명이 드러낸 부작용을 심각하게 대면하고 있다.

세계적인 환경기구인 유엔환경계획의 보고에 따르면 매년 1만5000~5만여 종의 동식물이 멸종하고 있는 것으로 알려지고 있다. 세계야생동물보호기금^{WWF}은 브라질에서 발표한 "제2차 살아 있는 지구보고서"^{LPR}에서 "지구에 퍼져 있던 천연자원의 30퍼센트가 1975년부터 1995년 사이에 고갈되었으며, 민물 담수어종의 50퍼센트가 점점 멸종되어 가고 있는 단계"라고 지적했다. 이는 하루 평균 136종의 생물이 사라지고 있다는 이야기이며, 우리나라에서도 매년 250~300종의 야생 동식물이 멸종되고 있다. '세계야생동물보호기금' 의 클로드 마틴 사무총장은 "담수어 281종 가운데 절반이 이미 생존의 위협을 받고 있으며, 특히 피부로 호흡하는 개구리 등 양서류가 아주 심각한 상태"라고 주장했다. 그는 또 이미 세계 어장의 60퍼센트가 고갈 상태에 직면해 있다는 경고도 잊지 않는다.

그런데 동물 종의 멸종보다 더 위험한 것이 있다. 그것은 식물 종의 멸종이다. 식물들이 지구에 사는 동물의 생명을 유지시켜 주는 근간이기

때문이다. 식물의 멸종 속도가 가장 빠른 미국은 전체 식물의 29퍼센트
인 4669종이 위기에 처해 있고, 다음으로 호주와 남아프리카공화국에서
는 각각 2246종과 2215종이 멸종 위기에 처해 있다고 한다. AP통신은 또
세계적으로 식물 8종 중 1종꼴인 3만여 종이 멸종 위기에 처해 있다는
조사결과를 전하고 있다. 학자들은 특히 식물 종의 빠른 멸종은 식량 생
산량, 의약 자원 감소 등으로 파장이 번지면서 심각한 문제를 초래할 것
이라고 경고하고 있다. 그 예로 중국의 경우 50년 전에는 밀 1만여 종을
재배했으나 1970년대에는 10분의 1에 해당하는 1000여 종으로 줄었다고
한다. 또한 멕시코 역시 옥수수 종류가 1930년대에 비해 80퍼센트나 감
소했다는 분석이 있다. 세계 35억 인구가 식물성 물질을 주원료로 한 의
약품을 사용하고 있어, 식물의 멸종은 의약품 체계에도 큰 변화를 초래
할 전망이다.

　　인간은 이러한 문제를 고민하면서도 여전히 자연보호라는 단어를 사
용하고 있다. 사전에 따르면 이 단어는 인간을 둘러싼 일체의 자연환경
을 물리적 · 화학적 파괴로부터 지키기 위하여 그 원인을 규명하고 미연
에 방지하며, 더 좋은 자연환경으로 만들어 인류의 생명을 보전하는 데
이바지하는 일이라고 정의하고 있다. 지극히 인간 중심적인 발상이라고
할 수 있다. 자연을 보호해야 할 약자쯤으로 생각하는 인간의 오만이 여
지없이 드러나고 있는 것이다. 그리고 이러한 자연보호의 목적도 인류
의 생명을 보전하는 데 이바지하는 일이라고 규정하고 있다. 사실 자연
은 보호할 것이 없다. 자연은 그대로 자연스럽게 두는 것이 최상의 길이
라고 할 수 있다. 그러나 자연에 대한 이러한 접근 방법은 또 다른 자연
파괴로 이어질 공산이 크다. 자연은 우리가 생각하는 것보다 무궁무진

하고, 지혜의 보고이자, 복잡하게 서로들 얽혀 있기 때문이다. 오죽하면 부케티츠는 "인간 자신이 최대의 자연 재앙이다"라고 그의 책, 〈자연의 재앙, 인간〉에서 역설했을까.

그동안 진화론이라는 거대한 마차는 인간 중심 사상이라는 왼쪽 바퀴와 생존경쟁이라는 오른쪽 바퀴를 축으로 삼아 현대 문명이란 화려한 진보를 이루었다. 이제 그 진화론이라는 마차가 자칫 현대 문명의 초라한 파국으로 인도할지 모른다면 이러한 패러독스를 어떻게 해야 좋을까? 우리가 이때까지 보편적으로 알고 있었던 식의 진화에 대해 전면적인 성찰과 재검토가 필요하지 않을까?

문명
패러독스

© 송상호, 2008

2008년 12월 19일 1쇄 찍음
2008년 12월 26일 1쇄 펴냄

지은이 | 송상호
펴낸이 | 강준우
기획편집 | 홍석봉, 정지희, 김윤곤, 김수현, 이지선
교정교열 | 박재연
디자인 | 이은혜, 임현주
마케팅 | 이태준, 최현수
관리 | 김수연

펴낸곳 | 인물과사상사
출판등록 | 제17-204호 1998년 3월 11일

전화 | 02-471-4439
팩스 | 02-474-1413

www.inmul.co.kr | insa@inmul.co.kr

ISBN 978-89-5906-100-6 03900

값 13,000원

이 저작물의 내용을 쓰고자 할 때는 저작자와 인물과사상사의 허락을 받아야 합니다.
파손된 책은 바꾸어 드립니다.